自觉数学教育就是让自己和别人在不断地"再自觉"过程中变得越来越美好!

——潘建明

· 教育家成长丛书 ·

潘建明
与自觉数学教育

PANJIANMING YU ZIJUE SHUXUE JIAOYU

中国教育报刊社·人民教育家研究院 组编

潘建明 著

北京师范大学出版集团
BEIJING NORMAL UNIVERSITY PUBLISHING GROUP
北京师范大学出版社

图书在版编目（CIP）数据

潘建明与自觉数学教育 / 潘建明著；中国教育报刊社人民教育家研究院组编 . —北京：北京师范大学出版社，2021.3

（教育家成长丛书）

ISBN 978-7-303-26417-9

Ⅰ.①潘… Ⅱ.①潘… ②中… Ⅲ.①中学数学课—教学研究—初中 Ⅳ.①G633.602

中国版本图书馆 CIP 数据核字（2020）第 203387 号

营 销 中 心 电 话　010-58802135　010-58802786
北师大出版社教师教育分社微信公众号　京师教师教育

出版发行：北京师范大学出版社　www.bnup.com
　　　　　北京市西城区新街口外大街 12-3 号
　　　　　邮政编码：100088
印　　刷：天津旭非印刷有限公司
经　　销：全国新华书店
开　　本：787 mm×1092 mm　1/16
印　　张：22
字　　数：375 千字
版　　次：2021 年 3 月第 1 版
印　　次：2021 年 3 月第 1 次印刷
定　　价：78.00 元

策划编辑：伊师孟　　　　　责任编辑：王玲玲
美术编辑：焦　丽　　　　　装帧设计：焦　丽
责任校对：康　悦　　　　　责任印制：马　洁

教育家成长丛书

编委会名单

总 序

　　教育是国家发展的基石，教师是基石的奠基者。古人云："国将兴，必贵师而重傅。"兴国必先强教，强教必先重师。党中央、国务院高度重视教师队伍建设。2013 年教师节，习近平总书记在给全国广大教师的慰问信中指出："百年大计，教育为本。教师是立教之本、兴教之源，承担着让每个孩子健康成长、办好人民满意教育的重任。"2014 年，在第 30 个教师节前夕，习总书记到北京师范大学视察并发表重要讲话，指出："一个人遇到好老师是人生的幸运，一个学校拥有好老师是学校的光荣，一个民族源源不断涌现出一批又一批好老师则是民族的希望。"《国家中长期教育改革和发展规划纲要（2010—2020 年）》也明确提出，"有好的教师，才有好的教育"，要"努力造就一支师德高尚、业务精湛、结构合理、充满活力的高素质专业化教师队伍"。"倡导教育家办学"，要创造有利条件，鼓励教师和校长在实践中大胆探索，创新教育思想、教育模式和教育方法，形成教学特色和办学风格，造就一批教育家。"两个一百年"奋斗目标的实现、中华民族伟大复兴中国梦的实现，归根结底要靠人才、靠教育，而支撑起教育光荣梦想的，是千百万的教师。

　　时代呼唤好老师。有一流的教师，才有一流的教育；有一流的教育，才有一流的国家。出名师、育英才、成伟业，是时代赋予我们教育战线的神圣使命。"所谓大学者，非谓有大楼之谓也，有大师之谓也。"好学校、好教育的最重要标准，就是要有好老师。一所学校、一个地区，乃至一个国家，如果教师有理想、有爱心、有学识、有高超的教育艺术，那么即使硬件设施有些简陋，家长、学生也会心向往之。教师是中国梦的奠基者。教师的重要使命，就是为每个孩子播种梦想、点燃梦想，并帮助他们实现梦想。每一间平凡的教室，每一节朴实的课，都不仅是知识的传递，而且是人类文明精神的接续、人生梦想的起航。正是有亿万个孩子梦想的放飞、绽放，中国梦才更加光彩夺目。如果说中国梦最坚实的土壤是学校，那么教师就是最伟大的"筑梦师"，他们用默默无闻、孜孜不倦的智慧劳动，让每一颗年轻的心灵都与中国梦激情相拥。

倡导教育家办学，造就一批好老师，首先要尊重、珍惜我们的本土智慧、本土创造。教育家不是凭空产生的，而是扎根于自己的民族文化土壤，同时吸收人类文明成果，从而创造出独特而生动的教育实践、教育智慧和教育文明。五千年源远流长的中华文明，不但形成了有我们民族特色的教育理论体系，而且涌现出了千千万万优秀的教育家，有被推崇为"大成至圣先师""万世师表"的孔子，有"匹夫而为百世师，一言而为天下法"的韩愈，有"捧着一颗心来，不带半根草去"的人民教育家陶行知，等等。改革开放40年来，随着教育改革的不断深入，教育战线涌现出了一大批杰出教师。他们痴情于教育事业，坚守理想信念和教育良知，在三尺讲台上默默耕耘、刻苦钻研，同时以敢为天下先的精神大胆创新，不断进取、不断超越，形成了各具特色的教育思想和教学风格。正是他们的成功探索和实践，创造了具有中国风格的教育经验，丰富了具有中国特色的教育理论宝库。原由教育部师范教育司组织编写，现由中国教育报刊社人民教育家研究院组织编写的"教育家成长丛书"，就是要向这些宝贵的本土创造性的教育经验致敬。

当前，教育领域综合改革正在深入推进，考试招生制度改革的大幕已经拉开，立德树人、培育和践行社会主义核心价值观成为大中小学教育的头等任务。可以预见，中国教育将发生深刻的变革，将从"中国制造"向"中国创造"转变。"没有革命的理论，就没有革命的运动。"没有适合中国土壤、具有中国智慧的教育理论，就不可能为未来的中国教育改革提供有效的指导。我们的教育要向"中国创造"飞跃，必然要首先创造属于我们自己的教育理论，而不是"言必称希腊"或者老是贩卖欧美的教育理论。170多年前，美国思想家、诗人爱默生发表了著名演说《美国学者》，号召美国知识界："我们依赖旁人的日子，我们师从他国的长期学徒期时代即将结束。在我们周围，有成百上千万的青年正在走向生活，他们不能老是依赖外国学识的残余来获得营养。"由此，美国迈入精神立国阶段。

如今，我们也面临与爱默生同样的情形。随着我国GDP已从世界第二向第一迈进，我们的经济崛起已成为事实，但在道德文明、文化精神等方面，我们还需奋起直追。没有文明的崛起，经济崛起就难以持续。当务之急，是我们需要化解内心深处的文化自卑情结，摆脱对他国文明的精神依附，自觉养成强烈的"中国意识"，独立的中国文化品格，并由此去环视世界，去改造本土实践，去创造属于我们自己的精神养料——这在教育界显得尤为紧迫。"教育家成长丛书"，旨在把我们本土教育实践中蕴含的中国智慧提炼出来，从而形成具有时代意义的中国特色的教育话语体系，再以此去观照、引领、改造中国的教育实践，为伟大的教育改革提供经验、理论支持，也为未来的教育家提供丰富、可资借鉴的精神养料。

让我们为中国教育的伟大未来一起努力吧！

2018年3月9日

前 言

　　见证着中国基础教育半个世纪的春华秋实，代表着中国基础教育教学成果的最高成就——"首届基础教育国家级教学成果奖"，闪耀着李吉林、窦桂梅、吴正宪、张思明、洪宗礼、唐江澎、邱学华、于永正、孙双金、薄俊生、龚春燕等一大批优秀教师的名字。而上述这些教师杰出代表恰恰都是《人民教育》"名师人生"栏目中最受读者喜爱的名师，都是"教育家成长丛书"的作者。

　　"教育家成长丛书"（以下简称"丛书"），是在第20个教师节前夕，为了研究、总结、宣传和推广我国众多优秀中小学教师的先进教育思想和鲜活的宝贵的教育教学经验，培养造就一大批德才兼备的优秀教师和杰出的教育家，促进教师队伍整体素质的提高，根据教育部党组安排，由师范教育司组织编写的一套凝聚着一大批教育家成长智慧的大型教育丛书。

　　"丛书"自2006年问世以来，不但得到国务院和教育部领导同志的高度重视，而且先后印刷多次尚不能满足广大读者的需求。这其中的奥秘何在？

　　当你翻开"丛书"，每一部著作都讲述着一位教育家成长的故事。这些著作主要从"成长历程""思想概述""课堂实录"和"社会反响"等方面全景式反映其教育思想、教育智慧、专业精神和专业人格的形成过程与教学实践过程。这是教育家成长的基本素质所在。

　　当你沿着教育家成长的足迹走近他们的时候，你会融入这些带有"草根色彩",扎根中华教育实践大地,充满田野芳香的真实感人的教育故事中。

当你从"丛书"中,从这些当年和自己一样的普通教师,成长为今天受人尊敬的教育家的成长过程中受到启迪,当你触摸着自己的心,把学生的成长和祖国的未来紧紧连在一起的时候,你会真切地感受到教育家离我们并不遥远。

当你用整个身心蘸着自己的生活积累去品味"丛书"中的每一部著作的"成长历程"时,在一位位名师不断学习、不断超越自我、不断超越学科教学的求索足迹中,你会读懂"教育是事业,其意义在于奉献"的丰富内涵。

当你研读"丛书"中的每一部著作的"思想概述",和每一位名师展开心灵对话的时候,都会深深地感受到,一名教师对教育独立的理解与执着的追求有多么重要。从一名普通的教师成长为受人尊敬的教育家的过程中,你会读懂"教育是科学,其价值在于求真"的深刻含义。透过"丛书",你会看到一代代教师用爱与智慧塑造民族未来的教育理想。

随着我们从"知识核心时代"走向"核心素养时代",教师教育教学活动的视野已拓展到人的生存与发展的方方面面。教师要结合自己的教学实践去感悟"教育理念是指导教育行为的思想观念和精神追求",应该把爱化为自己的教育行为,让爱充盈课堂,触摸到一个个灵动的生命,让爱产生智慧,让爱与智慧在学生心中留下岁月抹不去的美好回忆,让教育者和受教育者都感受到教育的幸福。这是"丛书"给我们的启示,也是每位教师应有的胸怀和视野。

时代呼唤教育家。为了进一步把我们本土教育实践中蕴含的中国智慧提炼出来,从而形成具有时代意义的中国特色的教育话语体系,以此去观照、引领、创新中国的教育实践并在更大范围加以推广,"丛书"将由中国教育报刊社人民教育家研究院继续组织编写,希望能够在更广大教师的心田中播种教育家成长的智慧,从而出更多的名师,育更多的英才,成就中华民族复兴的伟业。这是时代赋予广大教育工作者的神圣使命。如果广大教师能在每位教育家成长、探索教育智慧的过程中受到启迪,形成自己的教育智慧,则实现了我们编辑这套"丛书"的初衷。

"教育家成长丛书"
编委会
2018 年 3 月

目 录
CONTENTS

潘建明与自觉数学教育

我的专业成长之路

我的自觉数学教育理论精要

走进自觉数学课堂

众家评说

附 录

我的专业成长之路

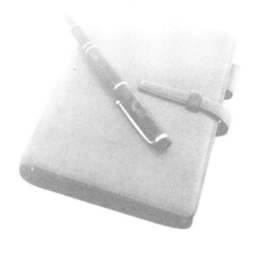

　　至今，我参加工作三十九年来，一直站在教育教学第一线，在农村中学工作十五年，担任班主任二十年，担任学校副校长、党总支书记近二十年。热爱教育事业、热爱学校、热爱学生，在教育教学中取得了一些成绩和荣誉，这些成绩的取得，来源于我多层面、多渠道扎实有效的教育教学实践。回顾这三十九年的奋斗历程和成长心路，我的专业成长的"关键词"是淡泊名利、坚守价值、放飞思想、与时俱进、执着追求；我认为优秀教师的专业成长一定是以"每天"为纸，"岁月"成册，"言行"作笔，"爱心"当墨写成的。

2007 年获全国模范教师表彰

导语：不做"三本书"教师①

　　"本质理解"学科知识、学科文化、学科教学、学生发展需要和学生学习是做好教育的重要前提。当下有很多人对我们课堂教学的"技术含金量"并不看好，戏谑我们是"三本书"（教科书、教参和教辅）教师。

---

　　① 潘建明：《不做三本书教师》，载《金坛教育研究》，2011(3)。

教育的本质意义在于唤醒人的德性、理性和创造性（包括教育者本身）！一个成熟的教育者，必须具备对教育的理解力、批判力和建构力，其中最重要的是建构力，它是改善教育实践和建构新的教育实践的基础。

不做"三本书"教师，我们要关注学生的"全人成长"。

教育的核心是"人"，"为了每一个学生的终身成长"成为我们每个教育者必须面对的时代命题！知识经济的浪潮及多元价值观的思潮正以惊人的速度与力度影响并改变着我们的生活方式和学习方式。社会变化的脚步正迫使我们进化成更能学习、更具智慧的人，主动变革课程与教学，守正创新，将是我们创造未来和未来人的核心。因此，我们应对学生的"全人格塑造"有"本质理解"，为使学生的身心得到全面发展，教师应有自己独到的"教育主张"，并用自身的"人格魅力"在与学生的情感交流中，倾注对学生的人文关怀、价值关怀和意义关怀，使学生的"生命成色"不断丰富。

不做"三本书"教师，我们要从"授渔"走向"布道"。

教育的目的之一是了解和理解学生，激发学生的自我发展期望，让他们的身心获得解放，并释放出其本质潜能。我们是学生学习的促进者、引路者、支持者、导学者、筹划者、洞悉者。脑科学的发展，激起了我们对教育教学的反思，从多元智能理论到情感智力理论，我们开始关注每个学生成才的不同潜能，我们没有理由不相信"教学过程"就是学生"本质潜能"的开发过程。学生需要的不仅是公平、优质的教育，更是个性化的教育，他们需要更多的创造力、践行力、合作沟通能力和终身学习的能力。

不做"三本书"教师，我们要让课堂教学从"有效"走向"有道"。

没有自己的教学主张，不能说自己是个思想者。教学实践智慧是在教学实践活动中形成的，有关教学节点的真理性的直觉认知。在课堂拼搏中学会教学，是我们的课堂教学从"有效"走向"有道"的规律性进程。因此，我们要领悟学科教育的真谛，洞悉课程内容的教育价值，学会站在学科教学的"专业制高点"上，以自身的"学术魅力"、丰富的实践智慧、学科教学的本体知识和能力去营造高效、灵动、和谐、深刻的课堂，让学科文化使学生受益终身。

不做"三本书"教师，我们要实现专业自觉。

课程改革处于内涵发展时期，时代呼唤高效的课堂教学生产力，"教育创新"和

"优效课堂"是时代赋予我们每个教育者的神圣使命。面对不可逆转的教育教学形势，我们的教育教学方式也发生着"悄然变革"，教育教学形势发展的需要与当下的教育教学实际之间差距很大，我们面临着众多的迷茫、困惑和失落，我们不能用诅咒黑暗的心态面对这一切，我们应用热忱和智慧去点亮自己的心灯，加快实现专业自觉。我们要不断丰富自己的学理素养，要善于发现自身专业发展的"盲区"，要有较强的专业发展的"自我导航能力"，要常以大师为鉴、以书本为伍、以同伴为镜、以学生为友，在别人的故事中，读出自己成长的智慧。

我们正处在新旧教育教学方式更替、交融的时期，在新的教育转型期，必须用超越的眼光来观照当前的教育，以期获得一种对教育的"本质理解"，让我们找到自己教育教学行为"健康发展"的"可靠起点"。我们要排除一切杂念，摒弃一切功利意识，耐得住寂寞，挡得住诱惑，改变自己的生活状态，改变自己的心智模式，改变自己的行走方式，向着教育教学的智慧深处行走。

一、高位起步：播种信念，刻苦锤炼

有人说我是一位朴实的行者。怀揣着对教育事业的无限热忱，从农村到城市，从教学到管理，在广袤无垠的教育沃地上默默耕耘，收获着希望，时刻践行着"以人格观照人格，以学问影响学问"的理念，以我的精神境界和理想，来体现自己对教育事业的深刻认识和对教育的执着追求。

1981 年 6 月我毕业于镇江师范专科学校（今江苏大学），并被分配到江苏省常州市金坛县（今金坛区）指前中学（农村初级中学）。走上讲台不久，学校安排我面向全教学片讲公开课，公开课讲得很成功。老校长看出我有点飘飘然，便语重心长地对我说："一个教师上好一节课容易，上好每一节课难；做一辈子教师容易，做一辈子让学生尊重的好教师难。"

1981 年毕业于镇江师范专科学校

这句话让我冷静了下来，此时我又想起了以前大学班主任的话："课堂教学是学生生命的一部分，但却是教师生命的全部，一个教师的立足点和生长点是课堂教学能力的不断提升。"从此我暗下决心："三百六十行，行行都能出状元！既然做了教师，就要做学生心目中的好教师。"

在教学中，我总是用新颖有趣的方法去激发学生的学习兴趣。把对学生负责的精神用在课前准备、钻研教材、研究如何激发学生的学习兴趣上，认真执行教学常规，努力备好每一节课，争取上好每一节课。为此，我经常向同事们听课请教（各门课都听），不断学习他人的长处；我从教材解读与设计、教法的选择、课堂细节的处理等多层面去反思，进行二次备课，也请同事来听自己的课，认真征求意见，不断进行教学反思。每天晚上睡觉前总是会向自己提出一连串问题：今天的课我全身心投入了吗？对教材的处理有更恰当的方法吗？教学目标达成了吗？知识的呈现方式科学吗？今天的课中最难忘的一个细节是什么？最大的缺憾是什么？如果重新来教学，哪些地方最值得改进？一个人的反思深度决定着他教学成长的速度和达到的高度，几个月下来，同事们都把我当成了老教师，教学中有什么问题都来和我探讨。

2014 年在 32 年后再次和杨裕前先生（左）合影

1982 年，我有幸加入了常州市教研室杨裕前老师领衔的平面几何入门教学研究课题小组（金坛县小组）。在这个课题组中受到了杨裕前、赵炳筠等老师的指点，并观摩了常州内有名的老师们上的课，听到了一些见解独特的课堂教学点评，拓宽了我的教学视野，让我学会了对课堂教学怎样进行深入的研究，从那时起我尝试着对数学课堂中的导课、组织、提问、启思、板书、结课等环节做系统研究，受益匪浅。当时我尚未成家，回家交通又不便，干脆以校为家，星期天都在校钻研教材，学习相关杂志上的有关教材教法的内容，做数学题，做教具和学具，写教学反思和参加课题组的收获等。我常对自己说："教师专业成长需要不断地学习，包括理论学习和行动学习，理论学习要深入地读教育大家的经典著作，行动学习则要善于将别人经验中的精华内化为自己的教学行为。"

　　为了"给学生一碗水，自己要有一桶水"，我将人民教育出版社原来初一到初三的代数、几何教材中的例题、练习、习题和教参中的例题、习题全都做了一遍，将能收集到的全国各地的中考题和竞赛题也全部做了一遍，我的信条是：自己没做过的习题不给学生做！为此我不时进行"解题方法归类"。功夫不负有心人，在做题的过程中，我发现了题与题之间的"某种关联"，在教学过程中，不知不觉地会进行"一题多变、多题一法"的讲解，学生最佩服我的是我常将教材上的例题、习题变成新颖有趣的新题来呈现。

　　1984 年，学校安排我负责初中数学竞赛辅导工作，指导学生参加江苏省的乃至全国的数学竞赛，这对当时的我而言是一项全新的挑战，我除了负责两个班的数学教学和一个班的班主任工作外，还要深入钻研数学竞赛题，制订竞赛培训计划，根据竞赛大纲确定培训内容，自编培训教材和讲义。学校没有培训地方，我主动和另外两名男同事住在一起，腾出了自己的宿舍作为培训场所。在辅导过程中，我将"一题多变、多题一法"的教学方法进行了广泛的应用，收效显著，当年我校成了金坛县初中数学竞赛的"获奖大户"——一个江苏省一等奖、三个二等奖、两个三等奖。

2011 年在北京天安门广场

　　几年下来，我对"变式教学"有了一些"领悟"。一直坚持做题的好习惯成就了我的教学特点（风格），"把握重点，由一道题变式拓展出一类题"，这在中考复习中是非常省时而有效的方法，因此我带的每一届学生就中考数学成绩而言都在全市名列前茅。学生都说，"听潘老师的课真是享受，不知不觉地一节课就过去了""潘老师的课通俗易懂、风趣幽默、形象生动，又高潮迭起、视野宽阔，令人印象深刻"。

二、潜心深入：减负增效，养成习惯

1985 年，我调到金坛县涑渎中学，担任初三(1)班班主任，并负责两个班的数学教学工作，我依然保持博采众长和刻苦钻研的习惯，依然做着每年的中考题和数学竞赛题。在近 5 年的做题过程中，我发现题与题之间由于结构和呈现方式不同，其教育功能也有很大差异，因此，呈现给学生的例题、习题一定要是精选过的。我同时发现，许多题都是机械重复的，花那么多时间做题不值得，我陷入了沉思：我做这些题的目的是什么？是为了自己上课不挂黑板？是为了丰富解题术？是为了优化解题方法？是为了提炼数学思想？应该都不是！是为了提升我的数学观念和数学气韵？我觉得不值得！那么学生呢？我做题是为了自己还是为了学生？我布置的作业是否可以少一点、精一点呢？于是我给自己提出了一个要求："自己下题海，学生荡轻舟"。

在课堂教学中，我主动进行了精讲精练的改革，对中考题在平时的教学中进行有机渗透(部分)。由于我的解题基本功深厚，因此我的教学特点较前几年有了新的突破，教学体例灵活，变式拓宽引领到位，分层教学把握有度，并注意回归书本和回归基础。布置课后作业时放下不放心的心态，真正落实减负，在临近中考时面对众多的来自各地的模拟试卷，我总是摘其精要让学生练习。每次的作业都及时批改和反馈，因为我懂得，在学生的记忆还没有"冷"的时候反馈，会让学生的认识更深刻，这样便于教学效率的提高。由于我带头不"往死里揪(重负担的题海战术)"，科任教师也都"规范操作"，学生的学习就"游刃有余"了。然而我对学生的要求却提高了，因为我认为，减轻负担并不是不要负担，关键是要培养学生的学习兴趣，学生对学习没有兴趣，再轻的负担还会认为很重。学生的负担要轻也要重。轻是指要不断减轻学生精神上的、思想上的、学业上的负担；重是指对学生的思想、态度、学业要严格要求，特别是要让学生养成积极向上的健全人格、对社会的责任感和严谨治学的态度，这也是对学生深层次的爱。

2011 年在长城参观

在教学过程中，我发现少数学生由于各科布置的作业少了，加上学习习惯不好，课前不预习，上课有时不专心，课后又不复习，导致学习成绩下降了。我找这些学生谈话后，开始几天他们表现会好一点，但之后又是外甥打灯笼——照旧。我自己感到对学生的教育有点力不从心，这让我明白了，要做一位好老师，只会解题是不够的，还要不断提升和丰富做学生思想工作的本体能力，并且深入地进行理论学习。通过学习我知道了学生的学习是受智力因素和非智力因素影响的，要使学生的学习成绩平稳提高，智力因素和非智力因素这两方面必须都要抓好，这使我认识到要教好数学仅钻研教材、教法和习题是不够的，还要研究学生。之后我对学生非智力因素的开发问题展开了研究，并探究如何在数学教学中关注学生的智力因素和非智力因素的开发。通过一段时间的潜心研究，我对数学教育教学的理解更深刻了，也认识到自己的教学责任并不全是让学生会多做几道数学题，而是要以数学教学为载体让学生学到数学知识、技能、数学思想方法和解决问题的策略，更重要的是要让学生养成好的学习习惯、好的思维习惯，掌握好的学习方法等，也就是"以数学为载体教书育人，轻在教，重在育"。

在班级工作中，我充分发挥学生干部的作用，抓班风和学风建设，端正学生的学习态度。在班团活动课上，一方面，让家长走进课堂讲他们劳动的艰辛和对子女成才的希望，激励学生好学上进；另一方面，通过班上具体的人和事来进行学习方法和学习习惯的指导，教导学生懂得如何制订好的学习计划，课前怎样预习，上课怎样专心听讲，怎样记课堂笔记，课后要先复习再做作业，在家做作业要先做基础薄弱的科目作业，怎样进行阶段复习，等等。这样对每个学习环节都进行了具体的指导，并让学习成绩好、品德优秀的学生介绍了学习经验。在课堂教学中，注意对学生学习习惯和思维习惯的培养，关注学生语言的表述能力、书面书写的严谨性、思维的严密性，借助错题资源来提升学生的学习能力和思维品质等。经过一段时间的指导，学生的学习增添了动力，一年后，我所教的两个初三班在中考中取得了骄人的好成绩，受到了学校、家长和学生的一致好评。

教研组经常研讨教学中的热点、难点问题

由于我的教育教学在金坛县渐渐有了"名气"，1994 年我被"选优"调入数学家华罗庚先生的母校——江苏省华罗庚中学。调入华罗庚中学后，学校安排我带一个初二年级的"差班"——初二（2）班。开学后，在我和各科任教师的共同努力下，初二（2）班的班风和学风有所好转，但学习效果依然不佳，我深入了解后发现，学生不仅基础差，习惯也差，更谈不上有好的学习方法。我便同其他科任教师对全体学生进行了生本研究，并制订了"抓两头带中间"的具体方案，在第三周的班团活动时间特邀两位有代表性的家长来给学生讲社会发展对人才的要求和对他们成才的希望，使全体学生的心灵都受到了洗礼，之后学生的学习态度较以前端正了很多。在学风建设中，我从少数学生抄作业的现象抓起，每天从科任教师那里收集典型的错误较多的学生作业进行公开展示，先让这位学生说出出错的原因，然后让其他学生谈从中得到的启发，并借机渗透学习方法指导和习惯养成教育，这种让身边事教育身边人的方法很是有效，一周后学生的作业质量明显提高，书写规范，错误也明显减少了。我对学生不仅主学科要求严格，对所有的术课也有严格要求，因为这些学科虽然中考不考，但对培养学生的人文素养而言很重要。再者，如果术课的学风不好，很可能影响到主学科的学习，由于我的严格要求，学生不管上什么课都很认真，所有的教师都喜欢上我们班的课，他们的感觉是学风正、习惯好、很省劲、很轻松。半学期过后，我所带的初二(2)班由所谓"差班"一下子变成了年级中的"优秀班级"，并在当时获得金坛市(今金坛区)"优秀班集体"称号。

在农村中学任教 15 年

　　工作十多年后我对教育的理解又更进了一层：教书和育人是紧密相连的，育人是第一要务，应以教书为载体实现让学生全面发展的目标。育人需要一支团队，与同事和家长的紧密合作很重要；育人是一项工程，在传授数学知识的同时，还要将科学的学习方法、良好的学习习惯、上佳的思维习惯传授给学生，这是渗透在学生血液和神经中的资本，会使学生受益终身。

三、爱心耕耘：良师益友，爱严辩证

"桃李不言，下自成蹊""亲其师，才能信其道"。从教 39 年来我对学生的关爱力求公平和公正，因为我知道学生对老师说的话和做的事是用心来体验的！在 20 年的班主任工作中，我全身心地关心每一位学生，学生在我的眼中没有"好"与"坏"、"贫"与"贵"之分，只有态度是否端正、习惯是否良好和学习方法是否合理等的差异。我在做好"问题学生"的思想转化工作上有一定的能力，以我个人的"魅力"转化了许多"问题"学生，使他们走上了人生正轨。做到这些实际上很简单，就是在与学生、家长的交往过程中，我十分重视师德形象，努力做到廉洁从教、为人师表。我常对新班主任说："学生和家长首先关注的是老师的人品，其次才关注老师的学问。"

在班主任工作中，我认真负责、勤恳踏实，可以说是一丝不苟，关心、爱护每一位学生，使其健康成长，资助贫困生和特殊家庭的学生，先后资助贫困生二十多人，资助金额达上万元。我资助学生从不对外声张，因为在我看来贫穷、富贵和疾病都是别人的隐私，为了使每位学生都得到尊重，我都用适当的方式进行巧妙处理。有一次，我发现班上一贫困生没有《现代汉语词典》，语文作业总做不到位，老是挨批评，于是我就帮这位学生买了一本《现代汉语词典》，我怕给这位学生造成压力，于是悄悄对这位学生说："这本词典是我女儿的姑姑买给我女儿的，她还小现在用不着，先借给你用吧。"这位学生怀着感激的心情高兴地接受了。中考结束后，这位学生来归还，我故意轻描淡写地说："我家里还有一本，这本你就留着用吧！不过老师有个要求，你到高一级学校后更要好好学习。"学生又一次感激地点了点头。

在农村中学，我先后资助了孙平(化名)、张伟(化名)等多名学生。其中张伟的父母都是残疾人，每年都要靠大队和生产队来救济、照顾，张伟读书的学费虽然免了，但由于他家庭困难，生活很苦，冬天还穿着单衣，经常冻得发抖。我看在眼里痛在心上，星期天就买了一身棉衣和一些学习用品送到了张伟的家里，张伟的父母非常感动，要张伟跪下来叩谢师恩，我一把拉起张伟，并对他说："不！张伟，'男儿膝下有黄金'，任何时候都不要低下自己宝贵的头。困难是暂时的，老师这样做是应该的，只要你记住在这个社会上你并不孤单，好好做人，好好学习，将来回报社会，孝敬父母就行了。"临走时嘱咐张伟的家人送棉衣之事不要对外声张。这次家访给张伟的触动很大，他原本自卑心很强，之后变得好学上进了，在老师和全班同学的帮助下顺利地考上了高中。

2008 年在做师德建设讲座

在城区工作时，我又先后资助了张靓、王国华等多名学生，帮助他们顺利地完成了学业。多年来，寄宿在学校的学生半夜生病，我总是深夜送他们上医院，挂号付费，守在他们病床前喂饭、喂药。假日里总是把"留守学生"带回家给他们以"亲情"般的关怀，学生也都把我当作良师益友，会向我敞开心扉。学生蒋美华由于家庭原因一度想轻生，幸好被我及早发现，挽救了她年轻的生命。但是，只要学生犯了错误，无论是谁我决不姑息，因为我清楚对学生严格也是爱的另一种表现形式，只有对学生的爱和严辩证到位才有利于学生的人格健全发展。

在与单位同事的相处过程中，无论对谁我的心胸都是很宽广的。一位同事对我有妒忌心理，常在背后对我加以诋毁，有时使我很被动，后来这位同事的儿子成了我班上的学生，这位同事很担心作为班主任的我会对他的儿子不利。一个周末，这位同事回家了，他儿子一个人住在学校宿舍里，没想到他儿子半夜腹痛难忍，我知道后，一个人在漆黑的夜幕中冒着雨背着他儿子走了三里多泥泞的小路，将孩子送到了医院，并在医院陪孩子输液，一直到早晨五点钟，之后冒雨又把孩子背回了宿舍，并做了早饭给他吃。这件事让学校里的所有人都很感动，通过这件事学校中的"文人相轻"的现象有了很大改善。

2009 年参观鲁迅先生故居

我时时处处都尊重他人、为他人着想，因而同事、学生、家长对我也都相当认可。已成为博士，之后在上海外企做高管的学生华明清这样评价："潘老师是我从小学到大学遇到的最好的老师。"经常有家长打电话给我："潘老师，你的学生找对象了，请你来帮着参谋参谋。"我做班主任工作的亮点是不断全面地进行生本研究，我常对年轻的班主任说："学生是一本不断刷新的书，要不断地去读懂他们，还要不断地去读懂他们身后的故事。"39 年来我培养了一批又一批品学兼优的学生，所带班级多次被评为"常州市先进集体"和"金坛市文明班级"，我也多次被评为市、校"优秀班主任"和"常州市优秀德育工作者"。

四、专业锤炼：激发潜能，风格初成

有人说我是一位自觉的强者，以崇高的事业心、强烈的敬业精神和高度负责的态度，进行着以学生发展为本的数学教育教学的研究。因为我知道在一个教师的专业自觉过程中，不仅要有专业功底，更要有专业境界，有了宽度，才有可能有厚度；有了精度，才有可能有高度。我总是不断地在数学教育的继承性和创造性上进行突破，不断地向着数学教学的智慧深处行走。

1994年我调入华罗庚中学后，学校安排带一个初二年级的"差班"——初二(2)班。开学后第一个月，在我和科任教师的共同努力下，初二(2)班的班风和学风逐步好转，但数学学习成绩却提升得不明显，我对所教的两个平行班进行了教学效果比较，初二(2)班成绩差和习惯差的感觉特别明显(原来这两个班的数学之前不是同一个老师教的)。怎么办？我对这两个班的学情做了对比分析后发现，初二(2)班学生的分析能力不强，计算能力不过关，基础不扎实，一遇到与原来的知识相关联的问题，很多学生的思维就会"掉链子"。我明白这两个班如果再用同一个教学设计、一样的教学方法去上课，他们的差距在短期内不会缩小。

于是我决定针对初二(2)班的学情改变原有的教学方法：课前提供一些让学生先行思考的素材，如上课所需的预备知识的复习要点、预习提纲(根据课型决定)或自制学具等；在体例的选择上关注"高立意、低起点"，课堂上讲慢一点，注重帮助学生学会阅读和分析，并注意"以旧引新"和"以新带旧"；能够让学生讲的地方充分让学生讲，自己先不评价，让学生进行质疑和点评。由于放慢了教学节奏，课堂上的例题不可能多讲了，怎样才能发挥仅有的例题的教学功能呢？我凭着原先的"厚实的解题基本功"，或将例题的条件变一下，或将结论变一下，或将背景变一下，等等，之后再问学生在变化中有什么感悟等，一段时间后学生的基础加强了，学会了分析，应变能力也提高了。教学风格一变，我发现学生学习数学的兴趣浓了，上课参与的热情高了，学习成绩也上来了不少。第一学期期中考试时，初二(2)班已经摘掉了"差班"的帽子，中考中初二(2)班学生的数学成绩的各项指标都名列全市前位。这让我明白了一些道理：数学教育逻辑并不是数学知识逻辑，学生的身上"天生"就有"本质潜能"，教学就是要用科学的方法唤醒他们释放出这种"潜能"。

　　由于我选调到华罗庚中学前进行过多年的数学竞赛辅导工作，自1997年起学校又安排我负责数学竞赛辅导工作。在辅导教学中，我充分展示了我的教学风格与特色"先思后导、变式拓宽"，呈现出例题后先让学生自主分析、深入思考，然后让学生展示思维过程，并通过多维互动的思维碰撞，让学生深度理解，最后再进行变式探究和拓宽引领，让学生进行整体理解，这样教学的效果显著，学生在每年全国和江苏省的各级各类数学竞赛中都有丰厚的收获。面对每年繁重的数学竞赛辅导工作和一个班的数学教学（包括班主任）工作，我任劳任怨，默默地无私奉献着。在1999年辅导第七届"华罗庚金杯"赛期间，由于长期疲劳，身染重疾，最严重时蛋白尿有四个"＋"，但我仍带病坚持辅导工作，最终辅导的曹志敏和陆怣同学双双获得金牌，华老故乡——金坛市总成绩在全国名列前茅。我追求专业发展的脚步一刻都没有停止过，为了提升自己从教的本体知识和本体能力，1997年以惊人的毅力获得江苏省数学教育（自学）本科文凭，自学几何画板等多项多媒体信息技术。通过数学竞赛的辅导工作，我不仅成就了学生，也丰满了自己，使自己的教育视角和教学思维不断向独立和深处延伸。

2010年在上省级示范课

　　三十多年来我所带的学生中有近五十人考取了清华大学、北京大学等全国名牌大学，还有多位学生获得硕士、博士学位。所辅导的学生参加全国初中数学竞赛，其中有 9 人获一等奖，有 11 人获全国"华罗庚金杯少年数学邀请赛"（以下简称"华杯赛"）金牌，有 8 人获全国"希望"杯赛金牌，有五十多人获江苏省数学竞赛一等奖，还有一位学生在国际少年数学奥林匹克邀请赛上获得金牌，为我国争得了荣誉。我多次荣获全国和省级初中生数学竞赛"金牌教练"等称号，后来我成为中国数学奥林匹克高级教练、中国数学学会会员。由于我带领的团队数学竞赛成绩突出，2003 年，江苏省唯一的一家江苏省青少年数学奥林匹克培训基地也在我所在的金坛市华罗庚实验学校挂牌，江苏省数学会多次邀请我负责江苏省数学奥林匹克夏令营的教学工作。为此，我多次受邀在常州市介绍数学竞赛和中考数学复习经验等，得到了专家和同行的好评。我在辅导数学竞赛的同时，也辅导了江苏省科技创新大赛和全国"金钥匙"科技比赛，从 2003 年到 2007 年有 4 位学生获特等奖，20 多位同学获得一、二等奖，我多次荣获江苏省优秀科技教育工作者等称号。同时我善于培养学生学习数学的兴趣，注重培养学生的科研意识，经我指导的学生在探究性学习中取得了一定的成绩，在省级刊物上发表小论文二十余篇。

2011 年"江苏教学新时空"第三次向全国宣传"自觉数学教育思想"

多年来我一直保持着"先思后导，变式拓宽"这样一种教学风格，所带的每一届学生的分析能力、应变能力和思辨能力都很棒。学生非常喜欢上我的课，因为"作业不多，新颖有趣，灵活多变"，全教研组同事也尝试运用我的这种教学策略，均取得了良好的教学效果，"先思后导，变式拓宽"的教学策略，迄今已成为学校数学教学的一大特色和亮点。

五、专业自觉：教研引路，反思成长

1982 年在杨裕前老师领衔的"平面几何入门教学研究"课题组中，我得到了迅速的成长，这个过程也激发了我的教科研热情。自 1991 年以来，我一直参与和主持初中数学课程改革小组的多项课题研究，2000 年至 2003 年主持的江苏省省级课题"开辟第二课堂，培养拔尖人才"研究顺利结题，并获常州市优秀课题二等奖。课题研究丰富了我的教学策略，也凝聚了校内外一大批志同道合的数学教学精英，为我的后续研究奠定了基础。

2008 年主持课题研究会议

　　新课程改革实施以来，初中数学课堂教学结构虽然发生了很大的变化，但基本上仍以教师为中心，学生始终处于压抑、被动的状态，学习积极性调动不起来，主体作用得不到充分发挥。我探究其根本原因，发现从上到下，对课程改革的关注总在课堂教学外围兜圈子，我认识到课堂教学质量是课程改革的第一生命，只有关注课堂教学，课程改革才能深入，新课程的改革不仅是一种教材的改革、一种观念的改革，更是一种教学文化的改革。我以"先思后导，变式拓宽"的教学特色为基础，申报了江苏省教育学会课题"弘扬数学教学特色，培养高素质人才"。在纵向层面上，课题以行动和文献研究两条线展开，课题组先进行理论研究，再进行实践研究，总体上以实践研究为主。在横向层面上，一是在文献研究方面以课程标准为指导，认真钻研课程改革理论，转变理念和教学行为，对课程改革的精髓或实质有较准确的、科学的认识和把握；二是重点研究、探讨如何把课程改革精神有价值地转化为数学教学的操作行为，进而培养学生的问题意识和创新能力。在具体研究方法上，综合运用了文献法、调查法、讨论法、经验总结法、行动研究法、个案研究法，以及教育心理学中的测试和统计等技术，进行了切实有效的研究与实践。通过 3 年的实证研究，各项指标全部达成，顺利结题，并获得省专家组的高度评价："已形成优秀的、切实可行的数学素质教育模式，该成果属国内先进水平。"此课题后来被评为"全国教科研成果一等奖"和"金坛市科技进步一等奖"。

2009 年上课题研究示范课

　　从促进学生发展的角度，为了使学校的数学教学有更强的针对性，我利用本校的九年制教育的优势，让初中部和小学部的教师互相听课，了解不同学段的学生学习数学的心智特点，并开展数学教学沙龙讨论，进一步做好中小学教学衔接，我还带领本校教师向高中课堂延伸。这些举措对其他教师和我本人整体把握本学段的数学教学方向，提高专业化水平的认知很有帮助。我发现当下的教育形态在不断地变化，因此研究者目光要远，要勤奋，更要创新，不应功利性太强，要有发展的危机感。我不断对自己的教学特色进行改进、积淀、提炼，广泛吸收各位大家的长处和同行们的意见。

2010 年参加江苏省优秀教师论文答辩

　　为了使"先思后导，变式拓宽"的教学策略能促进学生的全面发展，我又进行了深入的研究，并于 2007 年申报了江苏省教育科学"十一五"规划课题"先思后导变式拓宽教学策略研究"，该课题的研究变量的内涵得到了进一步拓展——不仅关注教师作为学生学习的主要促进者的作用，更关注生生促进、媒介促进、自我促进的作用，重点在互动双赢上做文章，不排斥教师对学生学习的指导责任，力求在罗杰斯的"非指导性教学"的基础上有所突破和发展。课题研究提高了课题组成员的理论修养，有针对性地探讨了教师在新形势下进行初中数学教育的新路子，努力探求具体的、可操作的教学策略，构建了适应学生个性发展的高效教学体系，使数学教学活动中的师生关系、教学方法、教学手段、学习心理、学习习惯等得到了优化，真正实现了师生互动"双赢"。在研究过程中，我和同事们经常反思：我们的研究是否有效地促进了学生成长？我们的研究方式是否是最优化的？大家的实践智慧是否有所增加？我们是否让我们的"教学默会知识"有效呈现了？近5年来我个人在《数学通报》《中学数学教学参考》等国家级中等教育/初等教育学术核心期刊（数学）上发表论文十多篇，在省级以上报刊上发表论文三十余篇，许多论文多次获得全国和省优秀论文评比一、二等奖。围绕课题发表的论文、课例、案例共有二十余篇，现已取得阶段性成果，这些成果在江苏省教师培训中心的关怀下已向省内外进行了十多次推广。我引领大家在教科研中取得了丰硕成果，我个人获得了全国基础教育教科研先进个人等荣誉称号并成长为江苏省特级教师。

六、专业特色：生本数学，自觉课堂

"以人格观照人格，以学问影响学问"是我一直追求的教育境界。为了形成自己的教学特色，我不断地进行总结、提炼和提升，经过新课程改革的洗礼，我清晰地认识到高效数学课堂离不开学生的高效学习。2006年12月起，江苏省教育厅让我在江苏教师教育网的演播室中通过网络平台开展"专家在线"活动，解答江苏省初中数学远程教育学员们数学教育教学中的疑难问题。全省学员提出的上千个不同的问题，使我进一步拓宽了数学教育的视野，也明白了什么是数学教育发展的需要。数学教学一定要以学论教，以学生为主体，以学生发展为本，在整合教学内容的时候，千万不能眼里"只有教材而没有学生"，应从学生的需要、学生的问题、学生的活动、学生的收获出发，重视教学内容处理的过程性、生成性和体验性，要关注学生在课堂上做了些什么，说了些什么，想了些什么，学会了些什么和感受到了些什么；在教学中要充分发挥学生的主体地位，秉着学路优先的思想，借助于学生原有的知识、经验，将生活世界与新知有机整合，让学生历经体验、感受、探索、理解、掌握和灵活运用的过程，让学生在自主学习、探究学习和合作学习中，发展个性，关注学生经验的迁移，促进学生自我建构、自我成长。

2009 年作为全省新课程改革指导专家在线答疑

2009 年 9 月，我被江苏省教育厅确定为江苏省"人民教育家培养工程"的培养对象，站在江苏省教育厅构筑的这个新的成长平台上，我的思想得到了全面提升。在江苏省教育厅组织的"构建高效课堂"研讨会上，很多学校的教师对学习名校经验提出了一些正面和负面的问题，这些问题都带有普遍性，这使我进一步认识到再好的教学模式和经验实际上都有它的局限性，模式和经验的形式并不重要，重要的是它们的精神内核。我不禁问自己，我们到底是需要为考而教的经验，为了让学生记得牢固、考得更好，还是需要促进学生全人塑造的经验，把学生培养成发现知识和创造智慧的人？答案很清楚，我们关注的应该是后者，因为学生的素养和能力的培养是综合的、立体的、多元的，在学生学习的活动中我们要给学生一个完整的、有效的学习过程，不应该为突出一个经验或模仿一所名校的做法，而武断地将应该给学生的完整的学习过程割裂或让学生没有完整的体验。"先思后导变式拓宽教学策略研究"是否已经达到最优化的程度了？不，我们还要加强比较性研究，要使"自觉的"数学课堂日益完善。

2009 年年底，在教育部主办的全国初中数学培训者培训班上，我向全国同行介绍了"先思后导变式拓宽教学策略研究"的成果，得到了数学教育前辈顾泠沅老师和同行们的高度赞赏，顾泠沅老师也提出了一些建议，如在先思环节中要突出"做中学"等。我被确定为"人民教育家培养工程"的培养对象后，非常荣幸地成为顾泠沅老师的学生，在顾泠沅老师的指点下，我的教学特色又一次得到提升。2009 年在镇江江南学校举行的"江苏省著名中学教师同课异构活动"中，2010 年在张家港举行的江苏省首届苏派名师高层论坛上，我用"先思后导变式拓宽教学策略"讲的课受到了来自省内外专家和教师的关注和好评。2010 年暑期，国家督学、江苏省教科所原所长成尚荣先生看到了我发表在核心期刊上的用该教学策略进行教学的多篇课例和案例后，对我说："这个教学策略呈现了生本数学思想，遵循了学生认知策略形成与发展的规律，体现了苏派教学风格，这么好的经验，要注意宣传和推广。""以真学定真教"是我孜孜以求的教学思想，在对教育教学实践的积极探索中，我的教学风格更具特色，我也成长为江苏省教授级中学高级教师。

2018 年向全国教育工作者推广自觉数学教育思想

七、锐意课改：勤于思考，身体力行

有人说我是一位执着的舞者，在教育帮扶的舞台上一路走来，一路飘香。我常与有"共同语言"的广大一线教师分享我"草根化"的研究成果，关注教育帮扶的针对性、深刻性和扎根性，以最优美的舞姿演绎着教育人生的多彩。

2002 年，常州地区成为全国新课程改革的首批实验区，我认为这是一个很好的自觉更新教育教学理念和行为的时机。当时我作为金坛市数学课程改革小组的核心成员，利用参加全市教研活动的机会，密切关注数学课程改革发展的前沿动态，深入学习新课程理念，并进一步转变自己的教学行为，积极探索新课程背景下的数学教育教学的规律。

新课程的理念只有通过"拥有扎实教学基本功"的"教师群体"的"鲜活灵动"的教学，才有可能彻底呈现。当时我担任华罗庚实验学校初中部的教导主任，我知道：一个人的进步不是真正的进步，权力绝不是用来控制人的，而是用来发展人的。为此我引导教师以积极的心态对教育教学技能、课堂教学策略、教学理念和教学研究进行反思，帮助他们总结经验、更新观念、改善行为、提升教学水平、提高教学质量，以期教学精益求精和日臻完美。面对新课程改革，很多老师感到很迷茫、很痛苦，我便用乐观的心态为同行们鼓劲："课程改革经历一些'阵痛'，感受到'辛

进行新课程改革的课堂教学观察

苦'和'痛苦'是正常的，没有困惑，没有阵痛，那就不是改革，有了'痛苦'则代表'走近'了课程改革，有了'困惑'我们才算是'走进'了课程改革中，我们不能用诅咒黑暗的心态去面对眼前的这一切，我们要用热忱和智慧去点亮自己的心灯。"

在学校中，我对新课程的核心理念和各地课程改革的经验进行了收集、整理，并结合自己参与全市各种课程改革活动的体会以及其他学校的好的经验和做法写成

了文本资料，定期印发给老师们学习，并让老师们结合自己的教学实际写出心得体会，然后进行书面或口头交流。在我的引领下，老师们很快变迷茫为明朗、变浮躁为理性，并且他们也深刻地认识到教育形势在不断发展，时代提出了新的要求，需要我们尽快转变学习观、质量观和人才观，教学行为也要发生转变，要形成民主、平等和合作的师生关系，教学要从注重传授变为注重发展，从注重自己的"教"变为注重学生的"学"，从注重"结果"变为注重"过程"，从单向信息"输送"变为多向系统交流，从注重"统一规格"变为注重"多元性和差异性"，通过多维互动的学习活动，激发学生的学习兴趣，变"要我学"为"我乐学""我会学"，改变学生的学习方式，淡化甄别，强化激励，注重过程性评估，淡化结果性评价，把课堂由原来的"人才工厂"变为以师生发展为本的学习共同体。

2010 年在省级会议上介绍新课程改革经验

　　在我的带领下，学校的校本教研打破了长期沿袭的"师徒"模式，老师们带着教育教学中的问题和困惑，通过看、听、做、思、研等形式，在观察、体验、角色诊断、人人参与研究的群众性教研过程中不断成长。我团结了一大批锐意课程改革的同事，多次组织课程改革沙龙活动，自己带头进行课程改革实验，带头上研究课，通过实在的课例和案例让老师们找到"课程改革的感觉"，我的具体行动唤起了老师们参与课程改革的激情，华罗庚实验学校初中部的新课程改革热潮一浪高过一浪，在全市影响很大，全市首次课程改革现场会就在华罗庚实验学校初中部举行，并得到了与会领导和老师的高度评价。

在校内外的广泛调研中，我总结了课程改革中必须面对的五大重要问题，指出了课程改革中存在的十大突出的不良现象，并提出了有针对性的措施，有多篇课程改革研究论文相继发表在《教师报》《基础教育研究》《课改动态》等报刊上，这些在当时是很有指导意义的。由于我具有审视问题的独特视角和敏锐的观察力，市教育局把我吸收为"新课程改革讲师团"成员，让我多次讲授课程改革示范课，传播新课程理念，我的讲座"新课程新在哪儿""新课程背景下的教学行为转变"等获得了一致好评。在江苏教育学院、南京树人学校、常州同济中学等学校，多次向来自全国课程改革实验区的同行们分享课程改革经验，其间我收获了"全国推进素质教育先进工作者"等称号。

八、播种文化：搭建舞台，气韵熏陶

在多年的教学中，我发现很多学生中考数学成绩很好，不过这些成绩的取得都是靠重复训练得来的，学生的思维水平大都停留在概念性理解的层面上，没有达到关系性理解——深度理解的层面，也就是说在中考数学成绩一片大好的形势下，数学素质教育只是"浅层次达标"。如何让数学知识的"冰冷的美丽"，变成学生"火热的思考"呢？关键是要激发学生学习的兴趣，要

2006 年参加江苏省首届数学文化节

让学生感觉到数学有趣、好玩，且和自身的终身发展密不可分。这仅靠数学教师个人的学术魅力、风趣的语言，以及前途"引诱"和"高压"政策是不够的。数学教学不仅要考虑数学自身的特点，更应遵循学生学习数学的心理规律，要从学生已有的生活经验出发，加强过程教学，促进学生获得对数学的本质理解。要实现这一切，就必须发挥数学文化的教育功能，培养学生的"数学气韵"。

2003 年，我当上了金坛市华罗庚实验学校副校长，11 月中旬在全校组织开展了一

系列丰富多彩的数学文化活动，为学生亲近数学提供了一个多途径、多方法、多角度的舞台，力求以具体、形象、活泼生动的形式来诠释新课程的基本理念，让数学文化成为学生建立终身美好生活情趣的重要内容。学校举办了首届数学文化节，在文化节上布置了数学文化长廊，举办了数学手抄报比赛、华罗庚的事迹报告会、数学小论文竞赛、数学读书活动、数学竞赛、数学题征解、数学情境体验等各式活动。数学文化长廊展示的大部分内容是学生收集到的或是本人撰写的内容，如我眼中的数学、华罗庚爷爷的故事、我的数学日记、数学手抄报等，其中一部分是学生专栏，主要是介绍数学的神奇有趣、学习数学的方法和有奖征答等。教师方面，则有数学教育沙龙、数学专题网页、年轻教师数学课堂教学大奖赛等。

文化节在"学数学、用数学、做数学"的浓郁的数学文化气氛中步步推进，七年级组开展了数学体验活动，以各班的团支部为单位，进行了义卖活动，学生将自己的旧玩具和旧书籍等物品在学校的操场上进行义卖，并把卖得的钱全部捐给了学校爱心基金会。通过这次活动，学生不仅在关爱他人的道德情感上有了进步，而且还进一步理解了成本、进价、标价、折扣、利润、利润率的意义，以及这些量之间的关系，并学会利用它们来解决问题。在读书活动中，一位八年级的女生在她的数学周记中这样写道：我自学了华罗庚爷爷的"统筹法"和"优选法"，茅塞顿开，我们可以用这两个方法来提高我们的做事和学习效率，原来数学王国里还有这么多有趣而实用的东西。这类事例不胜枚举，这些数学活动大大推进了数学教学的改革进程，学生在不同领域、不同层面受到了数学的熏陶，感受到了数学文化的美丽，增加了学习数学的积极性。

通过这次活动，老师们也明白了应该让数学学习以全新的面貌融入学生生活。在数学文化节总结会上，我语重心长地对老师们说："数学文化节只是传播数学文化的一种方式，最重要的方式是立足在课堂教学中不断进行渗透和熏陶，一种文化的形成需要长期不懈的积淀，仅仅两周时间很难形成和发挥作用，要让数学文化成为校园文化的一部分，使它能潜移默化地影响学生，我们要充分利用好华罗庚精神这个可贵的教育资源，要让数学文化永驻学生心中。数学文化节的许多活动形式，都较好地体现了课程改革中的新理念，如果我们能把这些活动有机地融入日常的教学中，那就能从根本上为数学教学注入活力。"数学文化节从此成了学校的传统项目，为学校师生奠定了数学文化之根，自 2005 年起，在每届江苏省初中数学文化节中，金坛市华罗庚实验学校的总成绩都名列前茅，我也多次受组委会邀请在江苏省教育学院、南师附中、宜兴实验中学等学校介绍培养数学文化的经验，每次分享都受到了一致好评，我也获得了全国基础教育优秀教师"园丁奖"。

九、阳光使者：唤醒德性，全人塑造

自 2003 年起，我担任华罗庚实验学校副校长，分管学校教科研、德育、校行政办和校工会工作，在管理中时时刻刻都严格要求自己，并不断进行业务进修，提升自己的管理水平，做好各部门的协调工作，特别是能够急老师们所急，及时地上报和反馈老师们所反映的问题和建议，对老师们所要办的事都尽量及时解决，尽责尽力地维护师生的合法权益。

2015 年与美国雷夫先生同台讲中国德育建设

在分管学校德育工作时，我特别重视师德建设，常以活动为载体，使师德工作常抓常新。我定期为老师们开展师德、心理健康，以及提升能力、改善作风等方面的讲座。在"我拿什么给教育的明天"的讲座中指出了当前阻碍"现代教师"成长的原因：(1)不思进取地得过且过；(2)能说会道地懒惰怕动；(3)孤陋寡闻地傲慢无知；(4)熟视无睹地漠视行为；(5)非常现实地急功近利；(6)患得患失地浮躁盲从。我要求老师们用成熟和理性的心态去面对现实世界的世俗和功利，要有读书人儒雅的生命气质，有健全和卓越的人格，去克服精神蜗居；必须有理性的开放胸襟，去接受新的理念，学习新的经验，要耐得住寂寞、挡得住诱惑，要改变自己的生活状态、改变自己的心智模式、改变自己的行走方式，因为只有这样才有可能到达专业发展的一流境界。我在"舒展你心灵的皱纹"的讲座中尖锐地指出："我们常常为没能培养出诺贝尔奖获得者而深感遗憾，但却从未为青少年一代的价值观取向的扭曲而感到恐慌""国家富裕并不代表强大，一个强盛的国家不仅需要有雄厚的经济基础，更需要有道德、富于献身精神、有强烈的社会责任感和正确价值取向的人民""一个心理不健康的老师会源源不断地'克隆'出心理不健康的学生""师源性心理伤害是指教师的心理素质和心理健康水平不佳而对学生的身心健康造成的消极影响，其影响具有广泛性、深刻性和难以修复性"，等等。我在常州市为老师们做了多场师德建设、班主任专业成长方面的讲座，我的讲座理论联系实际，针对性很强，对问题本质揭示得很深，每次讲座都让老师们受益颇多。我常对老师们说："面对社会对教育的高要求，我们一定要提升职业能力，转变工作作风，能力提升靠自觉，作风转变无监考，能力与作风对于教师的成长与发展非常重要。能力和作风是相辅相成的，没有好的作风，能力再强，总是走不远的；没有过硬的能力，即便作风再好，事业也难以得到发展，总是长不大的。"在我们全体行政人员的带领下，全校教师的"精""气""神"都很高，学校被评为江苏省文明标兵单位。

"带一届学生就是交一方朋友，办一所学校就要惠泽一方百姓"，我还注重抓好家长学校建设，在提高家长素质方面也做了大量的工作。作为江苏省家长教育专家组成员的我，多次在常州市内外为家长们做讲座，提升家长的教育能力和水平，并主编了《家庭教育策略》等家长学校教材。在"争做一名合格的家长"的讲座中，我指出："不少家长的家庭教育观念陈旧、抱残守缺、方法失当，尽管为孩子的成长牵肠挂肚、操碎了心，结果却事与愿违，甚至出现了很多偏差与失误""家长是孩子的第一任老师，也是永远的老师"。我对家长们提出了十条要求，要帮助孩子确立自尊、自信、自强的信念，要帮助孩子提高自己分辨是非的能力，要帮助孩子抵御不良文化的影响，要正确看待并科学指导孩子的交往，要培养孩子的责任意识，等等。我

2007年在做师德建设讲座

通过具体的典型案例来阐述深远的道理，每次讲座后家长们都连连称赞，有的家长连续几次来听我的讲座，学校因此被评为江苏省示范家长学校和常州市家庭教育研究基地。

自2003年起任江苏省家庭教育指导专家（在讲课）

在抓好学生的思想建设中，我能做到教书育人并重，充分发挥学校德育主阵地的作用，深入开展各项活动，让学生在活动中提升道德水平。我领衔编撰了多本德育校本教材，有多篇德育论文发表在省市级报刊上，近些年在常州、金坛等地为教师和学生做了多场德育讲座，并开展了一系列师生德育活动，为加强未成年人思想道德建设做出了贡献，为学校优质教育事业的和谐发展创设了良好氛围，使学校成为江苏省文明学校、常州市德育先进学校，我也成长为全国模范教师。

十、教育帮扶：力促均衡，不辞辛苦

2003年秋，青海省创办了华罗庚实验学校西宁分校，我们将优质教育资源向祖国的西部地区辐射，在该校的创办和发展过程中，我在教师专业发展和学校的日常管理等方面为其提供了多方面的支持和帮助。我发动全校师生通过西宁分校向西部贫困学生捐款、捐物，其中共捐赠棉衣一万多件，使东西部的教育关系更为密切了，学校被教育部授予"中国西部地区教育顾问单位"称号。

从2006年起参加省级送培到县（区）项目共计60多次

　　从 2007 年起，我参加江苏省教育厅组织的到苏中、苏北地区送培到县活动共四十多次，为各地举办的江苏省义务教育新课程省级骨干教师提高班做了有关推进教育教学改革方面的讲座，进行了课堂教学示范，并讲述了自己专业成长的故事。在送教、送培的过程中，我常常是晚上睡在火车上，第二天一早赶到讲座地点，每次的讲座专题都会根据对方的需要进行精心组织，会关注其深刻性和针对性，每次讲座并不是自以为是地凭感觉泛泛而谈，而是通过鲜活灵动的案例、课例来说明深刻的道理，因此我每次的送教、送培活动都受到了广泛好评，给老师们留下了深刻的印象。我还考虑到送培的扎根性，讲座结束后许多听课教师都和我结成了朋友，若需要资料、课件、试卷等会和我联系，老师们有什么要求只要发邮件到我的邮箱，我都尽力予以满足。同时我还受江苏省教育厅派遣到陕西、安徽、浙江等地送培、送教三十余次，为中西部地区教育的均衡发展贡献了力量。

2008 年所领衔的工作室开展送课下乡活动

　　我作为常州市初中数学教育名师工作室的领衔人，能及时把握课程改革的脉搏，每月都组织成员开展活动，活动安排克服随意性，为成员的终身职业发展着想，注重活动安排的逻辑递进性。我不仅为十多名组员搭建了专业成长的舞台，还会根据各成员的差异进行"因材施导"，在我的精心指导下，成员们成长得很快。为了锻炼

2007年在新疆克拉玛依送培、送教

工作室成员的能力，我经常带工作室赴全省各地送培、送教。2009年，江苏省教育厅决定中考数学实行全省统一命题，教学一线的教师都感到很困惑，为了把握这个难得的锻炼机会，我让成员们认真学习省教育厅颁布的命题原则和考试说明，先让每位成员按中考卷的要求各命制一份试题并给出答案，然后用沙龙形式对每份试题的题型结构、难易度等进行点评并修改，大家修改后，汇集成一份共享的资源，我把这些资源分享给了很多学校。江苏省推行"五严"①以后，常州市又大力度地推进"减负增效"，怎样做到既"减负"又"增效"？大多数地处农村的学校很迷惘，工作室收到一些中学的邀请，就如何减负增效进行了学术交流。交流会上工作室成员谢丽老师说得很好："减负，并不是不要负担，是减去过重的学业负担。我个人认为要'三减'与'三增'。三减：(1)心理负担；(2)学业负担；(3)在校时间(应按规定)。三增：(1)端正学习态度，否则再轻的负担学生还会感到有压力；(2)养成好的学习习惯，好的学习惯是增效的催化剂；(3)掌握好的学习方法，好的学习方法是增效的助力器。重中之重是要提高45分钟的课堂效率并布置有效作业。"她的话给了在场所有的人很大的启发。

常州西部的薛埠、罗村等地，经济与教育欠发达，为提高这些地方的学校教学质量，上级将这些地方的学校划为华罗庚实验学校初中教研区，担任教导主任的我

帮助农村学校解疑答难

---

① (1)严格禁止下达高(中)考升学指标。(2)严格控制学生在校集中教学活动时间。(3)严格执行国家课程计划。(4)严格规范考试和招生管理。(5)严格制止义务教育办学中的违法行为。简称"五严"。

自然当上了教研片区的"片长"。我会同这些学校制订了周密的帮扶计划，并积聚骨干力量为这些学校的教师来校"挂职进修"提供指导，并承担送培、送教工作。我自己带头多次送优质课到一些老区学校，并为其培训教师和做教学诊断，经常帮助老师们解决实际问题。我们这些送培老师总是"只喝水，不吃饭，不给对方添麻烦"，从不要任何报酬。有一年冬季，在送教课上，我发现一位学生光脚穿着一双球鞋，回来后就发动师生为老区的贫困生捐款、捐物，并以恰当的方式（对其自尊心的保护）送到这些学生的手中，后又为茅麓中学捐赠图书三千余册。在校内我重视学校的青蓝工程建设，积极为中青年教师做好传帮带工作，在评课、评教过程中从不"护短"，希望引领他们早日成为反思型教师，这使得多名中青年教师在较短时间内脱颖而出。2008年起，我被丹阳、溧水、高淳等地聘为初中数学骨干教师的指导老师。我常说："送人玫瑰手留余香，帮扶别人也会提高自己。教育帮扶要潜心、要扎根、要持续、要反复，不可蜻蜓点水式地用一些示范课和一些讲座替代长期的、有效的、深刻的、递进的工作。"

2010年将专著《解读自觉数学课堂》捐给农村学校

十一、国际交流：切磋教艺，博取精进

2013 年 4 月，我参加了中国与澳大利亚的课堂教学交流活动。在针对课堂教学的学术交流中，我发现在澳大利亚，教师授课时更多的是采用讨论式、辩论式的方法，教师鼓励学生自由发言，甚至利用书中情节让学生进行角色表演，发挥创意。学生在课上各抒己见、积极参与讨论，课后找教师畅谈自己的见解，这充分体现了教学民主。这使我明白：教育教学的本质是促进生命成长，使学生的学习过程成为学生的智能被激活、被发现、被欣赏、被丰富、被尊重的过程，成为学生自我发展、自我生成、自我超越、自我升华的过程，这应该是自觉数学教育要达到的一种境界。

2013 年在澳大利亚学校上交流示范课

2014 年 7 月 16 日，我参加了在苏州举办的中国与美国翻转课堂的同课异构活动。对于这次教学交流活动我的压力很大，因为我明白翻转课堂起源于美国，我与美国的同行进行翻转课堂的同课异构，不应该"炒人家的冷饭"，于是我对美国几种典型的翻转课堂的结构做了研究，摘其精要，进行了"嵌套化"处理，并在课堂教学中加入了中国的"变式教学"等元素，我的课堂真正体现了翻转课堂的本质：把浅层学习（识记、理解、运用）放在课前，把深度学习（分析、评价、创建）放在课内。课堂上，学生们展现出来的一往无前的精神和灵动性博得了国内外专家和老师们的阵阵掌声。下课以后，美国的专家走到我面前对我说"用你的方法教你的学生，将来他们的数学素养是非常'可怕的'"。我对美国的专家说："翻转课堂起源于美国，但中国教师会和美国同行一起努力，力争在翻转课堂发展的拐点处有所成就。"在本次的课堂教学交流过程中，我发现美国同行在课堂上极其看重对学生"创造力"的培养，善于给学生启发，使学生能不断提出新问题。这是我们要向美国教师学习的地方。

2014 年与美国教师杰克（左二）合影

2015 年 4 月，我参加了中国与加拿大的课堂教学交流活动，加拿大老师用建构主义思想讲了一节课，我用自觉数学教育思想讲了一节八年级数学的"反比例函数（1）"，两节课都获得了国内外同行的高度赞赏。我在交流中发现中国和加拿大两国教育模式不一样，中国的教育偏架构化、攻略化，循规蹈矩，加拿大的教育，更注重学生的创造力。中国的教育注重知识，缺乏互动。加拿大学生在课堂上可以通过和伙伴讨论来弥补不足，而不是单一地从教师那里接受知识。这使我明白：我们的教育教学不应仅是让学生学会拿着"提货单"到"知识仓库"里去"提货"，更应让学生学会拿着有自己的方法体系的"智慧工具箱"，对遇到的问题学会从不同的角度去理解它，并创造性地去解决它，只有这样才能彻底解放教育教学的生产力。

2016 年 9 月，我参加了中国与俄罗斯的课堂教学交流活动。在圣彼得堡的学校中，我讲了一节"勾股定理的应用"，收到了好评。俄罗斯的同行告诉我，在俄罗斯拿大学录取通知书容易，拿大学毕业证书却很难。大学毕业后，还有很多的专业培训，没有起跑线和终点线。在交流中，我发现俄罗斯的班集体自治是其现行班集体管理的主要方式，学生的自治能力也很强，这不正是自觉数学教育要达到的一种境界吗？这又使我明白：无论是核心素养，还是素质教育，都有其坚定的"价值内核"。良好的素质教育都是以人为本的，

2015 年在活动中回答加拿大专家玛丽(左)的问题

教育中总有一些不容游离和削弱的东西，比如现实性、伦理性、人本发展及阶段性。蕴含这些内核的教育无可争辩的是一项没有终点的专业长跑。

2015 年在俄罗斯的圣彼得堡上交流示范课

2015 年至 2018 年，我参加了中美合作项目"教育大数据分析研究"，在这几年中，我参加了六次国际交流，这些交流和学习，使我深刻地认识到：不管是传统的学习方式还是现代的，其开展都是以学生的自主深入学习为前提的，学生的学习过程的优劣仅靠经验去判断是不够的，必须要基于对大数据的分析，只有通过分析才能做出全面而又客观的判断。学习行为数据是与学生的学习参与度、表现、学习过程和结果相关的数据，我们可以运用不同的分析方法和数据模型来解释这些数据，根据解释的结果来探究学生的学习过程和学习情境，从而发现学习规律；或根据数据阐释学生的表现，为其提供相应的反馈，从而促进其更加有效地学习；或根据数据对课程、教学和评价进行实时的修正。只有这样我们才能读懂学生。学生的学习是有"失败风险"的，我们要在教学中善于发现苗头，要对学生的"失败风险"进行干预，促进其学习行为更为有效。

2015 掉年参加中美合作项目"教育大数据分析研究"

自 2013 年起，我调入常州市田家炳初级中学，在香港田家炳中学总校搭建的平台上，与港澳台地区的同行进行了多次教学交流，在交流中我发现：台湾和香港的教育改革持续了多年，已经有一定成效。各学校的整体水平比较均衡，差别不大，在几个方面上取得了较大突破：一是打破了"排行榜迷思"；二是推进了基础教育和大学教育的均衡化；三是高校强调特色，努力进行差异化发展。在交流中发现了我们自己的教育有三大缺憾：一是缺乏跨领域、跨学科的综合人才；二是学生缺乏独立批判精神和思考能力；三是功利思想很重。自觉数学教育的境界应该是"知术、取势、悟道"。

2014 年参加海峡两岸教育信息化教学交流

　　好教师的知识结构应当有三部分内容，即精深的专业知识、开阔的人文视野和深厚的教育理论功底。以上我的故事，只能反映我专业成长的一个横断面，但对这个横断面的剖析，能让同人看到名师成长途中的艰辛和斑斓色彩，希望可以让年轻的同人站在理论与实践有机结合的田野中，收获可直接借鉴的经验。没有最好，只有更好。学海无涯，艺无止境。历经了这么多年教育教学的"风雨"，我清醒地认识到要想成为一名优秀的教育家还有很长的路要走，一名优秀的教育家应该具有企业家的热忱、思想家的远见与勇士的勇气，还需要在具体的教育教学实践中不断地磨砺自己，不断地反思自己的教育教学行为，要不断地向着教育教学的智慧深处行走。我曾对工作室成员说："对一名教师来说，行政职务是暂时的，教学岗位是永恒的；名誉、利益是暂时的，职业幸福是永恒的。荣誉不能代表一切，荣誉不能反映太多的东西。一个人只有走出自己'荣誉光环'的阴影，才可能长得更高，走得更远。要把每一次挫折当作是新的机遇，把每一个荣誉看作是一个新的起点。我要感谢所有在我成长途中关心、支持和帮助过我的人，谢谢你们，给了我一双腾飞的翅膀。"

我的自觉数学教育
理论精要

导　言

　　我们对教育的认知常常会受到所处时空的限制，非理性的思维范式没有摆脱先验性的价值判断和演绎性论断的束缚。未来的中国教育的"现代化"，不仅仅是设施设备和教育技术的现代化，更重要的是在培育学生成长的过程中表现出来的体制、机制、政策、策略、方法、途径、载体和伦理水平等方面的现代化。

　　教育的真正意义是一种启蒙，一种唤醒，一种点燃，一种开启……就是让一个人从蒙昧状态转变为理智状态，就是要唤醒其人性、德性、理性和创造性。我们想把教育提升到生命层次，使学生的学习过程成为学生的生命被激活、被发现、被欣赏、被丰富、被尊重的过程，成为学生生命的自我发展、自我生成、自我超越、自我升华的过程，这是自觉数学教育想要达到的一种境界。

2016年担任中美合作项目"教育大数据分析研究"分项目研究主持人

一、缘起

（一）与时俱进

当下的中小学数学素质（素养）教育是有问题的。

2015 年至 2018 年，我参加了由中央电化教育馆承办的中美合作项目"教育大数据分析研究"，得到了当前我国中小学数学素养教育中的一些可靠的数据，问题主要表现在以下几个方面。（1）教学目的不太明确。在一线的教学实践中，超过 60% 的教师将过多的注意力集中在课件、视频的制作和资源整合上，只关注教学方法与模式，忽视了数学教育教学的本质功能。（2）教学目标模糊不清。教学目标是提升教学效能的重要因素。但是目前有 46% 的教师认为教学的主要目标是提升学生的"计算能力""推理能力"，没有区分各个阶段的教学目标；有 32% 的教师认为主要目标是提高学生的"计算能力""思维能力""空间想象能力"等；只有 22% 的教师认为主要目标是满足学生的发展需要，提升学生的数学核心素养。（3）教学方法死板单一。有效的教学方法是促进数学核心素养在课堂上有效落地的关键因素。有 54% 的学生感到教学方式太单一、古板。有 27% 的学生对老师采取的教学方式基本还满意，大约有 19% 的学生喜欢现在的教学方式。很多学生感到在数学学习中，自己常常是比较被动地接受。

我们知道，以学生的发展为本的课程伦理观要求我们在实施数学素养教育过程中，不应控制、压制和管理学生，其目标是促进学生群体的发展：（1）全员发展（一个都不能少）；（2）全面发展（在德、智、体、美、劳上的学识和能力）；（3）个性发展（独创能力与精神）；（4）自主发展（主体责任意识和自组织水平）；（5）可持续发展（奠定终身发展的基础）。进入 21 世纪后，人们发现，这个世界变了。信息化与个性化的浪潮以惊人的速度改变着人们的生活方式和学习方式，信息和知识呈指数级增长，新的科技知识大约每两年就会增长一倍，在"天涯若比邻"的世界里，教育资源开始在全球范围内流动与共享；脑科学的发展，激起了人们对教育的反思，从多元智能理论到情感智力理论，人们开始关注每个学生成才的不同潜能，开始相信教学过程

2017 年在全国中小学教研创新成果展示博览会上推广成果

就是学生脑潜能的开发过程。"未来"已经到来，我们的数学素养教育如何满足时代发展的需要，这是我们不得不深入思考的问题！

2018 年在全国教研工作会议上开展讲座

　　我们必须看到中国近现代教育有许多优秀的传统，这是我们做好中国教育的精神根基，它激起了我们的教育教学意识和信念。"自觉"是一种教育理念，是一种精神，也是促进教与学方式转变的策略与方法。当前随着课程改革的深入发展，我们面临的最大挑战不是缺少技术，也不是缺少资源，而是需要一种新的思维方式，这更加需要不断提高教师的专业化水平，促进教学行为的转型与创新。现在我们正处在新旧教育教学方式更替和转型的时期，面对复杂的教育形势，教育的理念是让数学素养教育走向有效和高效，走向优效和优质！这就要求我们教学行为的转型与创新必须有序、有道和与时俱进！

2017年在南京面向全国推广自觉数学教育成果

（二）育人为本

　　2000年前后，我跟随朱永新教授做"新教育"研究，也读了很多朱永新教授的专著，我受到了很大的启发，对数学素养教育也产生了新的看法。我常对老师们说："我的'学科背景'是数学，但我不是'教'数学的，我是'以数学为载体'来'育人'的。"数学核心素养是课程目标的重要的基本组成部分。发展学生数学核心素养，有助于他们学会用数学的眼光观察世界，用数学思维分析世界，用数学语言表达世界；有助于他们掌握"四基"（基础知识、基本技能、基本思想、基本活动经验）；有助于他们在未来的生活工作中发现问题、提出问题、分析问题、解决问题；有助于他们认识、理解数学的科学价值、应用价值、文化价值，形成批判性思维习惯、理性精神。叶澜教授说，研究教师的教，不能回到老路上。教师的教可能是一个点拨、引导、点评，是不教之教的过程。在"依据核心素养确定学科核心素养，依据学科核心素养修订课程标准、重组教材"的顶层设计之下，我们一线教师一定要积极探索数学核心素养在课堂上落地的路径和方法，特别要强调数学在"育人过程"中的"教育性"。

2007 年与朱永新教授（左）合影

数学素养教育是一个庞杂的系统工程，至少包含立德树人方针在课堂上有效落实的策略研究、数学有效教学价值的探索、数学核心素养下的教学规划、教材创造性重建的策略、课堂互动的有效生成、课堂规范的重新审视、双回路评价系统的建构、能动性学习的设计、系统性练习的整体开发、文本与超文本资源的开发和整合等等。这就要求我们要对数学素养教育进行学术性梳理，并对不同思想进行凝练，这样才可能获得一定的基本视点和框架。

2010 年与导师顾泠沅先生(右)合影

2009 年，我被确定为江苏省"人民教育家培养工程"首批培养对象，我在自己主持的江苏省教育科学规划课题"先思后导变式拓宽教学策略研究"的基础上提出了自觉数学教育思想，得到了顾泠沅等导师的肯定和指导。自觉数学教育提倡"以教引学，以学促教"，旨在将以教为中心、以学为中心的教学关系转化为教中有学、学中有教，教与学不分彼此的"第三种教学关系"，进而得到一种能满足学生个性化学习和发展需求的混合式学习方式。自觉数学教育基于立德树人的宗旨，努力让学生在面对成长中的各种困难、挫折、错误和失败时，能够始终保持一种积极良好的心态，享受学习进步的喜悦，从而使自己的生命有一个明亮的底色，为一生乐观向上奠定基础。自觉数学教育思想的意义在于唤醒师生，让师生对教与学的本质进行思考，让师生"自觉提升"对教与学的反思力、创新力、建构力（以我的"自觉"唤醒您的"自觉"）。在面向未来的教育中，还有很多非良性结构问题需要我们不懈地去探索，还有很多问题需要我们用理论与实践智慧进行创造性探索。我们应对当下的教育教学方式进行批判性反思，以期找到教育教学行为健康进步的可靠起点。

2013 年与导师崔允漷(左)合影

(三)"自觉①"的含义

一名学子是否会成才是由多方面因素决定的，其中最主要的是"他教"与"自教"是否达到了有机统一。"他教"就是他人(主要是老师)的讲授、启发、引导、释疑和示范等；"自教"是指受教育者的自我认识、自我要求、自我学习、自我思考、自我批判、自我进步等。自觉数学教育思想旨在增强学生的"自教"能力，激活教师的"他教"智慧。以期促进教育教学"生产关系"不断完善，使教与学的"生产力"得到提升，特别是要激发学生释放"本质潜能"。"自觉"是指唤醒学生的责任意识，实现自律和自主，即唤醒学生自我发现、自我创新的解放意识，从而自我实现、自我完成和实

---

① 这里的"自觉"是指"正向自觉"。

现自我。自觉数学教育中的"自觉"表现为：

自主，在教师的帮扶下逐步学会自主学习，走向自主成功；

责任，无须他人鞭策，能主动地采取适当的行动达成学习目标；

自律，在无外界强压的情况下，有追求目标达成的能力；

自强，自己（向优秀的同伴学习）不断超越原来的自己；

自为，培养自己创新性动手能力；

觉①悟，不断觉察反思，进行理论与实践的双向检视。

自觉数学教育精神就是让自己和别人在不断地"再自觉"过程中变得越来越美好！自觉的真正意义在于立足"平凡"去创造"不平凡"！

2016 年在河北省无极县推广自觉数学教育思想

---

① 觉：觉势、觉人、觉事、觉智慧。

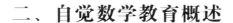

二、自觉数学教育概述

　　自觉教育思想是非常有价值的。学科教学就应由"给出知识"转为"引起活动"，一切活动都要围绕"学生学习"这一中心来组织，要让学生的学习变得生动有趣、有活力、有挑战性；使学生从自我经验出发，在学习活动中对新知能进行自主自觉建构，进而理解学习内容本质，在多维互动中释放出本质力量，实现自觉成长。自觉教育思想给予了我们很多的启迪，让我们获得了一种对学科教育的本真理解，用"自觉"的力量，找到教育教学行为健康进步的"可靠起点"。

————顾泠沅

（一）自觉数学教育思想的核心定义

　　自觉数学教育思想是以数学素养的全面落实为指导，以提升数学必备品格和能力为指针，研透学情差异，以"教为轻育为重、以真学促真教"为理念，精心设计符合学生认知规律的递进性学习活动，关注学生积极的情感体验、唤醒学习心向，注重学生自我效能感和自信心的培养，让学生在轻松、愉悦、自然的学习过程中，实现对数学知能的自觉建构的教育思想。

（二）自觉数学教育思想的内涵

　　自觉数学教育思想在关注学生差异和"真学情"的基础上体现了主导自觉、主体自觉和支持自觉。（1）主导自觉。重在导学（导读、导思、导练和导悟等）、导行（习惯、责任、方法、策略等）和导向（人生观、价值观、世界观和哲学观）。（2）主体自觉。重在激发学生的自我责任性、自主性、效能性、创造性和创新性，提升学生的自组织学习力和学习策略运用水平。（3）支持自觉。创设适切的学习资源、技术和情境，在引领学生走向学习核心的同时把核心学习过程还给学生。为促进学生深度思考和智慧学习提供有效服务和支持。

　　自觉数学课堂的教学主张重在体现因材循导、自觉体悟、平等对话。（1）因材循导。反映的是教师基于"真"学情，给出与学生的经验、能力相适应的教学资源和教学方法，精心策划系列递进的学习活动，唤醒学生释放出"创造（再创造）"与"创新"的本质潜能。（2）自觉体悟。唤醒学生的自我责任意识、效能感和自组织学习力，让学生在独立探究中自悟，在多维互动中领悟，在学后反思中感悟。通过变式引领和自主创新等环节，使学生达到对认识对象的本质理解和自觉运用。（3）平等对话。构建和谐民主的教学生态，变"教"为"导"，变"牵着走"为"手拉手一起走"，做到教师是学生学习资源的提供者，学习的组织者、指导者、合作者、评判者。使教学活动中的师生关系、教学策略、教学品质和教学素养等得到优化。

自觉数学课堂的主要策略元素为思—展—变—悟—归（没有严格的逻辑顺序，可根据内容与学情整合使用），使学生的学习变得有情境、有趣味、有活力、有挑战性，放飞他们的心灵，使其在知（知识技能），能（学习能力、思维能力、创造能力等），情（情感态度、毅力、动力等）等优效学习因素的发展上有明显的进步，使学生的学习品质有明显的提升。自觉数学教育和自觉数学课堂还可以进一步推广，其模式也适用于其他学科，进而推广为自觉教育与自觉课堂。

（三）自觉数学教育思想的形成过程

潘建明老师以他的教学风格"先思后导、变式拓宽"为基础，2007年申报了江苏省教育科学"十一五"规划课题"先思后导变式拓宽教学策略研究"，如期结题，并取得丰硕的研究成果，积累了大量的理论与实践经验，为自觉数学教育思想的形成奠定了厚实的基础。

在广泛的教学研究中，我们发现数学教育的结果不仅是让学生学会拿着"提货单"到"知识仓库"里去"提货"，更应让学生学会自觉地拿着有自己的方法体系的"智慧工具箱"，遇到问题时学会从不同的角度去理解它，并创造性地去解决它，只有这样才能彻底解放教学的生产力，转变学生的学习行为，才能促进学生"本质能力自觉形成"，这充分体现了教师的教育境界应从"教育本体"走向"教育自觉"。

于是，2009年起潘建明老师提出了自觉数学教育思想。在江苏省"人民教育家"首批培养工程的五年中，潘建明老师一直致力于自觉数学教育思想的研究，期间得到了顾泠沅、崔永漷、杨裕前等国内知名教育专家的指点，使自觉数学教育思想得到了丰富和发展。

2012年10月，江苏省教育科学规划课题"自觉数学教育思想实践研究"获得立

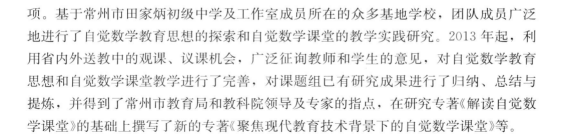

项。基于常州市田家炳初级中学及工作室成员所在的众多基地学校，团队成员广泛地进行了自觉数学教育思想的探索和自觉数学课堂的教学实践研究。2013 年起，利用省内外送教中的观课、议课机会，广泛征询教师和学生的意见，对自觉数学教育思想和自觉数学课堂教学进行了完善，对课题组已有研究成果进行了归纳、总结与提炼，并得到了常州市教育局和教科院领导及专家的指点，在研究专著《解读自觉数学课堂》的基础上撰写了新的专著《聚焦现代教育技术背景下的自觉数学课堂》等。

（四）自觉数学教育思想的辐射

自觉数学教育思想的本质效能是促进教师的发展，提升课堂教学的实践力、反思力和建构力，在自觉数学教育思想的引领下，教师对学科教育教学有了本质的理解，关注适切性教学的创生，使学科育人的教育性得到了提升。目前，自觉数学教育思想在全国有 22 所基地学校，他们采用了自觉数学教育思想进行课堂教学改革，都取得了良好的效果，特别是学生的学习方式得到了转变，学习热情高了，学科核心素养得到了落实，办学质量和品质都得到了提升，为此所有基地学校对自觉数学教育思想都给予了高度评价。

近十年我们来发表的成果论文达百余篇，有十多篇论文发表在国家核心期刊上，主要成果《我的"自觉数学"教学思想》发表在《人民教育》2014 年第 14 期上。专著《解读自觉数学课堂》和《聚焦现代教育技术背景下的自觉数学课堂》均由江苏教育出版社出版，收录在《中国著名特级教师教学思想录》和《中国教育成长观察（丛书）》中。

我们在进行区域内经验推广的同时，充分利用省内外各级各类平台和交流机会进行教学实践、教学展示。2012 年 10 月、2015 年 3 月和 2016 年 11 月通过江苏省"教学新时空"面向全国进行了推广和教学展播。《人民教育》《初中教学研究》等杂志进行过专题报道。2013 年起向全国各地送培、送教 300 多次，均获得广泛好评。

近几年来，我们多次参加中美、中加、中俄等的教学成果交流活动，并将相关教学成果在全国各地进行推广。中国教育学会中国好课堂组委会和全国中小学名师工作室发展实践研究专家委员会将自觉数学教育思想讲座和课堂教学的光盘在全国进行推广。

三、自觉数学教育的内涵解读

当下的数学教学内容丰富多彩，但数学教学灵魂却非常苍白，因为我们的眼中只有课程标准、教材、教参和教辅，没有学生的数学学习活动，特别是没有"学生立场"和"学生视角"！我们所教的数学不应"完全"是高深莫测的、严谨缜密的数学科学，我们只有蹲下身来才能看到"学生眼中"的数学，因此，我们不要也没有必要给数学披上"深奥"和"神秘"的外衣！

"对我来说，数学是疮疤，数学是泪痕，数学是老寒腿，数学是类风湿，数学是股骨头坏死，数学是心肌缺血，数学是中风……当数学是灾难时，它什么都是，就不是数学。所以我请求各位师长手下留情，您不经意的一句话、一个举动或许会了断学生的一门心思，让他的生命走廊中少开一扇窗户。"[1]

数学是人们生活、劳动和学习中必不可少的工具，是人类的一种文化，有着独特而又巨大的魅力。长期以来，我国数学教育是数学课程一统天下，教师中心、书本中心、知识中心仍占有相当显著的位置，数学学习方式几乎都是以聆听教师讲授为主的。我们所要做的是准确地解释课本上的内容以使学生理解得明明白白，学生的最佳状态则是跟着我们老师的思路走。我们常用的教学方式是例题示范、讲解，学生习惯的学习方式是听讲、记忆、练习。课堂上我们相当重视数学知识的逻辑性、系统性，为了严密、完整，不产生歧义，常常用大量的文字表述某个概念，结果使学生的数学学习失去了生命的活力，使数学原本的"火热的思考"变成了"冰冷的美丽"，使学生感到数学是枯燥的、抽象的、难学的，很多学生讨厌数学，不喜欢数学。这就让学生产生了困惑：数学为何这样难学？学了它有什么用？老师们的困惑是：为什么学生越来越不喜欢数学？我的数学教学为什么总是这么累？新课程实施以来，很多人关心学生会不

---

① 崔永元：《不过如此》，7 页，北京，华艺出版社，2001。

会学数学？学得好不好？关心学生学得累不累，关心学生的数学学习生涯是否幸福，也很少有人去思考我们的数学素养教育发生了哪些偏差。

我曾看到这样一个报道：在一次国际数学奥林匹克竞赛的颁奖会上，我国一位获得金牌的学生在接受记者采访时表示："如果有可能的话，我不会再和这些数学符号打交道了。"这位同学在大家的眼中应该是值得骄傲的数学学习的成功者。他为什么会说出这样的话？原因就是长期的机械训练，使他失去了对数学的"最初兴趣"，是外部原因（如奖励）而不是数学本身诱使他努力学习数学，他只是数学学科的普通"粉丝"，而不是数学学科的"知音"。这个问题难道不值得我们对数学教学进行反思吗？我们的数学教学用什么唤醒学生对数学学科的"执着热情"？对学生来讲，数学是为学生的终身成长奠基的，对数学教育而言，重要的是培养学生的数学素养。

随着社会的发展和教育改革的深入，数学课程目标将由"关注知识"转向"关注学生"，并指向"以学生的学习为中心"；课程设计将由"给出知识"转向"引起活动"，更指向促进学生"自觉成长"。原有的教学模式及教学内容，必然要发生一些变化，数学教育的价值也应有新的追求，数学能力、数学思想方法以及在数学学习中获得的自信、科学的态度，理性的精神将比单纯的数学知识更有价值。可以说，创建一个学生主动探索、自主学习、协作体验的数学学习过程，是数学课程改革走向深水区的"应有之意"。

2016 年在农村学校进行思想推广

华罗庚说过："人们早就对数学产生了枯燥乏味、神秘难懂的印象，成因之一便是其脱离实际。"数学来源于生活，数学需要生活，生活也需要数学，学生的数学应该是现实的、有意义的。拥抱学生生活，数学教育就会引来源源活水，孕育出无限生机，并变得美丽生动起来！数学课程改革就是让数学教育教学回归教育的本体——学生的数学学习，关注学生眼中的数学，关注学生的生活。只有有了学生的"数学立场"，才能满足学生的数学发展需要。"以学生发展为本的数学"将重新赋予数学教学应有的魅力，它基于学生生活、顺应学生的天性，可以让数学成为使他们获得快乐的源泉；可以让学生从自我经验出发，在数学学习活动中自主建构，进而理解数学本质，并使自己的"本质力量"全面释放！

(一)服务全人成长

自主性、能动性和创造性是人的本质属性。本质理解新课程理念、数学科学、数学文化、数学教学、学生数学发展需要和数学学习是做好数学教育的基础。"适合的"数学素养教育应是一个有着坚定"价值内核"的生态系统，是一个能够解放学生，释放学生本质潜能，唤醒学生自觉成长，把学生发展为"人格健全、创造智慧"的人的教育。

"老兄，最近忙吗？我被分配到茅山老区以后，你一直没有关心过我。我始终觉得我校老师在课堂教学上存在一些问题，特别是数学课。我想请你把你的工作室成员带过来，与我们的老师进行'同题赛课'，一是让我们的老师开开眼界，二是帮我们找找存在的问题及其原因。"地处茅山老区的赵校长给我打来了电话。

我领衔的"常州市初中数学教育潘建明名师工作室"成立不到一年就在地方上有了不小的名气，这次赵校长的主动邀请是一个"共建双赢"的好机会，我当然不会错过，两方按约定互派老师讲课，工作室派了常州市同济中学的李晓红老师去讲课，她通过"学前先思""操作探究""抛锚教学""变式引领""自觉感悟""回归巩固"等环节组织教学，内容由浅入深、环环相扣，给人以酣畅淋漓之感，让来自茅山老区两所学校的老师眼前一亮，感慨颇多。对方学校的老师运用了"新式武器"——"导学案教学"，其教学流程是提前一天将导学案(共四页)发下去，学生预习后尝试完成导学案内容的前两页(第三页是例题，第四页是课后作业)，第二天早上收上来，进行批改后，课堂上进行评讲，之后完成课后作业，最后再发下一节课的导学案。各科都是

这样的，学生的负担(尤其是九年级)很重。长时间进行这样的"教学运作"，学生机械地只想完成各科导学案上的"题目"，无暇去复习、归纳、提升，导致题目做了很多，得到的都是些散落的"珍珠"，没有形成知识结构，更谈不上认知结构，学生所学的知识不牢固，前学后忘。此外，课堂中评讲导学案时，学生只想早点完成导学案最后一页上的作业，对于老师所讲的前三页上的内容(由于例题简单学生早已掌握)，学生只关心其答案是否正确，不太关心"师生互动"所产生的思维火花。这种"教学"培养了学生只关心答案是否正确的"线型"思维。活动结束时我工作室向赵校长提了七条建设性的建议。这件事对赵校长触动很大："学校的教学特色要自然分娩，学人家的东西要学到位，只学了形式没学到实质意义不大。"

数学教育要从"以人为本"的角度入手去健全学生的人格，还原和超越学生的生活世界，否则落后的、非人本的数学教育痕迹将会在学生的心灵深处留下阴影。对社会上的"高能耗"，我们会及时发现并做出调整，可课堂中的"矿难"和"高能耗"却往往不为人所知。我们对数学教育教学真谛的认识常常受我们所处时空的限制，数学教育理论和新课程理论中也有真知灼见与谬误并存的现象，事实已经证明"高效数学课堂"要历经长期、复杂和艰巨的考验。我们在关注学生未来生活幸福的同时，更要关注学生今天学习生活的幸福，因此我们要让"适合的数学教育"成为学生今天的"生活方式"而非美好愿景，不能"迟作为"。

实际上"以教为中心"和"以学为中心"这两种教学结构各有其优势与不足，不能简单地用后者去取代或否定前者，也不能反过来用前者去取代或否定后者。而是应当让两者取长补短，相辅相成。学生在校学习的"通常方式"是接受学习和发现学习，主要方式是接受学习，因为学生不可能再去将所有要学习的知识重新发现一遍，但在学生的接受学习中，我们要关注学生的"有意义接受学习"，以使我们组织的数学学习活动能进一步适应学生的知识、能力和情感所组成的逻辑链的发展规律，教和学要并重，但要关注学，其重心要向"以学为中心"转移。在"以学为中心"的教与学的过程中，当教与学发生冲突时，我们需依据学生的学习需求修正教学过程，保证所有的教学活动都是促进学生学习的活动。"以学为中心"的教学过程应是依据学习过程来进行设计的，实现学习过程与教学过程的有机统一，可以保证教学过程按照学生的学习特征来开展，从而促进学生学习。用"以学为中心"的理念来组织数学学习活动，并不是只要"学"而忽略"教"，而是要通过更有水平的"教"来促进学生的"学"。我们教师始终是主导性主体，学生是发展性主体，这个"双主体"的地位不能动摇。我们要通过"学"与"教"的相互促进，真正实现教学相长、师生共同成长的目的。

2018年在上"让深度学习有效发生"研究课

1. "数学基础"应是"人的基础"

数学素养教育是自然存在的，她的"自尊"与"自信"并不是源于其新课程理念的"先进"和课程标准文本的"完美"，而是源于她能穿透"黏稠"的社会现实，其教育理想不被泛行政化、泛物质化的社会现实所"消费"，能坚守其"高贵品质"，能以生为本地对学生进行全人、全程和全面的教育。《国家中长期教育改革和发展规划纲要（2010—2020年）》中强调要"以生为本"，并提供"适合的教育"，"以生为本"的数学素养教育应具体体现在学生的数学学习过程中，能遵循学生生命发展的规律，观照学生生命成长的体验性、生成性、自由性和整体性等特点，不断提升学生的学习品质和创新能力，促进学生人格健全，为学生的终身发展奠定厚实的基础。然而什么是"适合的数学教育"？我想一定是一个能够全方位地尊重学生数学发展需求，大胆

地解放学生的思想，唤醒学生生命自觉，释放学生生命潜能，把学生培养成智商和情商俱佳的"智者"的教育。

"以学生发展为本的数学教育"是"教育逻辑"下而非"知识逻辑"下的数学教育，更不是"行政逻辑"下的数学教育，只有"教育逻辑"下的"以学生发展为本的数学教育"才会兼顾学生的成长和发展规律，关注学生"数学发展需要"的体验性、生成性、整体性和发展性的特点，关注学生的数学学习兴趣、好奇心、想象力和问题意识，鼓励学生经历尝试和探索过程，增强实践能力，升华活动经验，不断提升学生的学习品质和创新能力，最终使学生达成"深度理解"，形成"数学气韵"，人格健全发展。

什么是学生的"数学基础"？这是数学素养教育的首要问题！随着数学教育的发展，数学基础已从"双基"（基础知识和基本技能）发展到"四基"（基础知识、基本技能、基本数学思想和基本活动经验），但我认为这还不够，在学生的"数学基础"的界定方面我"部分赞同""'五基'冰山模型说"[①]，即数学基础由数学基础知识、数学基本技能、数学基本能力、数学基本思想和数学基本活动经验构成，且"数学基础知识、数学基本技能是冰山浮现于水面上的显性知识，仅占有较少比重；而数学基本能力、数学基本思想和数学基本活动经验则是冰山藏在水面之下的隐性知识，内化于情境和实践活动之中，占有较大比重并对人的数学素养起着决定性的作用"。为什么是"部分赞同"？这"'五基'冰山模型说"关注到了学生的学习力的提升和学习品质的养成，但还欠缺对学生人格健全的关注：基础知识中还应关注认知策略和价值观的形成，基本技能中理应注重好的学习习惯的养成，基本能力中还要渗入良好学习方法的传授和德性的培养，基本思想中还要关注思维习惯的养成和智慧的发展，基本活动经验中还应切实关注经验的升华和迁移等。

随着科学技术的迅猛发展，知识成倍增长，知识的物化过程缩短，知识的陈旧率迅速提高，学生所学的科学技术知识总是要落后于科学技术的发展的。要解决这个矛盾，就要发展学生的智能，以提高学生独立获取知识的能力。学生的数学基础应是促进学生终身发展的基础，我们必须要关注其数学学习力的提升、数学学习品质的养成和人格的健全。学生的身上"天生"就有"本质潜能"，数学教学的意义在于

---

① 刘兰英：《创新正是当下中国数学教育之急需》，载《人民教育》，2010(18)。

让学生在学习过程中学会科学地思考，最大限度地释放他们的"本质力量"和"创造力"，总之，真正的"数学基础"应是学生的"成长基础"。

2. 关注灵魂的成长

苏霍姆林斯基说过："智育的目标不仅在于发展和充实智能，而且也在于形成高尚的道德和优良的品质。"学生的数学知能增长的过程同时也应是人格健全和发展的过程，一个全面发展的学生，既应获得丰富的知能，又应具备高尚的人格，这是"以人为本"现代教育理念的起点。"教学永远具有教育性"这是教学活动的一条基本规律。课堂不仅是学科知识传递的渠道，更是培养人性的殿堂。现代教育心理学的研究表明一个人的道德素养的获得与提升过程，不是一个认知过程而是一个情感体验和感悟过程。数学教育的德育功能的体现必须依附于数学知识，在改善认知结构的同时，抓住学生在学习时产生的各种思想的、情感的心理运转机制，及时地让学生进行感悟、累积、转化、提高，让学生在精神上不断充实自己，意志上不断激励自己，人格上不断完善自己，实现思想品德的提高和优化。

2017年培育站成员在研讨"双回路"课堂评价问题

案例 1　有一位老师在教华师大版①七年级上册第三章第一节"字母能表示什么"时给出了这样一个情境：小明星期天在家休息，妈妈让小明扫地，又让小明倒垃圾，小明做完后，想买足球，可手里没钱。小明灵机一动，写了一张纸条：扫地 2 元，倒垃圾 3 元，上次洗碗 5 元，拖地 10 元，共 20 元。小明将纸条放在桌子上，躲在一旁看妈妈的反应，妈妈看到纸条后，在上面写了：给小明做饭 a 元，带小明去医院看病 b 元。

师：同学们，你们知道小明妈妈这里写的 a，b 表示的是什么吗？

生 1：a 是小明妈妈给小明做饭的工资，b 是小明去医院看病用去的钱数。

生 2：不！老师，我觉得小明的妈妈并不是在向小明要钱，而是在告诫小明：父母为了养育他，已付出了很多。

生 3：对！老师，我感觉这里的 a，b 体现了小明妈妈对小明无限的爱。

师：同学们，他们说的对吗？

生：对！

师：你们感觉到父母对你们的爱了吗？

生：感觉到了！

师：你们将如何回报你们的父母？

生：好好学习，做一个对社会有用的人。

师：小明的做法对吗？

生：不对！

师：为什么不对？

生 4：每一个学生帮父母做一点力所能及的家务是应该的，不应该向父母要钱！

师：那像小明一样，没钱买足球怎么办？

生 5：可以向父母说明白。

……

启示：没有价值观的课堂是没有灵魂的课堂！德育是素质教育的核心，我们要关注学生数学学习与社会生活的联系，引导学生关注社会。重视开发课程的人文价

---

①　华东师范大学出版社出版的教材，简称为华师大版。

值，关注身边的人和事，让学生从中自我感悟、自我教育。教师要因势利导，让数学课堂充满人文色彩。德育无处不在，我们可以因势利导挖掘许多因素，让学生自己感悟，而不需要刻意雕琢。

王梓坤先生总结数学的作用时说："这是对全体人民科学思维和文化素养的哺育。"他还进一步指出，"数学文化具有比数学知识体系更为深邃的文化内涵，数学文化是对数学知识、技能、能力和素质的高度概括"。学生学习数学的最终目的绝非单纯是为了获得相关的知识，更重要的是通过学习接受数学精神和思想方法，将其内化成自己的智慧，使思维能力得到提高，情操修养得到陶冶，并将它们迁移到工作、学习和生活的各个方面。

3. 使学程立体完整才是教育的基本道义

课堂是课程的生成和发展之地，真正的课程往往诞生在课堂里，所有课程改革的问题都在课堂里聚集、碰撞，课程理念和要求将在这里得以凸显和整合；课堂教学是课程改革的关注点，没有课堂教学的真正突破，就不可能有课程改革的深入和突破，不可能有教育质量的提高。课堂教学的改革是对我们的教育价值观、教育智慧、教育态度和作风的挑战。当下，新课程的改革已经走向内涵发展期（在向"后课程改革时期"转变），特别需要进行教育教学行为文化的变革，现在到了一个关键节点，应该回过头来再思考思考课程改革的初衷：我们为什么要进行课程改革？到底怎么样才是真正的课程改革？数学教育的宗旨是什么？用什么样的方式来达到我们的目的？简单来说，课堂教学改革的实质就是育人模式的改革，为达到人才强国的目的，需要改变人才培养方式，因此我们就要回归教育的本真，还原教育的生态，走遵守常识、遵循规律的内涵发展道路，我们不能等到体制、机制建设好了再来改革教学行为，而是应先找到课堂教学改革这个突破口，只有改革进入"以学生的学习为中心"这个层面，课程改革才算真正进入"深水区"。

历经了十多年的新课程改革，我们从迷茫走向明朗、从浮躁走向理性，新课程改革的成功并不是只取得了一些平面的、静止的物化成果，它的成功是立体的、动态的。当下的数学教育教学中一些教师在很多时候都有"泛功利化"的心态，为"考"而教，教条地、机械地"死扣"课程标准和教材，追求"快餐"教育，由于大班化教学，使课堂中的自主、合作、探究的学习方式流于形式。我们不得不思考：这是否有利

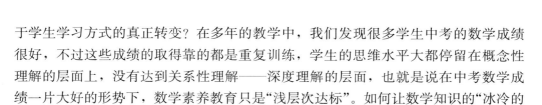

于学生学习方式的真正转变？在多年的教学中，我们发现很多学生中考的数学成绩很好，不过这些成绩的取得靠的都是重复训练，学生的思维水平大都停留在概念性理解的层面上，没有达到关系性理解——深度理解的层面，也就是说在中考数学成绩一片大好的形势下，数学素养教育只是"浅层次达标"。如何让数学知识的"冰冷的美丽"，变成学生"火热的思考"呢？

近十五年来，我先后在全国各地进行了三百多次的送培、送教，并参加了上百次高层次的有关"构建高效课堂"的论坛和研讨会，面对众多名校经验，很多学校对学习名校经验都提出了正面和负面的问题，这些问题都带有普遍性，这使我们认识到再好的教学模式和经验实际上都有它的局限性，模式和经验的形式并不重要，重要的是它的精神内核。我们到底需要什么样的名校经验？是为考而教的经验，还是把学生培养成发现知识和创造智慧的人的经验？我们应该关注的是学生的全人成长。学生的素养和能力的培养是综合的、立体的、多元的，数学学习力的提升必须遵从"简单模仿—初步掌握—本质理解—自觉运用—素养形成"的递进过程，在学生的学习活动中我们要给学生一个完整的、有效的学习过程，不应该为突出了一个经验或模仿一所名校的做法，而武断地将应该给学生的完整的学习过程割裂或让学生没有完整的体验。

学生的学程立体完整才是教育的基本道义。我们要关注学生终身发展的"数学需要"，要以学生为发展性主体，数学教育教学要向以学生的学习为中心转移，要因材循导、以学论教。我们在整合教学内容的时候，千万不能眼里"只有教材而没有学生"，应从学生的需要、学生的问题、学生的活动、学生的收获出发，重视教学内容处理的过程性、生成性和体验性，要关注学生在课堂上做了些什么，说了些什么，想了些什么，学会了些什么和感受到了些什么；在学生的数学学习过程中要充分发挥学生的主体地位，体现学路优先的思想，借助学生的原有知识、经验，将生活世界与新知有机整合，让学生历经体验、感受、探索、理解、掌握和灵活运用的过程，让学生在自主学习、探究学习和合作学习中，兼顾个性发展，关注经验迁移，促进学生自我建构、自我成长。学生的数学素养是综合的、立体的，因此我们要关注数学教育的全纳性（学生多向度潜能的开发）、全人性（学生本质力量的释放）和全面性（学生数学世界图景的建构）。

(二)现实的数学

我们所"呈现"给学生的"教学内容"——应是"为学生准备"的数学——应该是与"现实"密切联系的数学,是能够在实际中得到应用的数学,即"现实的数学"。如果看重了数学的抽象性,忽视了生动的生活本体,过于关注内在的逻辑联系,割断了与外部现实的密切关系,就会失掉让学生对数学学习产生兴趣与学习动机的最宝贵的源泉。

荷兰数学教育家弗赖登塔尔认为:"数学来源于现实,存在于现实,并且应用于现实,数学过程应该是帮助学生把现实问题转化为数学问题的过程。"初中学生的逻辑思维尚未完全形成,因而他们很容易根据事物的表面现象和日常经验去观察、分析、理解数学问题。因此,我们需要借取生活素材,将"学生生活"嵌入数学学习活动中,让"陌生的数学"变得熟悉、亲切。这就要求我们要能够"活化教材",尽可能地发挥新教材中各素材的教育功能;此外,我们也应认识到,由于每个学生的家庭背景以及自身思维方式的差异,同一教材不可能适用于每一个学生,我们要开发教材以外的资源,将触角延伸至学生身边的"生活世界",要善于捕捉"生活现象",设计"生活情境",勾勒"生活画面",并使之成为符合学生心智水平的"数学现实"。关于数学的现实性,从客观上讲,数学来自现实生活,并能运用到现实生活中去;从主观上讲,学生有切实可行的学习方法,即学生通过熟悉的现实生活在教师的指导下,借助教师提供的"现实"情境,自己可以逐步发现和掌握数学知识。

1. 在生活中嵌入数学学习

目前我们许多地方在传统陈旧的教学观念的制约下,课堂教学以课本为主,教学内容与学生生活实际相脱节,学校教育与社会生活、学生生活相脱节,课堂教学单一,学生学习被动,死记硬背,导致学生缺乏学习兴趣、个性压抑、学习效率低下,学生的学习潜力难以得到发挥,课堂教学失去了生命的活力。我们周围处处有数学,时时会碰到数学问题,数学问题教学是来源于生活,而又应用于生活之中的。由于数学在现代社会中的作用日益凸显,而数学学习却与社会实际相脱离,为此,数学课程改革提出教学要紧密联系学生生活实际。脱离生活实际的数学教学,会使学生的思维因缺乏具体而生动的信息的支持而阻塞。所以,我们要把生活问题数学化,把数学问题生活化。

　　《义务教育数学课程标准(2011 年版)》(以下简称《课程标准》)也指出:"要使学生感受数学与现实生活的密切联系,初步学会运用所学的数学知识和方法解决一些简单的实际问题。"由此可见,数学与生活的联系很紧密,数学生活化将数学学习与学生的实际生活相连接,可以将抽象的数学知识还原于学生的现实生活当中,激起学生学习数学的求知欲,帮助学生更好地理解和掌握数学基础知识,并运用学到的知识解决实际生活中的数学问题,真正达到学以致用的目的。因此,我们要理解《课程标准》中的新要求,体会新课程数学知识呈现的新模式,提高我们教师适应课程改革的能力,改变数学学习与现实生活的现状,让学生感悟、理解数学的真谛,学会用数学的思维方法观察和认识世界,提高学生的数学素养。

　　系统论的反馈原理认为:任何系统只有通过信息反馈才能实现有效的控制,从而达到预期的目的。没有信息反馈,要实现对系统的有效的控制,从而达到预期的目的是不可能的。学生能在实际生活中抽象出数学知识、理解数学思想,就学生学习而言,仅仅是了解事物的一个方面。而把这些数学知识运用到实际生活中去,会用数学观点和方法来认识周围的事物,并能解答一些简单的实际问题这又是数学学习的另一个重要方面。

　　卢梭认为,通过学生自身活动获取的知识,比从教科书、从他人那里学来的知识要清楚得多、深刻得多,而且能使他们的身体和头脑都得到锻炼,使他们能熟练地运用数学的语言去解决问题、探索论据并寻求证明,而最重要的活动则应该是从给定的具体情境中,识别或提出一个数学概念。让学生在现实情境中体验、理解和应用数学,可以切实提高学生解决实际问题的能力。数学来源于生活,组织学生去开发生活中的资源是数学活动的一个重要环节,让学生有目的、有计划地搜索、处理可用的数学信息,生活中的资源就能得到创造性的利用。

案例 2　苏科版①数学八年级下册"§9.1 反比例函数"教学片段

　　欣赏:2004 年雅典奥运会 110 米跨栏决赛刘翔夺冠视频(多媒体演示)。

　　师:我们考察这些运动员的比赛过程,要考虑几个物理量?哪些量是固定的?

----

　　①　江苏凤凰科学技术出版社的教材,简称为苏科版。

生 1：有三个物理量，时间、路程、速度。

生 2：对这些运动员来说，比赛路程是固定的。

生 3：我发现在所有"径赛"类比赛中路程都是固定不变的。

量化变式：在 110 米跨栏比赛中，运动员全程所用时间 t(s)会随速度 v(m/s)的变化而变化。

①你能用含有 v 的代数式表示 t 吗？

生 1：$t = \dfrac{110}{v}$。

师：你是怎样得到的？

生 1（继续）：路程＝速度×时间，等式两边同时除以速度可以得到 $t = \dfrac{110}{v}$。

师：我们可以将刚才那位同学的思路用一张图表示出来。

思维导图：$s = vt \Rightarrow vt = 110 \Rightarrow t = \dfrac{110}{v}$。

②根据①中所列式子填表（表 2-1）。

表 2-1

v/(m/s)	7	8	9	10	11
t/s					

随着运动员速度 v 的变化，全程所用时间 t 会发生怎样的变化？

③时间 t 是速度 v 的函数吗？为什么？

（学生思考、交流、讨论，学生回答略。）

启示：数学概念虽然抽象，但大多数概念都有其客观物质体现和现实意义，所以在建立新概念时，应通过具体事物和实例来让学生感知，形成形象思维，尽可能依靠实例引入。通过创设可引出数学概念的问题情境，利用实例的直观形象性，使学生对概念所描述的对象有丰富的感知，而后引导学生把感知精确化，使感性认识上升为理性认识。引人入胜的现实情境，更能激发学生的兴趣和求知欲望。

有学者说"数学既要联系实际，又要脱离实际"，此话有一定道理。数学虽源于生活，但高于生活，高就体现在它的抽象性和逻辑严密性上。因其抽象，才有广泛的应用价值，因其逻辑严谨，才能避免产生错觉，但过分淡化数学基础知识的"生活化"，会削弱学生解决"生活化问题"的能力，因此，我们既不能因数学的严谨而减少青少年的生活情趣，也不能因实用而忽视了他们的抽象思维能力的发展。

2. 提供现实的学习素材

著名教育家杜威指出："为了激发学生思维，必须有一个实际的经验情境，作为思维的开始阶段。"因为数学教学内容对学生来说，它是外在的、陌生的，需要通过教师加工，才能更好地为学生所接受与掌握。"现实"情境是指符合学生已有的知识、经验，有助于学生自主学习、合作交流，便于师生互动、共同发展的学习氛围。数学教学是数学活动的教学，是师生之间、学生之间接收与反馈信息、交往互动与共同发展的过程。要让数学教学具有魅力，就要求教师创设具有挑战性的"现实"情境，使教学过程更具吸引力。实践证明：学生经常参与有效的思维过程，对教学活动会产生直接、强烈的兴趣，而兴趣是学生主动学习的原动力。因此，创设一个"现实"的情境，不但能拉近数学与现实（学生的生活实际）的距离，为学生寻找到学习新知的基石，同时也能激发学生学习的兴趣，让学生充分体验和理解数学。教师应充分利用学生的生活经验，设计生动有趣、直观形象的数学教学活动。

案例 3　苏科版数学八年级上册"一次函数的图象(1)"导入片段

观察思考：香燃烧过程。（图 2-1）

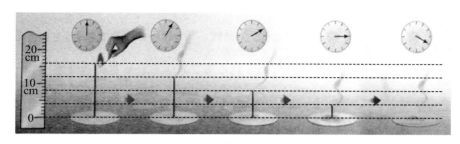

图 2-1

问题：(1)图中有几支香？(2)图中是怎样表示时间的变化的？(3)这支香点燃前有多长？点燃 5 min 后缩短了多少？10 min 后呢？多长时间点完？

设香长为 y cm，点燃时间为 x min，能写出 y(cm) 关于 x(min) 的函数关系式吗？

表 2-2

x/min	0	5	10	15	20
y/cm	16	12	8	4	0

依次连接图片中香的顶端，你有什么发现？（图 2-2）

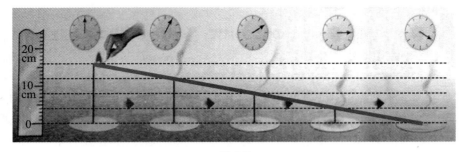

图 2-2

你能借助平面直角坐标系，将此信息表示出来吗？

以 x 轴表示点燃时间，以 y 轴表示香的长度，建立平面直角坐标系，分别描出点(0，16)、点(5，12)、点(10，8)、点(15，4)、点(20，0)。

根据你的发现，你对一次函数图象的形状有什么猜想？（图 2-3）

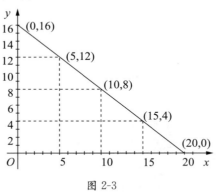

图 2-3

启示：若学生能在生活中找到数学图象，则沟通了数学与生活的联系，这样抽象的数学理论就会变得生动起来，从而激发出学生的数学意识，培养出学生的"数感"，进而使学生形成自己独特的思维模式，发展"个性"。教材内容不符合学生的认知需要怎么办？那就改变其呈现形式，丰富其发展性内涵，在生活中、现实中寻找内涵相吻合的事例来加以充实，提高其"厚"度。

"成功的教学所需要的不是灌注，而是要让学生轻松、愉快、有效地学习，其关键是激发学生的兴趣。"学生具有强烈的自我实现的欲望，希望自己是一个发现者、探索者、研究者。因此，可以让学生在自我实现中，自觉地和老师一起进入探究的思维佳境，主动领悟基础知识及其蕴含的数学思想、方法。

3. 把抽象的数学知识"物化"

我们要把数学看成是一系列"数学地"组织"现实世界"的人类活动，即用数学的思想与方法，不断地把实际问题中的有关材料整理和组织起来的活动，这样的活动不断重复和积累，会导致更高水平的概括出现。新教材中数学知识独特的呈现方式，对我们教师的素质提出了更高的要求，我们要有敏锐的数学意识，要不断地学会从生活中收集相关的数学素材，为课堂教学储备足够的原材料。数学教学要紧密联系学生的生活环境，从学生的经验和已有知识出发，创设有助于学生自主学习、合作交流的情境，使学生通过观察、操作、归纳等活动，掌握基本的数学知识和技能，发展学生的能力，激发他们对数学的兴趣，以及学好数学的愿望。要让数学教学具有魅力，就要求我们要组织富有成效的教学活动，为学生创设积极思考的氛围（情境），这样才能使学生的数学学习过程对学生而言始终有一种吸引力。

案例 4　苏科版数学八年级上册"平面直角坐标系(1)"教学片段

师：我们已学习了平面直角坐标系的定义和象限等概念，现在用老师刚才在教室里布下的红线表示 x 轴，箭头所指的方向为正方向，黄线表示 y 轴，箭头所指的方向为正方向，大家听清楚了吗？现在请同学们独立默想自己所在的位置，不可以相互交流，好，现在请处在第一象限的同学站起来。

处在第一象限的同学站了起来。

师：请处在第三象限的同学站起来。

处在第三象限的同学站了起来。

师：请 x 轴上的同学站起来。

处于 x 轴上的同学站了起来。

师：请 y 轴负半轴上的同学站起来。

有一位学生未站起来（学生大笑，感到很有趣）。

师：请第一、三象限角平分线上的同学站起来。

……

启示：现实的生活材料能激发学生研究问题的兴趣，让学生产生亲切感，认识到现实生活中隐藏着丰富的数学问题，要学好数学，应更多地关注社会，对各种生活现象提出数学问题，成为有数学头脑的人。数学教师作为"数学学习的组织者、引导者和合作者"，更应在教学实践中注重创设切合学生实际的教学情境，积极鼓励学生根据自己的数学现实理解情境、发现数学，引导学生把现实问题数学化，把数学知识生活化，培养学生运用数学知识解决实际问题的能力。

把实际生活中的事物引入教学中，使陌生的知识成为学生熟悉的事物。这样学生学起来既起劲又觉得有趣，掌握得会又快又好。数学知识是比较抽象的，在教学过程中，要把抽象的数学知识"物化"，使学生看得见、摸得着，使学生在观察与操作实践中树立形象，形成表象，逐步掌握知识。

案例5 学生孙慧恬的数学周记《摘抄做学具的乐趣》。

数学课上，常见潘老师带着纸杯、扑克牌等一系列教具和学具来上课，他把每个教具和学具总是用得那样的出神入化，让我们本来一片混沌的脑海，因实物演示而变得逐渐清晰起来，这一些小小的教具和学具的应用在别人看来算不得什么，但对于我们这些抽象能力较弱的学生而言，却有很大的帮助。

潘老师上数学课和其他老师不同，他经常让我们做学具，让我印象最深的是七年级上学期，在学"展开与折叠"这一课前，刚好是一个周末，潘老师没有布置书面数学家庭作业，而是布置了用纸做学具的作业：做一个边长为 10 cm 的正方体，做一个圆柱和一个圆锥。你还别说，就这样一做，当我打开课本预习时，已无任何障碍了。

这些经历让我明白：高深的数学知识是在具体的事物中抽象出来的，潘老师常常给我们提供"现实的数学"，这些实物模型是我们学好数学不可缺少的"起跳板"。

总之，学生生活中的数学常识、经验，是他们学习数学的基础，生活离不开数学，数学同样离不开生活。初中学生具备了一定的生活经验，同时他们也对周围的各种事物、现象充满着好奇，我们所创设的"现实"情境，应是他们感兴趣的学习情境，能让他们在活动中逐步体会数学知识的产生、形成与发展的过程，使他们在兴趣盎然中获得积极的情感体验，感受数学的力量，同时掌握必要的基础知识与基本技能。

（三）活动的数学

教育只是一时的外在行为，体验则是学生生命的全部。数学教学不应该是刻板的知识传授，而应通过丰富多彩的数学学习活动来激发学生的学习兴趣，发展学生对数学的理解能力和应用能力。我们要重视学生在活动中学习数学，要给他们充分的时间和空间去尝试、去探索问题，让他们在数学学习活动中学会观察、分析问题，丰富解决问题的策略。皮亚杰强调："活动是智慧的根源。学生要高度活动，教师要在活动中让学生动脑、动手，进行探索，通过活动逐步丰富学生的认知结构；在教学过程中要通过学生自身积极的活动，让学生探究、发现知识。"活动是初中学生数学经验建构的重要方式，在活动中学习数学是学生的一种自由与自觉行为，因为它有别于以往的纸笔练习，营造了真实的、有意义的、具有支持性的情境，使得数学教学成为"真实的数学学习"，符合学生心智的发展规律。《课程标准》也提出要在活动中学数学，可见，数学活动是数学学习的核心内容。初中学生在数学活动中可以建立数学模型、分析处理数据、归纳推理数学规律、应用已掌握的数学规律解决实际的问题等。"活动"是数学学习的灵魂，学生的"动"可使课堂真正"活"起来，教学应让学生在活动中求真知，并得到发展。数学学习活动可以将我们对学生的指导具体化、形象化，让学生自觉地经历数学知识的"再创造"过程，实现真正的"数学化"学习。

1. 活动要"有备而动"

苏联著名教育家斯托利亚尔在他所著的《数学教育学》一书中指出："数学教学是数学活动的教学（思维活动的教学）。"如何组织数学活动是我们一直关注的问题，在设计一个数学活动之前，我们必须明确这一活动的出发点是什么。也就是说，必须让学生明白为什么要参加这次活动，通过这项活动应达到什么样的学习目标。这就需要我们平时要做个有心人，注意收集活动资料，使活动设计能紧扣目标，并具有较强的针对性。但不能从一个极端走向另一个极端，不能让学生花费很长的时间去进行无实质内涵的活动，不能让课堂变成"有活动""有趣味"而"无数学"的"伪数学课"，那样就不是数学课，而是"活动课"了。

　　数学活动的意义在于：（1）引导学生在活动中发现。传统教学的知识讲授一般都是从学生不感兴趣的间接经验开始的，然后按照知识间的逻辑顺序由已知向新知逐步推进。而数学活动一般是先让学生亲自参与与学科知识中的基本概念、基本原理有关的活动，并引导学生在活动中发现问题，在学生获得直接经验的基础上师生共同合作解决问题，因此，数学活动能吸引学生的注意，激发学生浓厚的探索兴趣，让学生产生稳定、持久的探索动机。（2）引导学生在活动中探究。在数学活动中，学生是探究、发现的主体，我们的作用是引导，而不是帮助，更不是替代，要放手让学生亲自实践，亲自去动手、动脑、动口，给予学生充分的自主权和充分的时间，让学生在做中学、在学中做，教、学、做合而为一。（3）引导学生在活动中创造。与传统教学相比，数学活动是一个主动解决问题的过程，以不断的探索发现和改进经验的活动为认识的基本方式，这也使得学生有可能在对已知材料进行整理、重组的过程中发现事物更深层的联系，把握知识的整体结构，发现已有认知的不完善之处，为构建、发展已有的认知结构提供基础。

　　案例 6　学生张颖异数学周记《会做比会说更重要》摘抄。

　　昨天数学课快下课的时候，潘老师对我们说："明天上午的数学课上，你们要分成六个小组，去测量操场上的旗杆、操场边上的大树和科技楼等的高度，你们有什么测量策略吗？"我代表我们组陈述了方案：在阳光下，先量小竹竿的影长和实际高度，计算出比值，紧接着再测量出旗杆的影长，利用计算出的比值算出旗杆的实际高度。

　　今天数学课上，我们小组无比兴奋地来到了操场上，大家选择好场地，做好分工，谁做什么都清楚了，就准备开始测量小竹竿的影长了，就在这时天公不作美，太阳钻到了云层里，我们不由自主地看了看厚密的云层，面面相觑，就在我们一筹莫展时，潘老师来到了我们身边，说："没有了太阳，能不能想想其他办法？"说完他就走了，潘老师的意图很明显：让我们自己动脑筋解决问题。我们从潘老师的话中看到了希望：因为他没让我们回教室，说明有解决问题的途径！

　　于是大家开始动脑筋，解决问题的策略是构建相似三角形，不久，王子悦同学从美术课写生中得到了启发：伸直自己的手臂，手垂直地握住小竹竿，然后调整距离，使竹竿的上、下端与旗杆的上、下端重合（图 2-4），通过测量手臂、竹竿、身

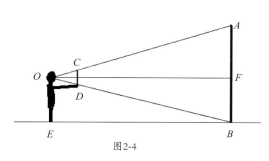

图2-4

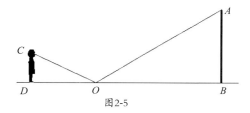

图2-5

体与旗杆的距离，求出了旗杆的高度。杨靓同学受到了物理课中平面镜将光反射出去的启发，从操场边上的体育老师办公室中借来了平面镜，放在地上不断地调整距离，使自己刚好在平面镜中看到旗杆的顶端（图2-5），这时我测量了杨靓同学的眼睛到地面的距离、杨靓到平面镜的距离、平面镜与旗杆的距离，从而求出了旗杆的高度。

由于我们组同学之间密切地配合、仔细地测量，终于出色地完成了这次任务。特别是两种测量方案求得的旗杆高度十分接近，我们非常高兴，这让我也充分认识到会做比会说更重要。

启示：每次组织数学活动前，传授哪些知识，培养哪些能力，渗透哪些数学思想和方法，这是教师首先要考虑的内容；在考虑以什么为线索来组织活动，怎样进行组织之前要先弄清为什么要组织这样的数学活动，这样组织的效能是什么，使数学学习活动"有备而动"。

数学活动教学中最重要的就是强调学生的自主参与性，以激发学生学习、钻研的兴趣为着眼点，使学生喜欢活动，乐意参与。目标设计、题目拟定、内容安排、形式选择、情境创设、效果评价都应体现趣味性，达到寓教于乐、启智于动的目的。

2. 活动设计策略

《义务教育数学课程标准（2011年版）解读》指出："实践是数学发展的丰富源泉，数学脱离了现实就会变成无本之木，无源之水。"学生的数学学习过程实际上是一个开放的过程，我们应把"知识"放在问题情境中，把学生置于一个动态、开放、轻松、多元的学习环境中，最大限度地拓展学生的学习空间，向学生提供充分从事数学活动的机会，给学生更多的获取知识的方法和渠道，让学生在探索、发现、体验和解决问题的过程中掌握学习的方法，享受"数学文化"，培养数学气韵（风格、意境）。

数学活动的设计策略主要有：（1）让学生多感官感知数学。我们在指导学生数学实践操作时，要引导学生将实践操作和必要的思维活动结合起来，要动手先动脑，使操作内容与数学思维有机结合。有效的数学学习活动，不仅仅只是听觉和视觉参与其中，应让更多的感官参与到数学活动中。(2)对活动形式进行优化组合。由于学生的生活背景、家庭环境等存在差异，他们的思维方式、解决问题的方法和策略有较大的区别。具体表现为在活动中，有的学生得心应手，而有的学生却束手无策、不知所措。这就要求教师要最大限度的优化学生之间的协作，从而优化学习效果。(3)多元评价要适时到位。根据活动的开展情况，我们要对学生的活动过程做客观、全面、公正的评价。

案例7　苏科版数学九年级上册第一章"§1.2直角三角形全等的判定 HL"教学片段。

由于认识"三角形的三条角平分线相交于一点"是一个难点，为突破这个难点我先设计了一个数学活动，让学生自己先动手"做"。

师：请每位同学拿出刚发下来的三角形纸片，你能折出其中最小角的角平分线吗？

生：能！

师：那就请动手折一下吧。

生(动手)：折好了。

师：你能再折出其中最大角的角平分线吗？

生(动手)：没问题！

师：你还能折出第三个角的角平分线吗？

生(动手)：可以！

师：折完之后，请展开这个三角形纸片，观察三条折痕，你有什么发现？

生：三条折痕交于一点了。

师：都是这样的结果吗？

生：是！

师：谁能用语言来描绘这个事实？

生 1：三角形的三个内角的角平分线相交于一点。

师：你们知道这是为什么吗？

生：不知道！

师：想知道吗？

生：想！

师：好，下面我们就带着这个问题进行今天的学习与探究。

启示：我用数学活动中的"做中学"让学生进行了三次角平分线的折叠，引导学生由此得出猜想"三角形的三个角的角平分线交于一点"，使学生通过动手实验引出问题"这是为什么？"，由对问题的好奇，引发学生探究问题的"迫切心理"，激起了他们求知的欲望，也为新课内容的教学做好了铺垫。

新课程为学生提供了丰富多彩的学习数学的体验素材，能让学生在做中学、在玩中学，我们要让学生在多维互动的学习活动中"感受和体验""实践与创新"。数学素养，表现为在日常生活和实践中自觉有效地运用数学知识和思想方法，这不是单纯地靠传授数学知识和讲授解题方法就能实现的。学生在数学学习活动中的"体验和感受"，也不是我们教师能用语言教出来的，只有增加学生对数学的体验，才能增强他们的参与意识，提高他们的学习热情，变"被动"学习为"主动"学习，拓宽学生自主发展的空间。

3. 活动要"动而有得"

《课程标准》指出：数学教学"不仅要考虑学生自身特点，更应遵循学生学习数学的心理规律，强调从学生已有的生活经验出发……"而作为学习的主体，学生的生活经验少、知识面窄，尤其是缺乏抽象和复杂的逻辑思维，这就使得学生的主观认识与数学客观规律之间存在着矛盾。因此，数学活动应选择一些学生熟悉的事物和具体情境，并选择一些与学生已有的数学知识或生活体验相关的题材，设计出符合学生身心特点、贴近学生生活的有趣味的、直观的、形象的、易于操作的活动，使学生饶有兴趣地探讨，自觉、主动地合作。学习评价关注的是学生的数学活动过程、学习过程、正确认识自己的过程，以及主动发展的过程。教学评价是始终贯穿于教学活动中的一种教学行为，对于提高学习活动的实效性起着至关重要的作用。在数学活动中我们既要注重评价的激励功能，又要注重评价导向作用的发挥，这样才能增强学生参与学习活动的目的性，促进学生思维的发展。数学活动结束后，要让学生进行自我总结，做到"动而有得"。

案例 8 学生杨禛彦的数学小论文《有趣的图形分割》①。

昨天潘老师在课堂上引领我们探讨了利用全等怎样把一个图形分成几个全等的图形，在学习活动中，大家都全身心地投入其中，进行探究和讨论，大家都受益匪浅。活动过后，潘老师让我们对利用全等进行图形分割的问题进行了全面的总结，通过总结我们对利用全等来分割图形的策略有了深刻的了解。

这两天我还在思考图形的分割问题。其实，图形的分割还有许多方法，不一定就是分割成几个全等图形，比如下面这道题。

（1）将长 10 cm、宽 9 cm 的长方形分割成若干个边长为整数厘米的小正方形，怎样才能使分割得到的小正方形数目尽可能少？

像这类没有给出实际图形的题，如果图不大，可以直接在纸上画出来，如果图较大，无法画出，可以按比例缩小，这样不会影响解题。像上面这道题，要进行适当的演算，不能直接分割，如果直接下手往往会为解题带来麻烦。综合分析一系列的数据结果，再在纸上画出来，就能得到如下答案。

如图 2-6，图中标注的数据为各正方形的边长。

当然，我们不能本末倒置，上面的题目只是用来开拓大家眼界的，最重要的是分割全等图形。可是分割全等图形也有许多题型，数学的海洋茫茫无边，所以只能"管中窥豹，略见一斑"了。

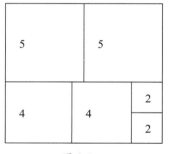

图 2-6

有些题目，一眼就能看出怎样分割，但是我们讲究一题多解，这种类型的题目十分常见，比如下面这道题。

（2）图 2-7 是一个 3×4 的方格纸，请用四种不同的方法将它分割成完全相同的两部分，但要保持每个小方格的完整。

在解答这类题目时，要注意找准中心，因为每一条正确的全等分割线都要经过中心。那么中心怎样找呢？

只要作出图形的对角线，两条对角线相交的点就是中心。找到中心后就容易解答了，答案很多，下面按要求提供四种。（图 2-8）

并不是每道题都能一眼就看出答案来，有的题目单位图形很多，需要分割的板

---

① 杨禛彦：《有趣的图形分割》，载《中学生数学》，2007(9)。

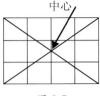

图 2-7

  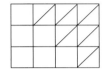 

图 2-8

块也很多，这就有点麻烦，需要计算，实际上就是用全部单位图形的数量除以要分割的板块数，就得到了每个板块该有多少个单位图形，这样的思路往往能够使题目更容易解答，像下面这道题。

（3）请将下图分割成三个全等的图形。（图 2-9）

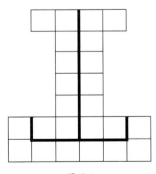

图 2-9

有的同学一看到这个图形就眼花了，不知道该怎么办。用上面的方法就可以了，用不着发慌，这个图有 24 个单位图形，要求分割成三块，每块就该有 8 个单位图形，这样理顺了就好分多了。

有些题目就更麻烦了，会在单位图形里再加一些图形，要求更严格，比如下面的题目。

(4)将下图分成大小、形状都相同的四块,并且每块带黑子和白子各一个。(图2-10)

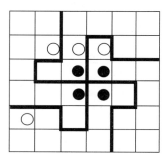

图 2-10

解这类题目的诀窍其实跟解上面的题型的思想差不多,先进行一系列的计算,然后注意棋子的位置就可以了。

分割图形的题目还有很多,也十分有趣,我们能够在探索的过程中感受到数学的魅力所在。

每次数学活动结束时,潘老师都让我们好好总结一下,我看是非常有必要的,因为每一次总结后,都会有新的收获。

苏霍姆林斯基也说过:"当知识与积极的活动紧密联系在一起的时候,学习才能成为孩子精神的一部分。"组织数学学习活动,要紧密联系学生的生活经验,从已有知识出发,创设生动有趣的情境,引导学生开展观察、操作、猜想、推理、交流等活动,使学生通过数学活动,掌握基本的数学知识和技能,初步学会从数学的角度去观察事物、思考问题,进而激发学生学习数学的兴趣,以及学好数学的愿望。因此,在学生的数学学习过程中,我们应设法让学生真正"动"起来,这既包括外在的实践活动,更包括内在的心理活动,让学生在活动中通过亲身体验,有所发现,有所领悟,甚至有所创造。

(四)经验的数学

数学学习是一项实践性很强的智慧活动,在数学学习的过程中,学生既要接受显性的知识，同时还要理解那些需要意会的隐性知识，只有这样才能在自觉体悟中收获经验。数学学习就是让学生在学习活动中去"经历过程"，在亲历中理解知识、发展情感、获得智慧、增强学习力、积累和升华数学活动经验、提升思维品质。荷兰数学教育家弗赖登塔尔也说过："数学学习是一种活动，这种活动与游泳、骑自行车一样，不经过亲身体验，仅仅通过看书本、听讲解、观察他人的演示是学不会的。"东北师范大学原校长史宁中曾说："我们必须清楚，世界上有很多东西是不可传递的，只能靠亲身经历。智慧并不完全依赖知识的多少，而依赖知识的运用、依赖经验，教师只能让学生在实际操作中磨炼。"由《课程标准》也可以看出，学生数学学习的过程可以说是一种再创造过程，而且是真正意义上的再创造（主观意义上的），学生从事对数学知识的提炼和组织——通过对低层次活动本身的分析，把低层次的知识变为高层次的知识，再经过提炼和组织形成更高层次的知识，如此循环往复，之后再把数学知识在现实中加以运用。在这一活动过程中，获得经验、对经验的分析与理解、对获得过程及活动方式的反思至关重要。长期以来我们的数学素养教育非常苍白，它只有知识、技能和思维，缺乏一些具有生命活力的东西，结果使许多学生感到数学枯燥无味，这"具有生命活力的东西"就是学生在数学学习过程中获得的"数学活动经验"，但是学生对"数学活动经验"的获得是因人而异的，涉及每个学生在数学学习活动中的感受和感悟数学的水平，这在教学中是非常难把握的。数学学习作为一种适应数学知识体系发展变化的活动，其结果表现为数学活动经验的获得，以及相应的数学思维方式的变化。知识也是一个生命体，简单、机械、重复的苦学无法生成智慧。学习只有在学生的生命体和知识体发生关联时，才会抵达学生内心的情感世界，并形成"情感产品"，才能释放出生命的"能量"。

1. 数学经验的积累

"基本活动经验是个体在经历了具体的学科活动之后留下的具有个体特色的内容，既可以是感觉知觉，也可以是经过反省之后形成的经验。"数学活动经验是数学学习的产物，从维度上分可分为数学思想方法、数学思维方法、数学活动过程中的体验。此外，还可分为静态和动态两个层面。重视学生数学活动经验积累的意义在于：可扩展学生的认知结构，提高教学设计的实效性，彰显个性化的学习，生成数学课程资源。在数学活动中，学生通过外显的行为操作所获得的对学习材料的第一手直观感受、体验和经验一般是直接经验。这类操作的直接目的并不是解决问题，而是让学生对学习材料形成感性认识，这是构建个人理解不可或缺的重要素材。在学生的数学学习活动中，我们会向学生抛出特定情境下的某些问题，让学生进行动手操作、自主探究、合作交流，这里边既有外显的行为操作活动，也有思维层面的操作活动。许多数学活动都会要求学生的多种经验要共同参与其中，不仅要有操作的经验、探究的经验，也要有思考的经验，更需要有应用的意识。学生不仅在活动中有体验，在活动前、活动中、活动后都会经历数学思考过程。在思维操作活动中获得的经验即思维操作的经验，比如归纳的经验、类比的经验、证明的经验等。数学活动经验大致可以分为：纯粹的数学学习活动中的经验，日常生活中的数学活动经验，以及社会文化情境中的数学活动经验等。学生能获得将直接经验与间接经验融为一体的数学活动经验，我们要帮助学生发现不同经验在本质上的异同，继而将学生发现的一个个知识"点"连接成一串串知识"链"，进而构成牢固的知识"网"。

案例 9　苏科版数学七年级上册"3.3 代数式的值"教学片段。

例 1　当 $a = \frac{1}{3}$ 时，求代数式 $a^3 + 1$ 的值。

教师板演，强调书写格式，提出求分数乘方时底数要加上括号，师生共同得到求代数式的值的一般步骤：先代入，后计算。

师：代数式的值是固定不变的吗？求代数式的值的一般步骤是什么？请同学们带着这样两个问题完成练习，当 $a = -2$ 时，求代数式 $a^3 + 1$ 的值。

（一个同学在黑板上板演，其他学生独立完成，教师巡视指导学生。）

师：当 $a = -2$ 时，我们得到代数式 $a^3 + 1$ 的值是 -7，现在有同学能回答老师刚刚提出的两个问题了吗？

生 1：我发现代数式 $a^3 + 1$ 的值不是固定不变的，当 a 的值变化时，代数式的值也随之变化。求代数式的值的一般步骤是先代入，后计算。

师：这位同学回答得很好，在掌握了一个字母的代入求值问题后，老师要增加难度了，我们来看例 2。

例 2　当 $a = -2$，$b = -3$ 时，求代数式 $2a^2 - 3ab + b^2$ 的值。

师：哪位同学会做？

（学生口述解题过程，教师板演，过程略。）

师：对他的回答有没有不同的想法？

生2：数字与数字相乘时他没有添加"×"号，我认为要添加。

师：这位同学提得非常好，我们在代入数值后当数字与数字相乘时要把省略的"×"号添加上，要注意代数式的书写规范。

师：请同学们独立完成下面的练习，看看当 a，b 的值发生变化时，代数式 $2a^2 - 3ab + b^2$ 是否也随之变化呢？

（一个学生在黑板上板演，其他学生独立完成，教师巡视指导学生。）

师：当 $a = -1$，$b = 2$ 时，代数式 $2a^2 - 3ab + b^2$ 的值是 12，a，b 的值变了，代数式 $2a^2 - 3ab + b^2$ 的值也变了。通过本题的探究，你有什么感悟？

生3：我知道了求代数式的值的一般步骤是先代入，后计算。

生4：在代入时要注意，求分数乘方或者负数乘方时底数要加括号。

生5：代入时，将相应的字母换成给定的数值，其他数字不变。当有多个字母代入时要注意对应关系，不要混淆。

生6：代数式的值不是固定不变的，它是随着代数式中字母取值的变化而变化的。

师：带着这么多的感悟我们一起来看例3。

例3　填表（表2-3）。

表2-3

x	-4	-3	-2	-1	0	1	2	3	4
$2x+5$	-3		1	3		7		11	13
$2(x+5)$	2	4		8		12	14		18

(1)随着 x 值的逐渐增大，两个代数式的值怎样变化？

(2)当代数式 $2x+5$ 的值为 25 时，代数式 $2(x+5)$ 的值是多少？

（学生独立解题，展示交流，过程略。）

师：通过本题的探究，你有什么感悟？

生10：字母的值确定了，代数式的值也会随之确定；字母的值变化了，代数式的值也会随之变化。

启示：通过以上三个例题的"逐步递进"，学生对"字母的值确定了，代数式的值也会随之确定；字母的值变化了，代数式的值也会随之变化"这个事实的认识越来越"深刻"，这是学生通过以上三个例题在"做中学"的探究体验中得到的数学活动经验，这对学生深入理解代数式的值是有"现实意义"的，也为学生后续学习"函数值随着自变量的值的变化而变化"打下了基础。

数学基本活动经验的特征：主体性、实践性、内隐性、多样性、指导性、过程性等。数学活动大致可分为直接地和间接地来源于生活的数学活动、为数学学习设计的纯粹的数学活动、意境连接性的数学活动。学生的数学活动经验是指在学习目标的指引下，在对具体事物进行观察、实际操作和探究时，思想从感性向理性飞跃时所产生的认识和获得的解决问题的策略。因而，我们在开展数学学习活动时，千万不能眼里"只有教材而没有学生"，我们应从学生的需要、问题、互动情况和收获出发，对教材的处理要重视过程性、生成性，更要重视体验性，要关注学生在学习活动中做了些什么、学会了些什么，更要关注学生感受到了些什么，获得了哪些数学活动经验等。

2. 数学经验的迁移

任何数学知识的获得都不是一蹴而就的，而是在一个较长的时间内，有层次地、螺旋上升式地逐渐获得的。人的数学认知结构的形成过程是一个复杂的、对各种数学知识主动地进行组织和再组织的过程。人的大脑总是倾向于把不同时间、不同地点获得的数学知识加以综合，从而组织起一个系统的数学认知结构。数学学习的目的是发展学生的思维能力，让学生能够应用所学知识解决问题，这些都要依靠数学学习迁移来实现。迁移是数学学习中的一种普遍现象，迁移这个概念来自心理学，数学迁移可以分成：数学知识、技能的迁移，数学思维方法的迁移和数学学习态度的迁移。正是由于迁移，学生掌握的数学知识才能以某种方式联系起来，并能够在数学问题的解决中发挥作用。数学知识技能的掌握是在新旧知识相互作用的过程中实现的，因此必然存在着迁移，而且数学知识技能的内化只有在迁移中才能实现。在人的数学认知结构中，各种数学知识并不是孤立存在的，而是建立了广泛联系的网络型结构。这种网络型结构的形成过程，也就是数学知识的整合过程，这个过程

要通过如下三条途径来完成。

(1)同化性迁移。同化就是将新的数学知识内化到已有的数学认知结构中。数学知识的这种整合过程就叫作同化性迁移过程，其根本特点是"自上而下"的迁移。已有数学认知结构作为一种上位结构，把下位结构中的新知识吸收到自身中，从而完成旧知识对新知识的同化。从另一个角度来说，这也是一个将新知识纳入已有认知结构中的过程，这个过程我们称为内化。

例如，在建立了"四边形"概念后，再学习平行四边形、梯形、菱形、矩形、正方形等概念，四边形这个上位的概念结构就可以把下位的平行四边形、梯形、菱形、矩形、正方形等概念同化到自身中，从而建立起一个四边形的概念系统。而对平行四边形、梯形、菱形、矩形、正方形等下位概念的学习来说，这个过程则是内化到四边形概念中的过程。在学习具有类属关系的内容时所发生的迁移，都属于同化性迁移。

(2)顺应性迁移。顺应性迁移也叫协调性迁移。在已有的数学认知结构不能把新的数学知识吸收(同化)到自身中，但新旧知识间存在共同要素的情况下，已有认知结构发生顺应新知识的变化，即建立了一种新的上位结构，以包容这些下位知识，这就是顺应性迁移过程。顺应性迁移是在学习既有联系，又有区别的并列性学习内容时发生的。

例如，学习了有理数以后再学习无理数知识，由于有理数概念不能把无理数概念吸收到自身的结构中，这时，学生就产生了一种建立一个上位概念的需要，即建立实数概念的需要，以便把这些既有联系又有区别的下位概念都吸收到实数概念中。显然，在这个过程中，已有的认知结构发生了顺应变化。其中所产生的迁移就是顺应性迁移。

(3)结构重组性迁移。已有数学认知结构中的有关知识成分，按照新的需要重新组合，从而建立起一种新的认知结构，就是结构重组性迁移。这里的结构重组指的是习得的知识的组成成分在新的组合中，仅仅在结合关系上进行调整或重新组合，而经验的构成成分不变。显然，在数学知识的综合应用、数学知识与相关学科知识的综合应用中所发生的迁移，大量都是结构重组性迁移。

例如，掌握了分数的意义、性质以及通分、约分等知识技能后，就可以在同分母分数加减、异分母分数加减等分数运算中运用，这些都应用了结构重组性迁移，这不但能极大地节约学习时间，而且还能提高学习的效能和效果。

在组织学生进行数学学习之前，我们首先要认真研究教材，挖掘数学知识之间的内在联系，分析出知识的基本成分或教材的主干内容，在此基础上对知识内容及其教学顺序进行统筹安排。我们不仅要使学生掌握知识之间的内在联系，而且还要使学生能利用知识的发生发展过程来认识新的概念，学会通过知识的结构重组性迁移来发展自己的认知结构。引导学生掌握进行结构重组所需的基本要素，让学生自己利用这些基本要素进行结构重组性迁移，掌握有关的派生性学习内容，利用结构重组，实现经验增值性学习，这样才能使学生在最短的时间内获得更多的数学知能。

3. 数学经验的升华

数学活动过程是数学学习的形式，数学知识的获得和能力的养成是学习的目标，培养学生的数学素养、思维和解决问题的能力是数学教学的目标。我们除了重视学生对数学知能的学习，更应该重视数学意识的培养、数学思想方法的获得、数学活动经验的积累，以及数学素养的培养，为学生的后续学习和可持续发展奠定基础。当数学体验积累到一定程度的时候，学生形成了自己的数学经验，甚至是数学方法、策略后，再让学生来解决一些实际问题，便是对经验的再次升华。

升华数学活动经验的策略通常有以下几点：（1）数学活动后，引导学生反思，归纳和揭示活动中所隐含的数学规律；（2）新知识形成后，引导学生思考新旧知识的联系和区别，建立新的认知结构；（3）例题教学后，引导学生归纳知识要点、解决问题的思路和方法、解题的基本步骤和书写建议，形成正确的解题策略；（4）巩固练习后，引导学生归纳应用新知识可以解决的问题，以及解决问题时所用的方法、步骤和注意事项；（5）对用多种方法解决问题，要引导学生分析比较各种方法的优势和特点，从中择优。（6）在课堂小结中，引导学生归纳、交流本节课学到的知识、技能和数学思想方法，以及探究和解决问题的方法，达到整理知识、提炼方法、感悟思想和积累经验的目的。

案例 10　苏科版数学八年级下册"10.7 相似三角形应用（3）"教学片段。

例 1　如图 2-11，小明站在操场旗杆的影子里，使自己头部的影子与旗杆顶部的影子重合，这时同学们立即测出旗杆和小明的距离为 30 m，身高 1.8 m 的小明影子长为 2.7 m，求旗杆的高度。

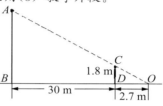

图 2-11

再反思：小明站在旗杆的影子里，那么旗杆的影子到底落在哪里？

变式 1：课题学习小组想利用树影来测量树高，他们在同一时刻测得一身高为 1.5 m 的同学的影长为 2 m，因大树靠近一幢建筑物，其影子不全在地面上（图 2-12），现测得地面上树影的长 $BC = 2.4$m，墙面上树影的高度为 $CD = 0.9$ m，求树高 AB 的长。

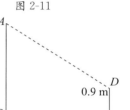

图 2-12

变式 2：课题学习小组想利用树影来测量树高，他们在同一时刻测得一身高为 1.5 m 的同学的影长为 2 m，大树的影子不全在地面上（图 2-13），现测得地面上树影的长 $BC = 1.4$ m，还有一部分树影落在台阶上，其中树顶的影子落在第三阶台阶的外边沿，每个台阶高度为 0.3 m，台阶宽为 0.5 m，求树高 AB 的长。

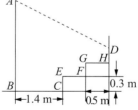

图 2-13

变式 3：课题学习小组想利用树影来测量树高，他们在同一时刻测得一身高为 1.5 m 的同学的影长为 2 m，因大树的影子不全在地面上（图 2-14），现测得地面上树影的长 $BC = 1.6$ m，还有一部分影子落在坡角为 45°的斜坡上，其长度为 2 m，求树高 AB 的长。

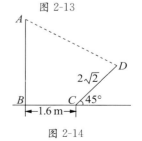

图 2-14

问题：通过解决以上问题，你有什么感悟？

启示：这里在例 1 的基础上，给出了三道变式题，这对加强学生的迁移能力具有很大的促进作用，解决三道变式题，需要对例1的解题策略进行顺应和同化，还需要对问题本身和解题策略进行分析和重组。问题"通过解决以上问题，你有什么感悟？"的作用是加强学生对这类解题策略的迁移方法的认识，促进学习经验的升华。

数学经验的升华存在于整个数学学习系统中，我们要让学生在习得的各种数学知识间建立更加广泛而牢固的联系，并使之概括化、系统化，形成具有稳定性、清晰性和可利用性的数学认知结构；让形成稳定的、能有效调节数学活动进程和方式的心理结构，并在今后的数学学习活动中发挥出更好的作用。

（五）建构的数学

大量的研究发现：初中学生在学习新知前就发展了许多非形式数学知识（相对于新知），这些数学知识是零星的、不全面也不系统的，但这些知识对学生的新知学习来说是很有意义的。在数学学习过程中，学生不只是接受和模仿我们成人的智慧、策略和思维模式，他们要用自己已有的知识去过滤和解释新信息，甚至是同化它们，而非形式数学知识是同化形式数学的基础，如果学生看不出我们所呈现的信息与他们已有的数学知识之间的联系，学生的数学认知就会遇到障碍。

数学是研究空间形式和数量关系的科学，也是研究模式与秩序的科学。数学是描述、探索自然和社会规律的科学语言及研究工具。数学在形成理性思维和促进个人智力发展的过程中发挥着独特的不可替代的作用。建构主义者认为，世界是客观存在的，由于每个人的知识、经验和信念不同，每个人都有自己对世界独特的理解。知识并非是主体对客观现实的被动的"镜面式"的反映，知识习得是一个主动的建构过程，在建构的过程中主体已有的认知结构发挥了特别重要的作用，在认识客观世界的过程中认知结构是不断发展的。学生对知识的接受要通过他们的"自主建构"来完成，他们不仅以已有的知识经验为背景，对新知识进行分析、检验和批判，而且要对原有的知识进行再加工和再创造。学生的数学建构具有个体性，且要经过一个交流、反思、改进、协调的过程，因此，在数学学习中学生"自己建构"起来的数学知识在头脑中才会"根深蒂固"，模仿和机械化训练只是"数学操作"而不是"数学学习"，不可能让学生获得真正的数学知识。真正的数学认识（或理解）应当是"形式建构"与"具体化"的辩证统一，这也许是良好的数学学习方法中最具实质性的内容之一。

1. 建构数学概念

初中学生的思维尚处在由具体运算阶段向形式运算阶段逐步发展的过程中，因此，形成数学概念往往有一个从直观到抽象的一个过渡，这个过渡就是"表象阶段"，其中包含着数学概念的本质的和非本质的所有属性，包含着学生对数学概念的外在认识，也包含着学生对研究对象的内在认识。在直观感知的基础上，并在语言(更多的是外部语言)的支持下，通过对数学概念的分析、综合和思考等来对数学概念进行理解，这是学生形成概念的一个重要基础。在学生的数学概念形成过程中，我们要做到：(1)在引导学生观察时，要让学生充分地明确自己的观察任务；(2)在学生感知数学概念时，要让他们加强对语言的运用；(3)在学生获得感知的基础上，要引导他们及时地归纳。构建数学概念，需要学生具备一定的生活经验、数学认知结构、一定的数学思维能力、理解和记忆能力，以及语言表述能力。这些能力不是学生先天就有的，也无法从其他途径获得，只能在数学概念的构建过程中通过培养，才能逐步形成和提高。因此，在数学概念教学中，要重视"表象阶段"，把培养学生构建概念的能力放在重要地位上。

(1)数学概念学习的同化过程。在已有结构下进行学习，把有关数学概念纳入已有的结构中的过程叫同化。例如，七年级学生对负有理数的学习就是一个同化过程，七年级学生从小学刚步入初中，他们的数的认知结构中只有正整数、0、正小数、正分数、假分数和负数等。由于未接触过有理数的概念，他们对数的认识还是零星的、松散的，而有理数的学习会使他们对所学过的数有一个整体认知。

例如，学生学习负有理数，是在已有0和正有理数的认知结构的基础上进行的，要对负有理数进行加工，建立正、负有理数之间的联系。当负有理数概念输入后，学生就在他们的头脑中筛选出可以纳入有理数的数学认知结构——0和正有理数的认知结构。根据这个认知结构，学生对负有理数进行改造，建立与正有理数的联系：负有理数的性质和正有理数相反，负有理数的加、减等运算可参照正有理数的运算方法来定义等。这样，负有理数就同化到了正有理数的认知结构中，原有的正有理数的认知结构被扩充成有理数的认识结构。(图 2-15)

图 2-15

（2）数学概念学习的顺应过程。新学习的内容与原有结构产生新的结构叫顺应。例如，学生学习函数概念的过程就是顺应的过程，初中学生刚学习函数时，原有的认知结构不能适应新的认知需要。在此之前，学生原有的认知结构中只有常量数学的有关知识，主要是代数式的恒等变形和方程、不等式的同解变形，以通过运算求得结果为目的，其主要手段为运算。而学习变量的概念，要以变化的观点来考察变量之间的相互依赖关系，研究的着眼点是"关系"，其表达手段主要是列出解析式、列出表格或描绘图象等。

例如，在学习函数概念之前学习圆的面积公式，是为了利用圆的半径去计算圆的面积，而学习函数概念时，则要把圆的面积公式看成圆的面积与半径在变化时应遵循的规律。这就使学生原有的认知结构不能和新的认知需要相适应，学生必须对原有的认知结构进行调整，以适应新的学习需要，并建立新的数学认知结构。（图 2-16）

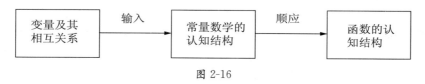

图 2-16

同化和顺应是学习过程中原有认知结构与新学习的内容相互作用的两种不同形式，它们往往存在于同一学习过程中，只是侧重点不同而已。在上面所说的负有理数学习中，原有的非负有理数的认知结构也有所改变，以顺应新知识的学习，而在函数概念的学习中也存在着同化的过程。

案例 11   学生于莹的数学周记《概念学习：理解是硬道理》摘抄。

潘老师的课堂上总是洋溢着积极而又迫切的学习气氛，最成功的是潘老师对概念的教学。给出一个概念的定义之前，他总是让我们对这个概念提出一些你想知道

的问题，然后让我们说对这个概念已经知道了什么，再根据我们的回答，从我们身边的事例或相关事实入手，来给我们讲概念的来龙去脉。他从不先给出概念的定义，总是让我们用自己的语言来归纳概念的定义，再在思辨的基础上进行修正，然后再对概念的内涵和外延进行变式引领，这加深了我们对所学概念的理解。潘老师对概念的讲解不仅精细，而且易懂，便于记忆，对于文字描述的概念，他会突出其中的关键字和词帮助我们加深理解。因为数学概念是砌成数学大厦的重要基石，概念理解有误，做题就会发生错误，这使我深刻地认识到了对于数学概念的学习而言，理解是硬道理。

数学的概念、定理、公式、法则等代表了确定意义的一些语言和符号，这些意义是数学家们依据对客观事物属性的感知，进行思维构造的结果，这些语言和符号是前人的思维结果的表达形式。学生要获得这些数学知识的意义，不仅要记住这些思维结果的表达形式，而且也要以自身为参照中心体验这些思维构造过程。

2. 建构数学模型

数学建模是一种数学的思考方法，是运用数学的语言和方法通过抽象、简化等解决实际问题的一种强有力的数学手段。所谓数学模型，是对于现实世界的某一特定研究对象，为了某个目的，在做了一些必要的简化和假设之后运用适当的数学工具，并通过数学语言表达出来的一个数学结构。数学建模就是对于现实世界中有待解决或未解决的问题，从数学的角度入手来发现问题、提出问题、理解问题，通过转化，将其归结为一类已经解决或较易解决的问题，并综合运用所学的数学知识与技能来求解的一种数学思想方法。

数学建模教学要以学生学习为中心，以问题为主线，以培养其能力为目标，要把培养学生的应用意识落实到数学学习过程中。以学生学习为主，我们要利用一些事先设计的问题来启发学生，引导学生主动查阅文献资料、学习新知识，鼓励学生积极展开讨论，培养学生主动探索、努力进取的学风，培养学生初步研究的能力。要充分开发初中数学建模的教学资源，设计有关数学建模的好问题，引导学生产生学习欲望，培养他们的自学能力，提高他们的数学素养和创新能力。

案例 12 七年级数学"解一元一次方程"与小学数学"解方程"的解法比较。

在七年级新生的头脑中，数学往往是计算的代名词，在小学阶段他们学习的内容是数学中最直观、最基本的计算问题，关于解方程的问题基本上是利用"得数与已知数的关系"来解决的，而初中的一元一次方程问题则是根据方程的同解原理来解决的。

例如，解方程 $x \div 10 = 5$，小学生会把 x 当成是除法运算中的被除数，从而转化成除法的逆运算（乘法），然后计算 10×5，求出 x 的值，在小学生看来，解方程无非是一种需要先进行运算方式转换的"特殊"的运算。

初中数学中一元一次方程的"代数解法"与"算术解法"的思路是不同的，"代数解法"注重已知数与未知数的整体性，而"算术解法"是由已知数一步步向前推导的，直到解题结束，才可能找出所求未知数与已知数的关系。对"算术解法"来说，"四则运算是探索已知数与未知数之间关系的桥梁"。用"代数解法"解一元一次方程，先去分母，再去括号，然后将含有未知数的项放到方程的一边，将不含未知数的项放到方程的另一边，就可以解出未知数的值了。

启示："代数解法"与"算术解法"有着本质的区别。"算术解法"是转变四则运算的算法，而"代数解法"则比较全面地展示了建模思想——用等号叙述方程两边相互等价的事实，再将两边等价的形式化到最简。

数学建模就是把实际问题转换成数学问题，我们在数学教学中应注重转化，用好这根有力的"杠杆"，这对培养学生思维品质的灵活性、创造性，以及开发智力、培养能力、提高解题速度都是十分有益的。在教学中我们要仔细地观察、精心地设计，对于一些较为抽象的问题，可以借助于现实现象，除去非本质的因素，构造出最基本的数学模型，使问题回到已知的数学知识领域中，并且这样也能培养学生的创新能力。

案例 13 苏科版数学八年级上册"§5.4 一次函数的应用"建构数学模型教学片段。

问题：我们使用的课桌和椅子的高度是按比例来配制的，下表（表 2-4）列出了两套符合条件的课桌和椅子的高度。

表 2-4

椅子的高	40 cm	45 cm
课桌的高	75 cm	85 cm

　　现有一把高 42 cm 的椅子和一张高 88.2 cm 的课桌，它们是否配套，通过计算说明理由。

　　学生通过建构一次函数模型来解决问题，过程如下。

　　根据题意可设课桌的高度 y(cm)和椅子的高度 x(cm)之间的函数关系式为：$y=kx+b(k\neq0$，k，b 为常数)。

　　于是可得 $\begin{cases} 85=45k+b, \\ 75=40k+6, \end{cases}$ 解得 $\begin{cases} k=2, \\ b=-5. \end{cases}$

　　所以 $y=2x-5$。

　　当 $x=42$ cm 时，$y=84-5=79$ cm$\neq88.2$ cm，所以它们不配套。

　　启示：建立数学模型的过程，是把错综复杂的实际问题简化、抽象为合理的数学结构的过程。应用数学知识去解决各类实际问题时，建立数学模型是十分关键的一步，同时也是十分困难的一步。本案例中，只有学生知道了要建立一次函数这个数学模型，问题才能得到顺利解决，因此，我们要让学生学会和掌握数学建模思想。

　　数学建模是联系数学与实际问题的桥梁，数学建模具有难度大、涉及面广、形式灵活、要求高等特点，学生学习数学建模的过程也是一个不断探索、不断创新、不断完善和提高的过程。因此，我们要通过数学学习活动使学生了解利用数学建模思想去分析和解决问题的全过程，不断提高他们分析问题和解决问题的能力，提高他们学习数学的兴趣和应用数学的意识，使他们学会和掌握用数学建模思想去解决问题。

　　3. 建构数学思想

　　数学思想是指现实世界的空间形式和数量关系反映到人们的意识之中，人们经过思维活动而产生的结果。数学思想是人们对数学事实与理论进行概括后产生的本质认识；基本数学思想则是体现或应该体现于基础数学中的具有奠基性、总结性的应用最广泛的数学思想，它们含有传统数学思想的精华，也具有现代数学思想的基本特征，并且是随历史的发展而发展的。通过培养数学思想，学生的数学能力才会有一个大幅度的提高。掌握数学思想，就是掌握数学的精髓，数学思想方法应与整个数学知识与技能的学习融为一体，这样才能使学生逐步掌握有关的深层知识和能力。初中学生在数学学习中经常用到的数学思想主要有：函数与方程思想、数形结合思想、分类讨论思想、化归与转化思想。随着教育教学形势的发展，还有一些数学思想也是学生必须要了解的，包括类比思想、特殊与一般思想、或然与必然思想等等。数学思想对中学数学的教学而言意义重大，在教学中渗透方程思想，可以培养学生的思维能力，从而提高学生的学习效果。中学数学教学过程，实质上是运用各种教学理论进行数学知识教学的过程，在这个过程中，必然要涉及有关数学思想的问题。数学思想是人类思想文化宝库中的瑰宝，是数学的精髓，它对数学教学具有决定性的指导意义。

案例 14　苏科版数学七年级上册"用字母表示数"复习课教学片段。

观察：①$9-1=2×4$；②$25-1=4×6$；③$49-1=6×8$；④$81-1=8×10$……按此规律写出第 n 个等式_____。

师：对这个问题你们的解题策略是什么？

生 1：将题目中给出的等式由横式形式改写成竖式形式如下。

①$9-1=2×4$；→$3^2-1=2×4$；→与序号 1 的关系

②$25-1=4×6$；→$5^2-1=4×6$；→与序号 2 的关系

③$49-1=6×8$；→$7^2-1=6×8$；→与序号 3 的关系

④$81-1=8×10$；→$9^2-1=8×10$；→与序号 4 的关系

……

通过观察可得：第 n 个等式为　$(2n+1)^2-1=2n×(2n+2)$　。

师：解完这道题你们有什么感悟？

生 2：改变已知等式的排列形式——利于观察分析。

生 3：抓住变与不变——利于推理尝试。

生 4：紧扣与序号的关联——利于猜想归纳。

生 5：归纳是否正确一定要验证。

生 6：体现了数学中的转化思想。

　　启示：我打乱了常规的知识呈现方式，把学生带到自身内部的认知冲突的旋涡中，旨在培养学生的观察能力和辨析能力。这个过程提升了学生思维品质，也唤醒了学生的创造力，释放出了学生的"本质力量"。

　　数学思想是在启发学生思考的过程中逐步积累和形成的，在教学中特别要关注解决问题以后的"反思"和"追思"。要适时恰当地对数学方法进行提炼和概括，让学生有明确的印象，因为在这个过程中提炼出来的数学思想和方法，对学生来说才是易于体会、易于接受的。还要注意数学思想和方法渗透的长期性，数学思想和方法必须经过循序渐进地反复训练，才能使学生真正地有所领悟，学生数学能力的提高，是一个较为漫长的过程。因为数学思想和方法分散在各个不同的教学内容之中，而同一问题又可以用不同的数学思想和方法来解决。因此，我们要有意识地培养学生自我提炼、揣摩、概括数学思想和方法的能力，这样才能把数学思想和方法的教学落到实处。

（六）快乐的数学

　　快乐是从学生健康的心里自然流淌出来的！通常我们只关心学生学得好不好，会不会学，学得快不快，很少去关心学生学得累不累，然而学生的数学学习是一个不断克服困难的过程，初中学生的心智尚未完全成熟，我们不要指望学生在数学学习过程中能体验到过多的学习数学的快乐。快乐的数学是用良好的数学学习生态去唤醒学生的学习热情，促进学生心智发展的教育，可以让学生在学习中得到享受、获得智能、陶冶情操和造就健康的阳光品质。英国著名数学家罗素说过："什么是数学？数学就是符号加逻辑。"数学对象的空间位置结构、数量关系等都是以符号的形式来表示的，数学符号是数学的语言，是人们进行表示、计算、推理、交流的工具，也是人们解决问题的工具，它可以准确、清晰地帮助人们约简思维、提高效率，便于人们交流，但也给学生的数学学习增加了难度，因此，我们要真正做到想学生所想、想学生所难、想学生所乐，以高度娴熟的教育技巧和教学机智、灵活自如、出神入化地带领学生在知识的海洋遨游，用自己的智慧启迪学生的智慧，用自己的情感激发学生的情感，用自己的个性影响学生的个性，用自己的心灵呼应学生的心灵，用快乐传递快乐。现代教育学家斯宾塞提出了"愉快教学"理论："教育要使人愉快，要让一切教育带有乐趣。"自觉数学教育课堂就是要步入一个微妙的世界，让数学学习成为学生的一种赏心悦目的、富有创造性的、激动人心的"精神解放"过程。

1. 学习不快乐探源

希尔伯特说过："数学是根据某些简单规则使用毫无意义的符号在纸上进行的游戏，是制造快乐的游戏。"山东大学原校长展涛在谈数学课程改革时说："应该让学生学简单的数学，学有趣的数学，学快乐的数学。"我国著名数学家陈省身也曾给广大学生赠言："数学好玩。"快乐是学生的天性，我们应该在课堂中保持学生快乐的天性，让学生感觉到学数学的快乐。然而，长期以来我们所传授给学生的数学知识，只剩下一副枯瘦的骨架，它只有知识、技能和思维，缺乏一些具有生命活力的东西，我们常常"板起脸"来教数学，又故作高深，把原本生动有趣的数学教得死板而沉重！因此，数学作为一门古老而又严谨的学科，在学生的心目中，是既严肃又神秘的，是既重要又遥不可及的，真是"想说爱你却不容易"。结果许多学生感到数学枯燥无味、害怕学数学，甚至不喜欢学数学。当然造成学生学习困难的原因是多方面的，有些学生在学习数学时经常遇到困难，但得不到我们的鼓励，因此他们对学习数学失去了兴趣，久而久之，成为数学学习的困难者。

北京师范大学数学系的一位教授说："数学并不枯燥，是我们把它教枯燥了。不能再让孩子学得那么痛苦了，要把数学的美丽还给他们。"教育学家乌申斯基也说过："没有丝毫兴趣的强制学习，将会扼杀学生探索真理的欲望。"我们教学中的不当行为有：①在"应试教育"的影响下，片面追求升学率、题海战术使得学生忙于应付各种习题，重复的机械训练使学生失去了原本应该有的快乐与激情；②教法单调死板，缺乏针对性、趣味性和灵活性；③学法指导不够，导致学生的学习方法有所欠佳，屡战屡败后产生了抵触心理等。

中学生数学学习的心理障碍，是指影响、制约、阻碍中学生积极主动和持久有效地学习数学知识、训练创造性思维、发展智力、培养数学自学能力和自学习惯的心理状态，也就是中学生在数学学习过程中因"困惑""曲解"或"误会"而产生的消极心理现象。其主要表现在以下几个方面：(1)依赖心理。在数学教学中，学生普遍对教师存有依赖心理，缺乏主动钻研和创造精神。期望老师对数学问题进行归纳概括，并提供详尽的可以一步一步地模仿、硬套的解题示范。我们在教学中也会迎合学生的这种心理，将数学知识"嚼碎""喂给"学生，长此以往，学生的钻研精神被压抑，创造潜能遭扼杀，学习的积极性和主动性逐渐丧失。在这种情况下，学生就不可能拥有"学习的高峰体验"——高涨的激动情绪，也不可能在"学习中意识和感觉到自己的智慧力量，体验到创造的乐趣"。(2)定势心理。在长期的数学教学过程中，在我们惯性的教学程序的影响下，学生形成了一个比较稳固的习惯性思考模式和解答数学问题的思维格式，这使学生的思维向固定的模式发展，分析问题和解决问题的能力得不到应有的提高，从而影响学生学习数学的激情。(3)偏重结论。从学生方面来讲，平时同学间的相互交流也仅是对答案、比分数，很少见同学间有对数学问题的深层次讨论和对解题方法的创造性研究，这样发展下去的结果是：学生对定义、公式、定理、法则的来龙去脉不清楚，知识理解不透彻，不能从本质上认识数学问题，无法形成正确的概念，难以深刻领会结论，致使其智慧得不到启迪，思维的方法和习惯得不到训练和养成，观察、分析、综合等能力得不到提高。此外，还有自卑心理、自谅心理、迷惘心理、厌学心理、封闭心理等。这些心理障碍都不同程度地影响、制约、阻碍着学生的数学学习，使数学教学效益降低，教学质量得不到提高。

我们的教学态度和教学手段是帮助学生扫清心理障碍的关键的外部因素。有时我们对教学中可能出现的问题估计不足，或设计上的不合理，都会在教学时引起学生心理混乱，造成人为的心理差异。若在教学中不注意及时获取(或根本忽视)有关学生学习情况的反馈信息，学生已经表露出的不恰当情绪得不到及时的疏导和合理调整，这样就会加大学生间的心理差异。再者，若我们的教学方法单一、僵化，教学时对学习有困难的学生冷淡或有伤害学生自尊的言行，则会直接导致学生产生心理障碍。学生群体在学习中的整体情绪和状态也是十分重要的。班集体凝聚力强、进取心强，则对学生心理障碍的形成会起到抵制作用，反之则会诱使学生形成心理障碍。由于同班学生接触时间长，情感交流速度快，而且一些情绪易于接受和消化，因而在学生心理障碍形成时，班级集体的能量不可低估，这也是要重视数学课堂学风建设的根本原因。

2. 开启快乐数学之门

大量的研究表明，适当的情感对数学认知过程而言是具有积极的思想效应的，只有不适当的情感才会产生消极作用，而快乐的情绪属于积极的情感。当一个人愉快时，更容易通过情感知觉接收外界的信息。而不愉快时，则会闭塞接收外界信息的通道。当我们情绪快乐时，思维会变得格外灵活、敏捷，头脑会变得十分清醒，分析判断也易于正确。而当一个人心情不好时，往往会"视而不见""听而不闻"，所产生的学习效果就可想而知了。在学生的数学学习过程中，学生在规定的时间、规定的地点，接受规定的教学内容，这在客观上使学习活动带有一定的强制性，学生自然就会产生被动学习的消极态度。在这种情况下，应把强制性的教学活动，变成让学生主动参与的教学活动，学生的快乐情绪是很重要的。

大量的事实证明，学生在快乐而富有兴趣的情绪下进行学习时，其注意力能保持高度的集中和长时间的稳定。让学生"快乐地度过 45 分钟，快乐地期待下一个 45 分钟"就是一种快乐。具体的做法如下。(1)让课堂丰富多彩，生动有趣。有时要改变一支粉笔、一本教材主宰一堂课的教学形式，如果我们从头讲到尾，学生忙着听、忙着记，长此以往怎会不厌？(2)提供展示空间，肯定学习成就。学习效果是需要检验的，做出的成绩是希望得到肯定的，学生也不例外。在数学学习过程中，我们要对学生进行多元化的评价。(3)课堂气氛轻松和谐，心理安全感强。我们这些课堂的主导者要善于营造轻松和谐的心理氛围，特别是要让学生在心理上有安全感，我们还要时不时地用幽默风趣的语言活跃课堂气氛，有幽默感的老师是最受欢迎的，这样的课堂才生动有趣，才会成为一潭活水。(4)用好激励评价，给予学生信心和希望。人人都希望被别人赏识，对于学生来说更是如此。我们要把学生当作平等的朋友来对待，关心爱护学生，最大限度地去挖掘学生的优点，进行"激励式"评价，让学生在内心深处产生一股强大的心理推动力，在潜意识中产生向目标努力的决心，乐意学习，会主动学习。要让学生感受到自己被尊重、被信任，让学生在一种高涨、激动的情绪中进行思考和学习，感受到学习是一件开心的事。(5)关注不同学生的需求，让学生在不断成功中感受快乐。

例如，在学习了"走近图形世界"后，我安排学生设计几何作品、做学具等，并在班级中的学习园地、学校的橱窗中和家长会上展示了他们的学习作品，既让学生感受到了数学美，又培养了学生的动手能力，让学生体会到了学习数学的乐趣和成就感，收到了意想不到的效果。

在教学中我们可以尝试采取分组竞赛的方式，模拟"开心辞典"的答题形式，或

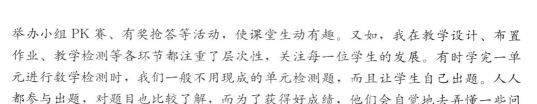

举办小组 PK 赛、有奖抢答等活动，使课堂生动有趣。又如，我在教学设计、布置作业、教学检测等各环节都注重了层次性，关注每一位学生的发展。有时学完一单元进行数学检测时，我们一般不用现成的单元检测题，而且让学生自己出题。人人都参与出题，对题目也比较了解，而为了获得好成绩，他们会自觉地去弄懂一些问题，这极大地提高了学生学习数学的积极性，增加了成就感和自信心。

数学学习起来比较困难，这是大多数学生不喜欢数学的主要原因，我们的任务就是要给学生恰当的帮助，让每一个学生都能在数学学习中有成功的体验，也有面对挑战的机会和经历，从而锻炼其克服困难的意志，建立学习数学的自信心。

3. 激活快乐数学本源

学生是学习的主体，是发展的主体。数学学习活动的组织必须依据学生身心发展规律和学生已有的生活经验，以及数学学科自身的特点，结合生活实例，关注学生个体发展的差异和不同的学习需求。还要关注、爱护学生的好奇心、求知欲，充分激发学生的学习兴趣和进取精神，倡导自主、合作、探究的学习方式。从学习的角度来看，学习的过程不是一个我们向学生单向输出、传递知识的过程，不是一个学生机械、被动地接收信息的过程，而是一个学生积极、主动地建构知识、发展自我和体验快乐的过程。

（1）我自主体验，我快乐。新课程要求学生应有学习的主动权，应养成勤阅读、勤思考的习惯，教师要培养学生的自学能力，促进学生自主学习。自主学习是指学习主体有明确的数学学习方式，对数学学习内容和学习过程具有自觉的意识和反应的学习方式。在数学教学中，要提倡学生充分自主学习。即目标尽可能让学生明确；知识尽可能让学生发现；过程尽可能让学生参与；内容尽可能让学生选择；方法尽可能让学生掌握；疑难尽可能让学生探究；检查尽可能让学生自查；学生能提问的我们不先问；学生能描述的我们不替代；学生能自己创作的我们不示范。让学生真正体验知识的形成过程。

案例 15　学生张洁数学周记《煎饼的学问》摘抄。

我是一个馋嘴的小丫头，特别喜欢吃煎饼，从小到大，妈妈经常早起给我做煎饼，我经过统计发现了这样一个问题：我家的锅每次只能煎 2 个饼，尽管妈妈把火开到最大，煎一个饼仍需两分钟（正、反面各一分钟）。妈妈每次煎 3 个饼，要用 4 分钟。我虽然觉得妈妈"先煎两个饼，再煎一个饼"的做法有些不合理，可怎么也想不出合理的道理来，近来我自学了华罗庚爷爷的"统筹法"和"优选法"，茅塞顿开，回到家后我自己体验了一次"高效"煎饼，是这样做的：先在锅上放两个饼，一分钟后，把其中一个饼翻面，另一个暂时放在一边，把第三个饼放到锅中，再过一分钟后，翻过面的饼已熟，取走，让另两个煎了一半的饼放到锅中，3 分钟后就完成了。原来数学王国里还有这么多有趣而实用的东西，我体验，我成功，我快乐。

　　（2）我协作，我快乐。新课程倡导教学中应开展启发式协作学习，在协作学习中让学生积极参与，使教学过程不只是一个认知过程，同时还是一个交往、互动的过程，并在学习中注重提高和培养学生协作学习的精神和竞争意识。协作学习必须在自主学习的基础上进行，使每个学生都有实践操作、自我表现的机会，让每个学生都有发表自己的见解的机会，既有小组活动，也有个人活动，不仅有协作，也有竞争，并且模式是多种多样的。值得注意的是并非所有的学习活动都适合采用协作学习的方式，一种方法不可能是万能的，某些对思维有较高要求的学习任务，采用个体学习、竞争学习的方式更为有效。协作学习除了提倡创设氛围、激发协作欲望外，更关键的是提倡培养学生的独立思考能力，而不是让学生闹哄哄地跟着小组成员"人云亦云"，这样只会掐灭个性思维的火花，让学生滋长依赖心理。当然，协作不是一种顺从，而是一种相互认同、相互接纳。我们提倡协作与独立并重，不能把协作与独立简单地对立起来。学生要以主人翁的态度参与到协作中来，同时在协作中不能过分强调竞争，应让学生个性化地表达自己的思想，在互动中拓展思维。在互动中理解个人与集体智慧的价值，是一种互利互惠的双赢策略。

　　（3）我探究，我成功，我快乐。探究学习以学生观察、思考、操作等探究活动为主，为锻炼学生的观察能力、分析能力、动手能力、评价能力、表达能力、创新能力等创造了条件。探究学习体现了学生的主体意识和学习的过程意识，教师引导学生自主地经历探究过程，在探究过程中学会发现问题、分析问题和解决问题的方法，突出了学生在学习活动中的主体地位，改变了单向的师"授"生"受"的教学方式，体现了"以生为本"的教学理念。探究学习以培养学生的探究能力和科学素养为目的。

从探究过程来看，大多数活动不具备严格意义上的科学研究的严谨性；从探究结果来看，一般也是对已有科学研究成果的"再发现"。因此，探究学习的实质是学生对科学研究的思维方式和研究方式的学习和运用，目的在于培养学生的探究能力和科学素养。

案例 16　学生徐昀的数学周记《"直"和"曲"的统一》①摘抄。

今天数学课上潘老师讲了扇形面积的计算公式：$S=\dfrac{1}{360}n\pi R^2$ 和 $S=\dfrac{1}{2}lR$。在我看来扇形很像三角形，我就突发奇想能否用三角形的面积公式来计算扇形的面积呢？我展开了研究，三角形的面积等于二分之一的底乘高，现在我把扇形的弧长看成是底，半径看成是高就可以了。在此基础上我又发现了可以用梯形的面积公式来计算圆环的面积，就是将内圆的周长看成是梯形的上底，外圆的周长看成是梯形的下底，两半径之差是梯形的高，这样就可以了，即 $S=\dfrac{1}{2}(2\pi r+2\pi R)(R-r)=\pi(R^2-r^2)$。

由以上的结论可以看出，"直"和"曲"是可以统一的。我的探究成果得到了潘老师的认可，他建议我再进行深入的研究，并将其写成论文，他的鼓励更进一步激发了我继续探究的信心，让我在探究中找到了快乐。

教学实践表明：兴趣是教学成功的秘诀。"以趣促学"不但可以充分调动学生的学习积极性，使学生愉快地去思考、愉快地去活动、主动地去学习，而且还能使学生向"会学习、会创新、会开拓"的目标靠拢，使他们成为高素质的新型人才，使素质教育落到实处。

让学生在快乐中学习数学是一个任重而道远的任务，新课程的发展给我们教师带来了许多新的挑战。我们只有在实践中不断地探索，才能让我们的学生自由自在、快快乐乐地在数学大观园里茁壮成长。

---

①　徐昀：《"直"和"曲"的统一》，载《初中生数学辅导》，2005(5)。

四、自觉数学教育的思想精要

人类的教育将进行第三次变革。第一次教育变革是从原始的个别教育走向个性化的农耕教育；第二次教育变革是从个性化的农耕教育走向班级授课式的规模化教育；第三次教育变革是从规模化教育走向以生态化、分散化、网络化、生命化为特点的个性化教育。如今，第三次教育变革正在默默开展。在第三次教育变革的影响下，传统的学校教育观念受到了冲击，诸如重知识传授轻能力培养、重记忆背诵轻思考梳理、重理论轻实践、重说教轻体验、重纪律轻关爱、重知识灌输轻学生探究等观念。在未来的学习中，关注学生的能力、体验、主动探究等将成为常态。传统的"离身学习"将走向"具身学习"，真正使教育向"人本""自然中心""生活中心"回归，呈现出一种无边界学习的新态势。自觉数学教育思想重在体现：主导自觉、主体自觉和支持自觉。

2016年在全国推广自觉数学教育成果

(一)主导自觉

主导自觉主要涉及的是教育教学过程中的导学(导读、导思、导练、导悟、导规律),导行(导习惯、导责任、导方法、导策略、导智慧)和导向(人生观、价值观、世界观和哲学观)等。

1. 导学

"教"也是源于"学"的,意味着一种"督促"或"促进"学生"学"的活动。"教"以"学"为中心,"学"以"教"为条件。"学者,觉也,以反其质",即学习也是不断地"感悟"以回归本性(善性)的过程。因此,"教""学"不仅是指"知识的传递和获得",也指在此过程中引导学生积极地开展思想活动,以便学生更好地理解所学内容。

2018 年在全国推广自觉数学教育思想

(1)导读。阅读能力是学生自组织学习能力的一个重要方面。从长远来看,这方面的能力是学生将来独立地获得知识、进行创造性工作所不可缺乏的。但是,长期以来,在教学中(特别是理科教学)对学生阅读能力的培养一直未受到重视,结果导致不少学生只习惯于听课,而不习惯自己看书;只习惯于上课记笔记,不习惯自己课外做笔记;习惯于被动地回答教师提出的问题,不习惯自己提出有价值的问题。

（2）导思。"思"是"学"的基础和前提。问题是科学研究的出发点，是开启一门科学的钥匙。因此，我们在教学过程中要特别注重创设问题情境，把学习内容以问题的形式呈现出来，把学习过程营造成发现问题、提出问题、研究问题、解决问题的过程。引导学生自始至终在问题情境中主动思考，从而培养学生的问题意识，激发学生勇于探索、创新和追求真理的科学精神。自觉数学教育的教学活动中通常有：①在问题情境中思考；②在动手实践中思考(做中学)；③在自主探索中思考；④在合作交流中思考。无论我们让学生以何种学习方式进行学习，都是以独立而又深入的思考为学习前提的。

（3）导练。练习作为教学过程中的一个重要组成部分，不仅能使学生对所学知识加深理解，还能帮助学生将所学知识转化为技能或能力。课堂教学中要充分考虑学生的学习特点，设计符合学生的认知规律和心理特点的练习，并合理优化设计，进而更加有效地达到练习的目的。教师一方面要熟悉教材，把握知识的重难点，另一方面，还要了解学生的知识水平，做到有的放矢。因此在设计练习时必须把握住知识的重难点，注意到学生的原有水平。自觉数学教育中的练习设计要在重点、疑点、难点和易混点上发力，同时要关注"精讲巧练"。自觉数学教育提倡"教师下题海，学生荡轻舟！"

2017 年参加国际课堂教学学术交流

（4）导悟。感悟的表现形式不一，或渐悟或顿悟，或隐藏或彰显。真正的感悟来源于人们的亲身经历与感受，有的是渐渐的领悟，有的则是瞬间的开悟。正是这些感悟使人们对人生、对事物以及对世界的看法发生了改变。高层次的感悟与自身的心境和心力有直接关系。自觉数学教育中感悟的真正意义是促进学习经验的提升，只有关注学生学习经验提升的课堂才是"现代"课堂。

（5）导规律。规律亦称法则，介绍了客观事物发展过程中的本质联系，具有一定的普遍性。本质是指事物的内部联系，由事物的内部矛盾构成，规律则是就事物的发展过程而言的，指同一类现象的本质关系或本质之间的稳定联系，它是千变万化的现实世界中的相对静止的内容。世界上的事物、现象千差万别，它们都有各自的互不相同的规律，就其根本内容来说可分为自然规律、社会规律和思维规律。自觉数学教育的意义是要让学生在静止中看到变化，在变化中发现规律，并尝试进行知识、能力、策略的结构化建构。

2. 导行

教育的本质是促进学生的知、情、意、行和谐地发展，行是教育教学的一个重要方面，我们要促进学生的学习行为不断地优化，不断地向好的学习行为转变。如何向好的学习行为转变呢？重在关注习惯、责任、方法、策略和智慧等一些关键内容。

（1）导习惯。习惯决定命运！教育家叶圣陶曾经指出："简单地说，教育就是要养成习惯。"其实一切教育都可归结为让学生养成良好的习惯。习惯是一种巨大的力量，它可以主宰人的一生。我们都曾经听过："播种一个行为，就会收获一个习惯；播种一个习惯，就会收获一个个性；播种一个个性，你就会收获一个命运。"然而，良好的学习习惯的培养不是一蹴而就的，我们在教育过程中必须有足够的耐心和毅力，反复教、教反复，一丝不苟，持之以恒。这样才能让学生养成良好的习惯。自觉数学教育不仅要关注学生的生活习惯、学习习惯，更要关注思维习惯的养成！特别是思维的有序性、严谨性、批判性和创新性等特质的形成。

（2）导责任。责任是指一个人不得不做的事或一个人必须承担的事情。责任按照其内在的属性可以分为：角色责任、能力责任、义务责任和原因责任。①责任体现了一个人的心态、态度、原则、作风、风格、习惯、思想等；②责任体现了一个人的心智、格局和胸怀；③责任体现了一个人的使命和追求；④责任体现了一个人的人生观、价值观和世界观，是一个人对待人生和生命环境的态度。自觉数学教育强调学习是学生自己的事！要学会自己的事自己做，尽量不给别人添麻烦。在教学过程中，教育学生学会对自己负责，要跳出老师、书本和同学的圈子，去看别人看不到的风景，建构不同于别人的有价值的思考。

2018 年在银川九中推广"自觉数学教育"思想

（3）导方法。先辈们说过："没有正确的方法，即使是有眼睛的博学者也会像盲人一样盲目摸索。"科学的方法是通向成功的桥梁。随着自然科学和社会科学的快速发展，学科知识容量与学生知识需求量空前扩大；与此同时，整个社会对学科教学也提出了前所未有的高要求。特别在"互联网＋"的背景下，学生形成了新的求知趋向、新的心理特征、新的学习需求。世界变了，生活方式变了，学法变了，教法怎能不变。在自觉数学教育教学过程中，我们不仅要关注有意义接受学习和发现学习（自主、合作和探究），更要关注现代一些新的学习方式（混合学习、协作学习、深度学习和智慧学习）。

（4）导策略。这里的学习策略主要是指学生为了提高学习的效果和效率，有目

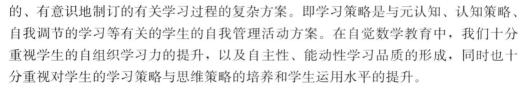

的、有意识地制订的有关学习过程的复杂方案。即学习策略是与元认知、认知策略、自我调节的学习等有关的学生的自我管理活动方案。在自觉数学教育中，我们十分重视学生的自组织学习力的提升，以及自主性、能动性学习品质的形成，同时也十分重视对学生的学习策略与思维策略的培养和学生运用水平的提升。

（5）导智慧。智慧（狭义的），它是生物所具有的基于神经器官（物质基础）的一种高级的综合能力，包含感知、记忆、理解、联想、辨别、计算、分析、判断等多种能力。智慧是由智力系统、知识系统、方法与技能系统、非智力系统、观念与思想系统、审美与评价系统等多个系统构成的复杂体系孕育出的能力，包括遗传智慧与获得智慧、生理机能与心理机能、直观与思维、意向与认识、情感与理性、道德与美感、智力与非智力、显意识与潜意识、已具有的智慧与智慧潜能等众多要素。自觉数学教育旨在激活智慧的本质要因，即让学生通过不断地"再自觉"的过程，深刻地理解人、事、物、社会、宇宙、现状、过去、将来，拥有思考、分析、探求真理的能力。在学习方式上，让学生进行学习与创造，从而提升学生的智慧性学习能力。

3. 导向

学生的发展不仅是指知识的饱学和智慧的增长，我们更应重视其人格的健全和精神的挺立。自觉数学教育旨在在学生的心灵上播种高尚人格的种子、进取精神的种子，从本质上落实"立德树人"，从知识教育走向精神教育。

（1）人生观。人生观是人们在实践中形成的对于人生目的和意义的根本看法，它决定着人们实践活动的目标、人生道路的方向，也决定着人们行为选择的价值取向和对待生活的态度。人生观是世界观的一个重要组成部分，受到世界观的制约。人生观主要是通过人生目的、人生态度和人生价值三个方面来体现的。青少年时期是学生"三观"形成的重要阶段，自觉数学教育的立足之本是让学生"三观"端正，形成积极向上的人生观，把自己的命运与民族的兴旺紧密结合起来。

（2）价值观。价值观是人基于一定的思维感官而得出的认知、理解、判断或抉择，也就是人认定事物、明辨是非的一种思维或价值取向。价值观具有相对的稳定性和持久性。在特定的时间、地点和条件下，人们的价值观总是相对稳定和持久的。自觉数学教育的本质是让学生在学习真、善、美的同时，也要学会辨别假、恶、丑，特别是要提升学生明辨是非的能力，提升学生参与社会活动和服务社会的意识和能力。

（3）世界观。世界观是人们对世界的基本看法和观点。世界观具有实践性，人的世界观是不断更新、不断完善、不断优化的。世界观的基本问题是意识和物质、思维和存在的关系问题，根据对这两个问题的解答，可以划分出两种根本对立的世界观，即唯心主义世界观和唯物主义世界观。自觉数学教育倡导辩证唯物主义世界观，同时也十分关注学生唯物主义历史观的形成问题。

2017年面向农村学校进行自觉数学教育课堂展示

（4）哲学观。哲学观是指人们对哲学和与哲学相关的基本问题的根本观点与看法。自觉数学教育倡导的是世界上任何问题都是相对的，没有绝对的问题，对人、事、物要用全面、公正、客观的眼光来看待，要用发展、变化、运动的意识来思考问题。

4.“互联网＋”背景下的“主导自觉”要点

学生的学习过程同时包含两方面的意义建构：一方面是对新信息的意义的建构，同时又包含对原有经验的改造和重组。教育技术背景下的自觉数学教育课堂重在学习环境的构建，让学生在一定情境下，借助于他人的帮助，如人与人之间的协作、交流等，通过意义的建构而获得新的知能。“主导自觉”的核心要点具体体现在如下几方面。

（1）导环境。分布式认知是指认知分布于个体内、个体间，也分布在媒介、环境、文化、社会和时间等之中。学习环境中的情境必须有利于学习者对所学内容进

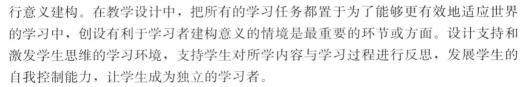

行意义建构。在教学设计中，把所有的学习任务都置于为了能够更有效地适应世界的学习中，创设有利于学习者建构意义的情境是最重要的环节或方面。设计支持和激发学生思维的学习环境，支持学生对所学内容与学习过程进行反思，发展学生的自我控制能力，让学生成为独立的学习者。

（2）导课程。要整合初中数学教材的单元结构，使教材立体化，创立适合学生个性化学习的微课程。关注知识可视化、问题层次化、层次梯次化，关注分层学习、分层目标、分层达标、分层训练，制作的微视频可上传到网上，或发给学生让学生课后进行强化学习。

（3）导兴趣。兴趣是人们积极、主动地认识客观事物的一种心理倾向，学习兴趣是学习动机的重要组成部分，它是推动学生探求知识的动力，它会使学生产生学习需要，是学习活动中最现实、最活跃的因素，是一种强大的内趋力，一旦有了学习兴趣，学生就会自发地将把心理活动指向学习对象，对学习充满热情，就能把学习的积极性调动起来，从而养成良好的学习习惯，提高学习效率。因此，我们在教学过程中要根据教材实际，千方百计地创设学生感兴趣的情境，来调动学生的学习热情，激发学生的学习兴趣，调动学生的学习积极性，引起学生更广泛的求知欲。

（4）导思维。任何创新性活动都是从发现问题开始的，拥有创新意识是培养创新能力的前提，其表现为善于发现问题，求新求变，积极探究。我们要注意设置教学情境，让学生亲自体验，将不同的对象或现象进行对比，引导学生分析其异同，突出矛盾的特殊性，通过比较、想象、联想等思维活动，发现问题。通过引导、点拨、启发，使学生一直处于探索、思考、分析和解决问题的兴奋状态中，培养学生多思促多疑、多疑促多问、多问促多知的认知规律，从而达到激发学生学习动机，提高学习效率的目的。

（5）导互动。在课堂中我们要适时注意挑起"矛盾"，围绕某个问题，让学生通过多种形式的讨论，相互交流，各抒己见。交流、讨论是协作过程中最基本的环节，如学习小组成员之间必须通过交流来商讨如何完成规定的学习任务，达到意义建构的目标等。其实，协作学习的过程就是交流的过程，在这个过程中，每个学习者的想法都为整个学习群体所共享。交流对于推进每个学习者的学习进程而言，是至关重要的手段，应贯穿于整个学习活动过程中。教师与学生之间、学生与学生之间的协作，对学习资料的收集与分析、假设的提出与验证、学习进程的自我反馈、学习结果的评价以及意义的最终建构而言都十分重要。

（6）导学法。当代科学研究的最新成就表明：学习效果＝50％的学习策略＋40％的努力＋10％的智商。由此可见，在影响学习效果的几个因素中，智商和努力固然重要，但学习策略是最重要的。我们在教学中要注重对学习策略的培养，注重对线上线下混合学习、个别化学习、互助反思性学习等的指导，让学生学会学习，使学生学得更好、更快、更高兴。同时，教学过程的每一个环节，都应有其相应的思路和方法，教方法、讲思路贯穿整个教学过程，在学法指导中，注重思维训练，特别是要关注对学生的自组织学习能力的培养。

（7）导反馈。人们对客观事物的认识与理解仅仅是掌握它、驾驭它的第一步，要想真正做到熟练掌握、应用自如，就必须通过反复的实践。通过在课堂教学平台上设计一些短小精悍且富有启发性、代表性和创造性的检测练习，让学生运用已有的知识解决问题，以深化对知识的理解，并使学生能举一反三、触类旁通。根据教学平台的反馈数据，根据学生对知识的理解和掌握情况，制订补偿教学方案，使学生形成完整的知识体系。根据教学平台收集的有关学生学习行为的数据，指导和帮助学生修正学习行为，促进学习方式的转变。

（8）导运用。形式多样、生动有趣，学生愿意参加的课外活动是让学生综合运用知识的好机会，让学生在活动中运用课堂内学到的理论知识，可以加深学生对已学知识的理解，增强学生的记忆，还可以开拓学生的知识领域，让学生进一步开阔眼界，同时，也可以激发学生的学习兴趣。通过开展这些活动，学生在亲自动手操作、观察、记录、分析等过程中，不仅巩固、加深和拓展了所学知识，也提升了分析和解决实际问题的能力，拓宽了知识视野。

（9）导创新。社会的发展对人才提出了新的要求，培养学生的创新意识和能力已成为教育的重要任务。教学中知识本位向创新本位的转变，使学生沉睡的创新潜能得到了有效的开发，教学中要注意培养学生的创新意识和创造力。这才是教育价值的最高体现。

（10）导建构。建构的意义是指把握事物的性质、规律以及事物之间的内在联系。我们强调学生是认知主体，是意义的主动建构者，所以把学生对知识的意义建构作为整个学习过程的最终目的。在学习过程中，教师要帮助学生对当前学习的内容所反映的事物的性质、规律以及该事物与其他事物之间的内在联系形成较深刻的理解。

进行教学设计时，首先要思考如何创设有利于学生进行意义建构的情境，整个教学设计过程要紧紧围绕"意义建构"这个中心来展开，不论是学生的独立探索、协作学习，还是教师的辅导，学习过程中的一切活动都要从属于这一中心。

总之，主导自觉指的是作为教育教学的主要责任者，教师要调动一切积极因素，立足于学生原有的认知基础和最近发展区，关注差异，采用高效的知能呈现方式，进行因材循导，促进学生形成良好的学习态度和学习品格，增强学生的自组织学习力，提升思维品质。

（二）主体自觉

主体自觉反映的是在教育教学过程中我们要培养学生的自信意识（学习心向、学习自信、阳光品质等），自组织策略（自主性、效能性、批判性和创新性等）和自为能力（操作实践、素养形成、策略运用、学以致用等）。自觉数学教育关注的是在教学过程中如何去激发学生的自我责任意识、刻苦钻研精神、恒心和毅力、自组织学习策略和能力等。简言之，主体自觉就是要让学生明白：负责任的学习行为才能高效地达成学习目标，才能在收获新知能的同时，提升思维品质、学习力，促进人格的健全发展。

2018年到安徽农村学校推广自觉数学教育思想

1. 自信意识

自觉数学教育认为，在课堂教学中最重要的事是激发学生的好奇心、兴趣、学习心向、学习动机，让学生拥有自我效能感和学科自信。我们培养的是学科的"知音"，而不是学科"熟悉的陌生人"，更不是学科的"仇人"。我们提倡让学生快乐地学习，而不是将"火热的思考"变成"冰冷的美丽"。

2014 年在广东推广自觉数学教育思想

(1)激发学习心向。学习心向是学生学习新知能的一种心理倾向，通常是正面的，是对新知能学习的一种心理上的渴望。有意义学习心向是进行有意义学习的前提条件之一，指的是学习者积极地将要学习的新材料与自己认知结构中原有的有关观念进行实质性联系的倾向性。若学习材料本身有逻辑意义，且学生的认知结构中已经具有了理解该材料的相应知识基础，则有意义学习心向便会成为开展有意义学习的决定性因素。因此，自觉数学教育强调"课堂要变得有道理"，要激发学生对真知的渴望，让学生在对旧知的回顾和对已有经验的总结中自然开始对新知的学习。

(2)诱发学习动机。动机是激发、维持并使行为指向特定目的的一种力量。动机对个体的行为和活动有引发、指引和激励作用。学习动机是直接推动学生进行学习的一种内部动力，是激励和指引学生学习的一种内力。学生的学习受多方面因素的影响，主要受学习动机支配，但也与学生的学习兴趣、学习需要、个人的价值观、学习态度、志向水平以及外来的鼓励紧密相关。自觉数学教育强调从知识价值观、学习兴趣、学习能力感、成就归因四个方面来激发学生学习的动机。

（3）产生学习自信。在心理学中，与自信心最接近的是班杜拉在社会学习理论中提出的自我效能感，它指的是个体对自身成功应对特定情境的能力的估价。自信与否原本描述的是人在适应社会时的一种自然心境，即人尝试用自己有限的经验去把握这个陌生世界时的那种心理过程。自觉数学教育中强调的"自信"是一种正确的"良性情绪"，不是自大、自傲，教师要通过有效的方式培养学生的学科自信，不是通过题海战术等非良性方式培养学科的"仇人"或"丧失学科激情的人"。

自觉数学教育思想受到各学校认可

（4）促进阳光品质的形成。"品质"是"品德"的外在表现。品质反映的是学生在道德行为中表现出来的比较稳定的、有倾向性的外在表现，它是对道德的"知、情、意、行"的综合体现。道德意识主要包括道德认识、道德情感、道德意志、道德信念等；道德行为主要包括道德言语、道德行动和道德习惯等。道德意识引起并调节人们相应的道德行为，道德行为可以巩固和深化人们相应的道德意识，二者综合构成了一个人的道德品质。自觉数学教育旨在培育学生的向上、正义、朝气、灵气、热情、好学、善问等阳光品质。

2018 年自觉数学教育思想在全国有 12 个基础工作室

2. 自组织策略

德国理论物理学家哈肯认为，从组织的进化形式来看，可以把组织分为他组织和自组织。如果一个系统不存在外部指令，系统中各部分能够按照相互默认的某种规则，各尽其责而又相互协调地自动地形成有序结构，就是自组织。自组织现象无论在自然界中还是在人类社会(包括学生的学习过程)中都普遍存在。一个系统自组织属性越强，其产生和保持新功能的能力也就越强。自觉数字教育十分关注对学生自组织学习力的培育。

(1)自主性。自主性学习是就学习的内在品质而言的，是相对于"被动性学习""机械性学习"和"他主性学习"而提出的。认知建构主义原理认为，自主性学习实际上就是无认知监控的学习，是学习者能够根据自己的学习能力、学习任务的要求，积极主动地调整自己的学习策略和努力程度的过程。自觉数学教育要求学生对为什么学习、学习什么、如何学习等问题有"自觉的"感知和反思。例如，在学习活动前自己能够确定学习目标、制订学习计划、做好具体的学习准备，在学习活动中能够

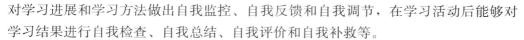

对学习进展和学习方法做出自我监控、自我反馈和自我调节，在学习活动后能够对学习结果进行自我检查、自我总结、自我评价和自我补救等。

（2）效能性。对于相同的学习强度，不同的学生将会产生不同强度的行为驱动力：有些人情感反应很微弱但行为反应很强烈；有些人虽然情感反应很强烈，但往往也只停留在内心体验上，很少付诸行动。统一价值论认为，人的行为活动在本质上都是价值资源的投入、产出过程，其规模或力度可以用单位时间所投入的劳动价值量来衡量。自觉数学教育让学生在学习过程中学会关注学习的效率、效益和效能等。

（3）批判性。批判性主要涉及的是洞察力、辨别力和判断力，还包括回顾性反思。批判性思维过程包括思维过程中的洞察、分析和评估过程。它包括为了得到肯定的判断而进行的有形的或者无形的思维反应过程。构成批判性思维的基本要素是断言、论题和论证。识别、分析和评价这些构成要素是关键。自觉数学教育旨在培养学生不人云亦云，引导学生建构自己的有价值的思想，发现不同的观点，不唯"权威"是瞻，具有服从真理的意识和品质。

（4）创新性。思维是人类认知世界的一种复杂的精神活动。这种认知过程和感觉、知觉相比，具有很强的自动性和主观性，是基于客观事物和主观经验对事物进行认知的过程。创新性思维模式是指打破固有的思维模式，从新的角度出发，用新的方式去思考，得出不一样的并且具有创造性的结论的思维模式。自觉数学教育倡导学生用学科专业性的独到视角来审视学习中的问题，从新的角度（方式）进行有价值的思考（创造和再创造过程），提出有价值的问题，并进行创意地解决。

3. 自为能力

自觉数学教育中的自为能力主要是指：（1）教育学生自己的事自己做，特别是要学会自己管理自己；（2）学会了解和掌握事物运动的规律，有按规律办事的意识；（3）学会自己动手，不做"语言的巨人，行动的矮子"。

（1）操作实践。实践能力是学生个体顺利运用已有知识、技能去解决实际问题所必须具备的那些生理和心理特征，是对学生个体解决问题的进程和方式直接起稳定的调节控制作用的个体生理和心理特征的总和。实践能力有三个层次：简单的操作能力，带有较大的被动成分；主观意志驱使下的操作能力，带有极大的主动因素；理性支配下的实践能力，具有完整的实践目标、实践步骤、实践反思和实践成果。

自觉数学教育中的实践能力主要有：用专业的眼光去观察世界和收集信息的能力、用专业的方法去处理和加工信息的能力、用专业的语言表达和建构的能力，以及获取新知能的能力；协作学习的能力、交流与沟通能力、参与社会活动的能力；感悟（感知）能力、归纳（整合）能力、反思（理论和实践）能力和协调发展能力。

（2）素养形成。学科核心素养是指学生个体在信息化、全球化和学习型社会，面对复杂的不确定情境时，综合运用学科知识、观念、方法解决实际问题时所表现出来的关键能力与必备品格。学科核心素养是学科育人价值的集中体现，是对三维目标的提升与整合，是通过系统的学科学习之后获得的，也是关键的、共同的素养，兼具个人价值和社会价值，其发展具有连续性和阶段性。自觉数学教育中学科素养的发展路径是"简单模仿—初步掌握—本质理解—自觉运用—素养形成"。简单模仿和初步掌握通过题海战术等方法也可以达成，但对于本质理解、自觉运用和素养形成，学生必须通过自身的深入探究、优化思辨能力和深度学习才能达成。

2016 年开展自觉数学教育成果推广活动

（3）策略运用。元认知是对认知的认知，属于自我意识的范畴。学生的元认知发展水平对于学习策略的掌握和运用有很大的影响。几乎任何策略的掌握和运用都与学生的元认知发展水平有着密切的关系。自觉数学教育十分重视学生元认知发展水平的提升，强调要将教学策略转化为学生的认知策略，并关注学生对具体的学习策略的应用。

（4）学以致用。学以致用最根本的是要把理论知识和实际应用联系起来，由浅入深地让学生达到熟能生巧的目的，我们鼓励学生对学到的东西要经常揣摩，真正地理解其含义（包括使用方法、注意事项），然后按照理论的要求在实践过程中应用到实际生活中，再依据生活中遇到的问题，学习新的知识来解决，就这样循环学习，逐步加深自己的理论知识，增强自己的实践应用能力。自觉数学教育十分重视学以致用、学用相长。

4.“互联网＋”背景下主体自觉的核心要点

数学认知结构的形成是一个复杂的系统工程，它是对数学知能主动地进行组织和再组织的过程。学生思维能力的提升是不能直接通过知识传授而实现的，需要学生自我不断地去体验、感悟。通过师生之间、生生之间思维的碰撞、思想的交锋和情感的融合，我们可以将有效教学转化为学生的有效学习。分布式认知理论认为认知分布于个体内、个体间，也分布于媒介、环境、文化、社会和时间等之中。它提出了一种考虑认知活动全貌的新观点，注重环境、个体、表征媒体以及人工制品间的交互，认为分布式的要素必须相互依赖才能完成任务。因此，在数学学习过程中，学生的自觉体悟就显得特别重要。主体自觉具体表现在如下几方面。

（1）在独立探究中自悟。学生是信息加工和情感体验的主体，是知识意义的主动建构者。要让他们获得“真知”，我们应通过体验性环节让学生进行大胆尝试，体验“真知”的发生、发展过程，在体验过程中，促进学生自悟，丰富学生的数学活动经验。学生有个性化的学习方式，在讲新知以前，我们应给学生独立思考、独立尝试、独立探究的时间和空间，要引导学生用探索法、发现法去建构知识的意义。问题是提升学生思维品质的良好载体，在教学过程中，我们要设计有效的问题，促进学生深入地独立思考和自悟，增长他们的智慧，提升他们发现问题、提出问题、分析问题、研究问题、讨论问题、解决问题的能力，并使学生在解决问题中产生兴趣、动力。“联系”与“思考”是意义构建的关键，我们在教学中最重要的是放手，让学生亲身感受、体验、分析、总结，设计知识间联系紧密、可让学生独立思考的学习活动，让学生在独立思考中进行自悟，提升思维品质。

(2)在多维互动中领悟。数学课堂教学是离不开师生、生生间的语言交流和思维碰撞的。学生的数学学习心理大致要经历"朦胧、混沌、积聚、清晰"这一过程，数学学习状态应该是从模糊、不自觉、被动，在教师和同伴的帮扶下，逐步走向清晰、自觉、主动的。这个转变过程的长短，取决于数学学习活动中多维互动的效度。每个学生都以自己的方式理解数学知识，学习过程中同伴之间的良性差异互动，可使他们看到同伴不一样的思考方式、听到不同的观点，从而有助于学生多角度、多途径地完善对数学新知的理解，促使学生多向度、本质性地来认识问题，从而扩大学生的"认知半径"。

学生新知能的获得不是靠我们老师灌输的，而是由他们自己在一定的情境下通过协作、讨论、交流、互相帮助，并借助必要的信息资源主动建构的。在教育技术背景下，师生的交互合作成为一种常态和现实，人机互动、师生互动、远程互动成为现实。我们知道如果能把独立学习中的"联系"与"思考"过程与协作学习中的协商过程（交流、讨论的过程）结合起来，那么学生的建构效率会更高，质量会更好，因此，在教学过程中，我们可以运用技术来支持分布式的交互协作，同时强调应用技术来展示思维过程，表征知识，以使学习者清晰地表达自己的观点，拓展和提炼思维，进行多维互动。我们要加强师生、生生之间的合作，促进学生在多维互动中学习。师生、生生的思想交流过程中能释放出师生同构双赢"正能量"，激活师生的创新意识和创造能力，也能让教师拓展"教学视野"。

(3)在反思辨析中感悟。反思辨析活动可以理解为人们在怀疑、犹豫、困惑等心理状态下，为了消除这些状态而采取的一些探索、收集和分析等行为活动。反思能引起学生内心的心理冲突，动摇学生已有认知结构的平衡，使学生从学习者转变为研究者。反思辨析活动有利于提高学生的主动性、创造性，学生的反思辨析过程是以自己的学习过程为思考对象的，会对自己做出的决策及由此产生的结果进行审视和分析，这是一种依靠自我感悟来促进能力发展的手段。能促进学生自主自觉地进行学习，有助于学生恰当地评价自我，有效地进行自我教育，不断修正前进的方向，取得进步。在教学过程中，我们要以学生为中心，提供优质的课程资源、学习工具和学习载体，让学生可以利用各种认知工具（变教学手段为认知工具）和认知信息资源（文本或超文本等）来达到自己的认知目标，使课堂成为支持和促进学生认知的场所，让学生学会学习。在知识的建构过程中，教师应鼓励学生主动地去收集和整理

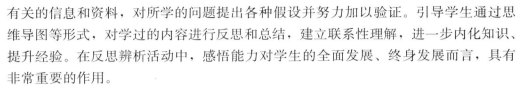

有关的信息和资料，对所学的问题提出各种假设并努力加以验证。引导学生通过思维导图等形式，对学过的内容进行反思和总结，建立联系性理解，进一步内化知识、提升经验。在反思辨析活动中，感悟能力对学生的全面发展、终身发展而言，具有非常重要的作用。

（4）在创新活动中顿悟。在学生的数学学习过程中，学生在用自己的方法发现、探索、思考并解决问题的过程中得到的知识，才是自己真正掌握的知识。然而，在当下的一些数学课堂教学中，学生的学习方式是单一的、被动的，往往缺少自主的研究、探索，教学中更缺少创新性的学习活动；学生合作或独立获取知识的机会不多，教学中缺少对学生学习的情感、态度以及个体差异的关注，忽视了对学生创新精神和实践能力的培养；学生的主动性、自主性和创造性受到压抑。事实上，学生的数学学习不应只是掌握简单的概念、公式、法则和运算过程，学习应更具发现性、探索性、创造性。在创新性的学习活动过程中学生不仅听老师讲解、看教师操作，还要自己动手，并在动手的过程中描述操作过程，发现问题、解决问题、获得知识。在教学中，我们要通过变式教学、开放的课程资源包、线上线下的数学创新活动，鼓励学生用自己的方法去发现问题、探索问题和思考问题，培养学生的自主探索精神，尊重他们的奇特思维，引发他们的求变、求异、求新、求奇的内驱力，营造一种标新立异、创新超凡的竞争氛围，让他们在创新活动中获得灵感和顿悟，为学生的创新思维的发展奠定厚实的基础。

（5）在评价反馈中觉悟。过去我们常常把评价反馈看作是对学习结果的检查，学习与评价是对立的，评价的内容也局限于对知识的了解和理解，忽视了对学习能力与方法的考评；评价反馈基本上是由学校、教师来实施的，没有注意调动学习主体即学生的积极性和能动性，这种评价方式方法单一，既不能全面检查学生的学习效能，也没有顾及学生学习过程中的学习行为表现，这样的评估方式不能充分发挥考评对学习的促进作用。教育技术背景下的评价方式是多维的，主体多元、方法多样，是既重视结果又重视过程的学业评价体系，可以以评促学，促进学生的全面发展。通过数据挖掘，及时反馈，这种反馈更深入、更有针对性，可以及时收集学生学习和训练的信息，对不当之处及时进行校正，以适当的方式对学生的问题进行归因，分析问题的根源，提出克服问题的途径。我们有时会结合阶段性的知识内容和学习方法特点，让学生进行自我总结，反思这一阶段中学习行为的可取之处和不当之处，这也是融合多元评价，引导学生改变学习行为的好机会。教学即评价，我们要在评价反馈中让学生自己觉悟，不断修正自己的学习行为，转变学习方式。

自觉体悟重在突出学生的发展性主体地位，是让学生在学习过程中获得深刻的体验和感悟，领悟数学思想方法，不断提升活动经验和元认知水平。我们把教学提升到了生命层次，使教学过程成为生命被激活、被发现、被欣赏、被丰富、被尊重的过程，成为生命的自我发展、自我生成、自我超越、自我升华的过程，这是自觉数学课堂的一种新的境界。

(三)支持自觉

学科教学不是知识的传递过程，而是知识的处理和转换过程，应该由向学生传递知识转变为发展学生的学习能力，培养学生的主体意识、主体性、个性和创造性，以及实践能力，在组织学生学习的过程中应关注动机的激发与维持，为学生多种形态的学习提供载体、资源、策略和工具等支持。自觉数学教育中的支持自觉涉及的是教育教学过程中对学生学习的服务与支持，一般包括呈现方式优效、资源推送适切、教法选择适合、环境营造恰当、学习指导有效和技术使用合理等。

1. 呈现方式优效

课堂教学主要行为有呈现、对话和指导。教学中常用的呈现方式有语言呈现、文字呈现、声像呈现、动作呈现、实物呈现等。各种呈现方式都各有优缺点，因此，很多时候教学是多种呈现方式并用的。自觉数学教育中呈现方式优效的总原则是方便"学"胜于方便"教"，强调多种优效的呈现方式并用，特别是关注"互联网＋"背景下现代教育技术与学科教学的深度融合。

2. 资源推送适切

教学资源通常指为保障教学的有效开展而提供的各种素材，一般包括教材、案例、图片、课件等，也包括教师资源、教具、基础设施等，广义上也涉及教育政策等。从广义上来讲，教学资源可以指在教学过程中被教学者利用的一切要素，包括支撑教学的、为教学服务的人、物、信息等。从狭义上来讲，教学资源（学习资源）主要包括教学材料、教学环境及教学后援系统。自觉数字教育提倡为学生提供与其认知基础、认知方式、认知能力、最近发展区相匹配的适合的学习资源。特别是在教学中，教师要十分重视促进学生建构的教学资源的利用。

2016 年和内蒙古呼和浩特市土左旗工作室成员合影

3. 教法选择适合

教学方法是教学过程中教师与学生为实现教学目的、完成教学任务，在教学活动中所采取的行为方式的总称。教学方法由指导思想、基本方法、具体方法、教学方式四个层面组成。选择教学方法时必须参考学习方法，否则便会因缺乏针对性和可行性而不能有效地达到预期的目的。2017 年自觉数学教育强调教法与学法并重，教要为学服务，要从教为中心走向学为中心，在处理"教路"和"学路"的关系时需关注"学路优先"。

4. 环境营造恰当

自觉数学教育特别关注让学生进行"良性差异互动"，在鼓励竞争的同时，注意加强学习小组内的合作交流，让学生们集思广益、相互帮助、共同提高。自觉数学教育十分重视课堂教学环境(氛围)的营造，一方面，让学生在适宜的情境中，对所学的新知能有积极的感受；另一方面，关注认知生成节点中的独学、对学、群学、展学和创学等手段的综合运用。

5. 学法指导有效

学习方法对路才会有好的学习效果，但学习方法主要是后天习得的，只有让学生掌握好的学习方法，成功才有保证。学习方法是通过学习实践总结出来的快速掌握知识的方法。因其与学习、掌握知识的效率有关，因此越来越受到人们的重视。学生只有积极主动地学习，才能感受到其中的乐趣，才能对学习越发有兴趣。有了兴趣，效率就会在不知不觉中得到提高。自觉数学教育十分重视对学习方法的指导，尤其关注在现代学习方式(混合学习、个性学习、移动学习、协作学习、深度学习、智慧学习)中对学习方法的指导。自觉数学教育思想的核心是通过多维促进让学生由浅层学习(知识接受、技能掌握、知识应用等)进入深度学习(本质理解、质性分析、互动评价、创建性运用等)，学习活动的梯度策划是自觉数学教育形态形成的关键。

6. 技术使用合理

教育技术本身对我们而言并不是陌生的事物，一切教育活动中都有涉及教育技术的内容。实际上教育技术早已普遍存在于各种教育教学活动中，无论是学校的班级授课、个别化教学，还是小组合作学习，都会或多或少地涉及一些教育技术内容。自觉数学教育关注教与学工具的改革，主张根据不同的教学内容和学生特点使用不同的教学程序和方法。教学中教师要学会熟练使用各种教育技术与工具，也要关注技术、平台与工具使用的合理性。

2017 年自觉数学教育研究成果获全国引领示范奖

教育现代化的核心是"培养人的策略"的现代化。要培养适应未来社会发展所需要的人才，就需要我们更多地从教育、技术、人本的角度来思考和设计。我们不仅要从课程理念、环境营造和活动设计等宏观和微观角度来重新对我们的课堂进行设计、整合和重构，更要重新认知和重构我们的教学关系。自觉数学教育强调学生对知能的掌握不能只靠听、说、读、写、练，我们应该关注师生的"共同发展"，应重塑教育教学的"生产关系"，关注学习过程中学生本质力量的释放、多向度潜能的开发和学科世界图景的建构。

五、自觉数学教育的主张内涵

自觉数学教育的策略本质是，在学生进行深入思考的基础上分析学生的学科发展需要，针对学生的差异，精心设计和组织学习活动，做到因材循导；用变易原理（变式教学）突破学生认识上的障碍，在多维互动、和平等对话中，促进学生自觉体悟；在习惯培养（学习习惯和思维习惯）和方法引领（学习方法和学科思想方法）中，提升学生的策略（发现问题、提出问题、分析问题和解决问题）运用水平和学习的自组织能力。

（一）因材循导

因材循导是在组织和实施学科教学活动过程中，充分发挥教师的主导性主体的作用，通过科学策划和适合的帮扶引领，践行有效的学教互动，充分发挥学生的主观能动性，让学生学会科学地思考，最大限度地释放出他们的"创造潜能"，促进学生自主、自觉发展。因材是以学生差异、学生的学科发展需要和教学内容为背景，遵循学生的知识、能力、认知水平和情感成长逻辑链的规律，抓住核心知识发生发展的根本，由浅入深、层层递进地精心组织凸显学科本质的学习活动。循导是教学中运用科学合理、有效的策略，做到变"教"为"导"，让学生变"听"为"学"，激励全体学生积极有效地参与学习，引导学生观察、指导学生操作、促进学生思考、启发学生探究等。"导"要导在关键处，要在节点发力。

自觉数学教育关注因材施教、因需施教、因材循导。主张要研透"重点、难点、知识点、能力点"。教学重点、难点，是根据教学目的、教学内容及学生学习情况，

2019 年在全国"绿色课堂杯"初高中优质课观摩展示活动中推广自觉数学教育思想

通过分析、思考并结合教学经验而得出的。重点除知识重点外，还有技能重点、方法重点，教师要做到心中有数。突出重点和突破难点的教学过程的设计要有效、有法、有序，因为只有经过条理化的凝练，教学过程才会简洁、严密、逻辑性强，才有利于在限定的时间内顺利完成教学计划。教师要在深入钻研教材，在明确了学生要掌握的知识点的基础上，还要进一步深入分析每个知识点的教育价值，即找出课堂教学的能力点，通过对能力点的教学，培养学生的学习能力和学科化水平。

（二）自觉体悟

认知结构的形成是一个复杂的系统工程，它是对学科知能主动地进行组织和再组织的过程。要想提升学生的思维能力，就需要学生不断地去体验和感悟。教育只是一时的外在行为，体验则是学生学习生命的全部。学科教学不应该是刻板的知识传授，而应通过丰富多彩的系列学习活动来激发学生的兴趣，发展学生对新知的理解力和应用能力。我们要重视学生在活动中学习，要给他们充分的时间和空间去尝试、去探索问题，让他们在学习活动中学会观察、分析问题，丰富解决问题的策略。自觉体悟重在突出学生的发展性主体地位，是让学生在学习过程中获得深刻的体验和感悟，领悟学科思想方法，不断提升活动经验和元认知水平，进而促进学生的自觉生成和自觉发展。

1. 独立探究自悟

独立探究是当今新课程理念所提倡的一种学习方式，它要求学生要做自己的主人，要在老师的引导下发挥自己的主观能动性，调动自己的各种感觉器官，通过动手、动眼、动嘴、动脑，主动地去获取知识。美国心理学家布鲁纳说过，学习最好的刺激是对所学学科产生兴趣。托尔斯泰也说过，成功的教学所需的不是强制，而是激发学生的学习。浓厚的学习兴趣可以激发学生独立探究的热情，可以使学生产生强烈的求知欲，从而具有敏锐的思维力、丰富的想象力和牢固的记忆力，这些也是探求知识、熟悉事物的推动力。学生的独立探究自悟是所有学习的基础。

2. 多维促进领悟

学生获取外部信息的同时也会对内在现存信息进行发展和梳理。学生在交流、协作等互动性活动中，一旦发现自己建构的知识与知识本质之间存在差异，他们便会做出修正，同时也会调整自己的思维方式、解题策略，以便与知识本质趋同、吻合。不同的学生有不同的认知结构，对新知能的建构也不同，对同一个问题也会有不同的理解。因此，我们要为学生提供各种讨论和协作的机会，让他们充分地表达自己的见解，倾听并努力理解他人的想法，不断地对自己和他人的学习进行反思和评价。我们应使学生看到新知能的不同方面，从而对新知能产生新的了解，从而全面地建构新知能的意义。学生的数学学习心理大致要经历"朦胧、混沌、积聚、清晰"这一过程，数学学习状态应该是从模糊、不自觉、被动，在教师和同伴的帮扶下，逐步走向清晰、自觉、主动的。这个转变过程的长短，取决于学习活动中多维互动的效度。

3. 学后反思、感悟

感悟的表现形式不一，或渐悟或顿悟，或隐藏或彰显。真正的感悟来源于人们的亲身经历与感受，有的是渐渐的领悟，有的则是瞬间的开悟。正是这些感悟使人们对人生、对事物以及对世界的看法发生了改变。高层次的感悟与自身的心境和心力有直接关系。我们主张通过学后反思、感悟，让学生提升认知和元认知水平，加深学生对知能的理解。

(三)平等对话

学起于思，思起于疑，疑解于问。问题是学生学习的灵魂，没有高质量的问题就不会有高质量的思考。提问是学习活动中的中心环节，精彩的提问可诱发学生思维，然而在"教师问、学生答"的方式下我们问得再精彩，学生也只是被动的"受教育者"，因此，我们要关注与学生的对话，通过师生、生生之间的多维对话来培养学生的问题意识，这是培养创新精神的起点，我们要培养学生敢问、想问、会问、善问的可贵品质，因为这是促进学生自觉成长的关键。平等对话就是构建民主开放的课堂生态环境，让学生多向度、本质性地认识问题，扩大学生的"认知半径"。师生、生生的思想交流能释放出师生同构双赢的"正能量"，激活师生的创新意识和创造能力，也让教师拓展"教学视野"。

1. 教学民主性

随着新课程的深入落实，教师要及时调整自己的角色定位，改变传统的教育教学方式。教师的角色由教学权威转变为教学平等参与者，教师是学生发展的主动参与者，师生在人格上是平等的，师生关系应是和谐的。新课程把教学过程看成是师生交往、积极互动、共同发展的过程。新课程强调，教学是教师与学生的交往互动过程，师生双方相互交流、相互沟通、相互启发、相互理解、相互补充。在这个过程中，教师与学生分享彼此的思考、经验和知识，交流彼此的情感、体验与观念，丰富教学内容，求得新的发现，从而达成共识，实现共享、共进，实现教学相长和共同发展。师生互教互学，将形成一个真正的"学习共同体"。

2. 教学开放性

我们要以学生发展为本，从培养学习和实践的态度、思维和能力出发，引导学生主动地去发现、去想象、去探索，形成科学品质、创新意识和实践能力，变"学知"为"知学"。

(1)开放师生关系，使教学气氛民主化。以民主平等为原则，尊重学生的人格和权利，解放学生的主体性和创造性，使学生真正成为学习的主人。

(2)开放教学过程，使学生各有所得。重视创设民主和谐的心理环境。①引导学生自觉思考；②在"做中学"，在探究过程中发展思维能力；③制造疑问，引发研讨和争论，让学生在小组内交流、质疑、解疑。

（3）开放教学评价，调动学生创新的积极性。①突出评价的主体性；②注意评价的整体性；③关注评价的动态性。

（4）开放探索空间，让学生在探索的过程中形成分析问题和解决问题的能力。①重视开展活动课；②鼓励学生在社会实践中活用学科知识，让学生联系生活和劳动，在活动的过程中寻找学科问题；③打破学科边界，进行 STEAM 课程①的建构与学习。

3. 学路优先

自觉数学教育思想倡导："学生先思，教师后导""学生先学，教师后教""学生先做，教师后讲""学生先展，教师后评"。其灵魂是在教师教学之前，必须保证学生有充足的独立思考的时间和空间，引导学生对教学内容或相关问题先进行适当的分析和思辨，让学生亲身经历问题的探究过程，促使学生在自身已有的知识经验的基础上进行主动建构。

(四)双回路评价

1. 双回路评价方式

评价与教学并行，我们要关注评价的导向功能、激励功能、诊断功能、调节功能、干预功能、督促功能、管理功能和教育功能。（图 2-17）

自觉数学课堂评价

教学：深思—展示—变式—感悟—回归		
方式：自主学习、探究学习、合作学习、深度学习		
评价：探索力	活动表现(热情、参与、创新)	知能掌握
教师评价	自评、互评、师评	自评、互评、测评

图 2-17

自觉数学教育的评价要从单回路评价（课程教材—教学行为—学习行为效能）向双回路评价（课程教材—教学行为—学习行为效能—教学行为—课程教材）转变，不仅要能纠正学生的错误，还要能透过教和学的行为，分析低效能的原因，从而在双向意义上改进学生的学习行为、教师的教学行为及课程教材的不合理内容。（表 2-5）

---

① S代表科学(Science)，T代表技术(Technology)，E代表工程(Engineering)，A代表艺术(Arts)，M代表数学(Mathematics)，STEAM课程是指科学、技术、工程、艺术、数学多学科融合的综合课程。

表 2-5　自觉数学课堂评价量表

教师：＿＿＿＿＿　学科：＿＿＿＿＿　学校：＿＿＿＿＿　班级：＿＿＿＿＿
课题：＿＿＿＿＿　课时：＿＿＿＿＿　课型：＿＿＿＿＿　日期：＿＿＿＿＿ **2019 年 8 月修订**

一级指标	二级指标	三级指标	标准解读	赋值	得分
主导自觉 35 分	以教引学 28 分	结构流程	结构：课堂结构明晰，板块完整，布局合理，重点突出	4 分	
			流程：科学合理，衔接自然，详略得当，活动逻辑递进性强	4 分	
			广度：全员性、全程性、全方位；多感官、多方式、多时空	3 分	
			密度：课堂容量适宜，难易度适中，面向全体学生	3 分	
		循导有效	效度：关注自主程度、合作效度、探究深度，难点突破有效	4 分	
			促进：师生、生生、与书本、与自我多向度、立体性深层对话	3 分	
			机智：因生而动，因境而变，精讲精练，节点发力	3 分	
			生成：知识和能力的自觉性生成；情感、态度、价值观生成	4 分	
	素养 7 分	学科人文	专业：学科语言科学，技艺功底扎实，教态自然，有亲和力	4 分	
			导向：立德树人，用人格魅力感染学生，用文化陶冶学生	3 分	
主体自觉 40 分	以学促教 32 分	会学	习惯：有标注、记录、批注；能发现问题，尝试解决部分问题	4 分	
			责任：有责任与担当意识，有好奇心，学习动机，学习毅力	4 分	
		参与	态度：神情专注，各尽其能，踊跃尝试，乐于分享	4 分	
			深度：横向的多元见解，纵向的深刻性、批判性和创新性	4 分	
		互动	倾听：聆听别人意见，适时回应，在比对、思辨中内化提升	4 分	
			自信：敢于表达不同的见解，表达清晰，声音响亮，正确率高	4 分	
		感悟	领悟：师生之间、生生之间相互促进性强，知能内化程度高	4 分	
			反思：在学习中不断反思所获、所得与所失，提升经验	4 分	
	效果 8 分	知识	达成：能理解和运用所学知识解决问题，目标检测达成度高	4 分	
		素养	进步：充分体现学生发展核心素养与学科核心素养的要求	4 分	
支持自觉 25 分	资源创建 9 分	资源开发	目标：教与学目标明确、具体，渗透思想教育和行为训练	3 分	
			靶向：对教学主题的针对性强，关注知识的发生与发展	2 分	
		资源推送	适度：对认知水平的适切度高，容量适度、合理	2 分	
			有效：呈现载体运用合理，呈现方式优化，利于接受与内化	2 分	
	支持服务 8 分	环境营造	组织：关注利于学生学习的环境营造和组织架构，管理有效	2 分	
			深化：利于学生将新知能深入内化和建立关系性理解	2 分	
		方法指导	指导：对领学、独学、对学、群学和展学进行有效指导	2 分	
			方法：动手能力强，独立探究、合作交流，自组织学习水平高	2 分	
	技术使用 8 分	工具使用	高效：利于知能高效呈现，利于学生高效接受与内化	2 分	
			恰当：教育技术运用恰当，灵活服务于教与学，简捷有效	2 分	
		平台使用	娴熟：对平台中各技术操作功能能熟练、灵活地使用	2 分	
			灵活：不被平台功能所限，灵活驾驭课堂，有效支持教与学	2 分	

2. 评价原则

(1)多维性原则。主要包括三方面：①评价内容的多维性；②评价主体的多维性；③评价方法的多维性。

(2)过程性原则。①把所有有价值的教育教学活动都纳入评价范围中；②倡导量化研究的方法，也给质性评价一定的位置；③强调评价者与评价对象之间的交流和相互理解。

(3)真实性原则。①评价既指向学生学习的结果，也指向学生学习的过程，要凸显评价的诊断与服务功能；②重在考查学生在各种真实的情境中使用知识和技能的能力，而不是考查学生对知识信息的积累量与占有程度；③评价承认个体差异，主张为不同的学生提供不同的评估策略。

(4)发展性原则。①以发展的眼光来客观地评价主体的变化；②重视评价对象的自我反馈、自我调控、自我完善、自我认识。

3. 知能评价维度

(1)学习热情度。主要包括：①最佳注意状态；②最佳认知状态；③最佳情感状态；④最佳意志状态。

(2)有效参与度。教学设计要符合学生的实际水平，预留的思维空间应能满足学生的认知需要。

(3)创新探索力。这反映了学生在学习活动中的自学能力结构和创造性思维水平。

(4)知能掌握度。

(5)活动表现状态。主要包括：①自主性学习状态；②合作性学习状态；③创造性学习状态。

六、自觉数学课堂构建要略

教育的核心是"人的发展与成长"，教育的主阵地是课堂。课程改革已走到了内涵发展期，现在关注的是课堂教学行为的改变，如"学案教学、问题导学、自主学习、小组合作、体验探究、展示交流"。人们由关注如何"教"转为关注如何"学"。课程改革进一步关注学习组织、学习起点、学习过程、课堂形态、教育角色、教育评价等，这也使得课堂教学在空间结构、时间秩序及活动流程上都发生了变化。我们对课堂变化的认知是这样的："知识课堂"—"能力课堂"—"生本课堂"—"学本课堂"—"自觉数学课堂"。自觉数学课堂在凸显数学教学本质的基础上，关注学生的发展和学生成长的心智规律，把握数学内部知识发生、发展的逻辑主线，以"真学"定"真教"。自觉数学课堂创建的总原则是"以教引学，以学促教"。

（一）目标导航

数学教育的根本目的是促进学生全面、持续、和谐地发展，素养目标①是推进数学素养教育的重要载体和坚实的操作性基础。学生数学能力的发展是在知识和能力不断丰富与迁移的过程中实现的，认知结构也是在逐步地同化或改组的过程中不断完善的。因此，我们要使数学学习目标的达成度体现在学生的学习过程中，这是使数学教学具有精准针对性的重要措施之一。数学学习活动包括学习目标、学习过程和学习评价三大支柱。学习目标在首要位置，学生的数学学习活动应紧紧围绕学习目标进行，这样才能最大限度地减少随意性、盲目性和模糊性，才能提高数学学习的方向性、针对性和有效性。虽然课程改革已开展了较长时间，但当下初中数学课堂中的教学现实并不令人满意，一方面是学生进行被动性学习、适应性学习、机械性学习、封闭性学习、强制性学习的现象还普遍存在；另一方面，是在"开放"理念的"指导"下，一些教师不顾学情和教学现实，一味追求不符合实际的"开放"，造成教学目标的定位严重偏离教学要求，甚至会为考而教。究其原因是我们没有深刻地理解数学新课程教学的基本理念，把素养目标人为地进行了"肢解"，造成了知识与技能目标没有被落实，问题解决的过程与方法目标"游离"于知识与技能目标之外，游离于教学内容和教学任务之外，游离于学生发展之外，学科的思维情感、态度、价值观培养目标出现了"贴标签"的现象，从而造成在目标实施的层面上出现了学习目标虚化的现象。我们应将每节课的学生数学学习目标转化为"阶段性"的"问题目标"，通过引领、合作、互动、感悟和穿插达标检测等手段将学生的学习目标落实到位。

1. 学习目标的制定要适切

素养目标的三个层次，双基水平、问题解决和学科思维，体现了时代对数学基础性学习能力、发展性学习能力和创新性学习能力培养的整体要求。数学学习不仅是求知活动，而且是学生数学课堂中生命存在的方式，其中不仅包括认知活动，还包括体

①　素养目标的三个层次是：（1）双基水平；（2）问题解决；（3）学科思维。

验活动和感悟活动。培养知识与能力是新课程的重要目标，也是学生发展的基石，同时它又是载体，学生思维品质的提升、解决问题能力的形成和情感、态度与价值观的培养，都是以其为依托的。我们在组织学生学习的过程中应该努力渗透这种思想，并将其落实到行动中，融入平时学生数学活动的每一个环节中。我们制定的学习目标要清晰、具体、可操作、可检测，并要体现出对学生的高期望。

（1）关注《课程标准》。细化、分解《课程标准》中的具体目标，使之成为课时目标，具体步骤有六步：①分析关键词；②剖析核心概念；③扩展或剖析行为动词；④确定行为条件；⑤确定行为表现程度；⑥写出学习目标。我们要根据《课程标准》，着力厘清学年目标、单元目标、课时目标的层级关系，准确定位；设计具体明确的课时目标，并以可观察、可测量的方式加以陈述；围绕课堂教学主题，制定出需要重点理解和掌握的知识点目标、有效解决问题的能力点目标、有序实施教学的环节点目标，体现基础性目标与发展性目标的有机统一；还要从促进学生全面发展的主旨出发，具体落实"核心素养目标"，以显性目标"知识与技能目标"为主线，夯实基础，挖掘、渗透隐性目标"思维、情感、态度、价值观目标"，体现目标设定中学生的参与性、有层次的挑战性和动态的生成性。

（2）关注学情。苏联心理学家鲁捷茨基的研究表明，学生的数学能力存在差异，要解决学生数学能力的差异问题，就必须实施分层教学。发展的差异性研究表明：正常学生虽会经历一个共同的发展阶段，但其发展的速度、水平以及发展的优势领域会千差万别。这就决定了对于学习目标的达成而言，学生不可能实现"齐步走"，因此，我们应当面对每一个学生，满足每一个学生的需要，最大限度地开发每一个学生的智慧潜能。我们应该了解学生的已有经验、思维方法和态度。然而在组织教学前，我们往往只会分析学生已经学过了什么，教学设计中的"备"学生只是了解学生已掌握的书本知识，而没有了解学生已有的经验、思维方法和态度等。我们要真正走进学生中，学会学情调研的基本方法，尤其是要养成课堂观察和访谈的习惯，可根据学生的经验、思维方法和态度，以及所学的具体内容采用访谈、作业分析、学习过程观察等不同方式来了解学情。因为有的学生虽知识基础不好但有丰富的生活经验，或者思维敏捷，或者有积极的学习态度，这些都是学生发展的重要的基础和资源。

（3）关注教情。学习目标是数学学习活动设计的核心和灵魂。我们要对数学学习活动的内容进行深入的思考，寻找学生已有的思维方法与教材呈现的科学的思维方法的差别，要将学生思维方法的发展过程显性化，找到从学生已有的思维方法出发走向科学的思维方法的有效途径。我们要分析教材的编排体系和意图，仔细研读教材，要明确让学生掌握哪些数学知识，怎样把握教学内容的深度和广度，要研究怎样把教材信息转化为学习信息；还要思考收集哪些材料，运用哪些手段，才能促使学生从原有的认知结构出发去获取新知识、探索新内容。

（4）关注考情。初中数学中考评价是初中数学教育教学的指挥棒，根据初中数学中考评价来设计数学学习活动是非常现实和必要的。要想学生在最后的终结性评价中获得好的成绩，必须关注数学学习过程中的形成性评价，也就是要将终结性评价转化为形成性评价，否则我们的教和学生的学都不能处于主动的地位。将终结性评价转化为形成性评价的标志是：过去的评价主要是在学生数学学习过程结束后进行的，而现在则需要在开展学习过程之前基于评价设计学习目标。其根本意义在于：在明确了终结性评价的内容之后，我们能够将其更加清晰地转化为形成性评价的内容，进一步明确单元的学习目标，并将评价贯穿于整个学生的数学学习过程之中。

2. 分解学习目标为阶段目标

自我强化是指个体能自发地设定目标，并依靠信息反馈进行自我评价和调节。目标设置对自我效能的发展具有重要影响，没有事先设置的目标作为衡量绩效的标准，学生就很难判断自己做得怎么样，以及自己的能力如何。事先设立学习目标可以使学生在目标达成时，体验到成功，从而使自我效能感得到提高。在制定目标的过程中，我们要注意一些问题，太低的目标不能提高学生的自我效能感，而太高的目标会使学生在付出很多努力之后仍遭遇失败，也不利于学生自我效能感的提高。所以我们在指导学生设置学习目标时，要根据学生自身的最近发展区，对不同层次的学生设立不同的学习目标，采取分层目标(也可分解为阶段目标)推进、分类指导的方式，让不同层次的学生在经过努力后，都有机会获得成功的体验。由于学生的自我效能感是在成功操作的基础上形成的，因此，给学生提供难度适中的操作任务，因其恰好位于学生的最近发展区，学生通过努力可以分阶段完成阶段目标，并体验到成功的乐趣，其自我效能感就可以得到提高。

科学、合理地设计学习目标是实现学习目标的最重要的前提因素，有效的数学学习活动是实现学习目标的最重要的过程因素。只有学习过程中的学习活动都有效地指向各学习阶段目标，才能最终实现学习目标。因此，正确地确立学生数学学习的小目标是实现大目标(整体学习目标)的关键。

3. 转化学习目标为问题目标

建构主义认为，一个完整的学习过程应该是由兴趣、知识、记忆、情感、感知、反省、行动、平衡、摄动、重建、迁移等组建而成的循环过程。我们既要反对不顾学生的感受而一味地追求数学知识的逻辑性和抽象性，将数学知识与技能的学习作为数学学习的根本，导致数学学习活动严重脱离实际的倾向，也要防止过于强调"核心素养目标"的整合，使数学课堂失去数学固有的个性。我们还应防止数学学习有情境而没有学生的活动，或有活动而没有数学味，或者是有数学活动而缺乏有效的体验。如何制定"可操作性"强的学习目标呢？我们可以将学习目标转化为问题目标，分阶段落实，使其"显形化"，在问题目标的达成过程中要关注知识与技能，问题解决的过程与方法，思维和素养的协调发展。

让学生在数学学习过程中，真正很好地完成学习目标并不是一件容易的事情，我们要注意调控策略，把知能的传授、感情的培养、习惯的养成与意志的锻炼融为一体，让学生在愉悦的氛围中进行学习。课堂是学生进行数学学习的主阵地，我们只有进行行之有效的引导、调控，才能构建出灵动、有活力的优效课堂。只有将"阶段性"的"问题目标"处理好，整体学习目标才有可能有效达成。

（二）创建维度

课堂教学要完成对知识和能力的双重建构，它更承载着培养学生的思维能力，帮助学生形成良好的思维习惯，提升学生的思维品质的艰巨任务。然而，智慧并不能像知识那样可以直接传授，它是在人们获取知识、经验和感悟的过程中得到启迪、丰富和发展的。

1. 自觉数学课堂的考量维度

（1）效度，就是教学目标的达成度；

（2）全面度，就是教学内容和组织面向全体的程度；

（3）密度，就是教学内容的量度；

（4）深度，就是学生的思维有效参与的深入程度；

（5）自觉度，就是学生积极主动参与的程度；

（6）适切度，就是教师采用的教学策略的适合程度。

2. 自觉数学课堂结构维度的具体表现

（1）效率优先。以最快的速度、最大的效益和效率促进学生在素养目标的达成过程中获得整体、协调、可持续的发展。

(2)发展本位。自觉数学课堂的真正奥秘在于高效学习，我们要让学生学会知识，增强基础学习能力，培养终身发展能力，获得成长智慧。

(3)和谐集约。发扬教学民主，在分析问题、讨论问题中积极鼓励学生大胆质疑，提出自己的看法，使学生在协作学习中有"解放感""轻松感"。

(4)学习中心。以学生发展为本，课堂教学的一切活动都要围绕学生学习这一中心来组织。

(5)灵活开放。解放学生的头脑、眼睛和双手，给予学生时间和空间，解放他们的思想，放飞他们的心灵；让学生的数学学习变得有趣味、有活力、有情境、有挑战性。

(6)动态生成。师生之间、生生之间知识的汇聚、思维的碰撞、思想的交锋、情感的融合，有助于我们将有效教学转化为了学生的有效学习。

3. 自觉数学课堂的"十维标准"

(1)目标——目的性，方向感；

(2)真实——存在性，生活感；

(3)亲切——亲情性，安全感；

(4)渐进——台阶性，自然感；

(5)激趣——生动性，兴奋感；

(6)良序——科学性，渐进感；

(7)扎实——充实性，厚重感；

(8)变化——思辨性，启迪感；

(9)开放——多元性，开阔感；

(10)智慧——策略性，成就感。

如果我们仍然用昨天的方式教育今天的学生，无疑就是在掠夺他们的明天。

(三)策略元素

自觉数学课堂有一般的课型范式①，但一般不提教育模式，以防止课堂教学方式固化，影响师生创造性的发挥，一般的课型范式由五个主要的策略元素组成。这

---

① 相关内容将在笔者的另一本新书《自觉教育——初中数学"课型"18例》。

五个策略元素①是：深思、展评、变式（易）、体悟、回归。具体解读如下。

1. 深思——引发探究，深层思考，促进真学

"思"是"学"的基础，只有经过深入思考的学才是真正的学，深思应贯穿学习全程。学生必须通过深入思考进行自主建构，才能真正地掌握知识和技能，教学中要把静态的知识结论转化为动态的探索对象，让学生自由地、开放地去探索、去发现、去建构和创造，成为一个创造智慧的人。"课前思"是通过准备性学习材料单、体验性活动、游戏、含微视频的课程资源包等来激发学生对新知进行深入思考，引发他们主动探究，为自觉生成做好知识、能力和心理上的准备，这也有利于新知内化。"课中思"主要是关注学生发现问题、提出问题、分析问题和解决问题的思维品质的提升。"课后思"主要是加深学生对新知和旧知之间关系的理解等。

2. 展评——提出问题，展示成果，多维促进

学生的学习离不开老师、同学、书本，以及自己和物质环境的相互作用。教师在课堂教学中要学生放手，解放学生的双手、头脑、眼睛和思想，让他们提出问题，展示学习成果，进而增强学生的效能感，激发其创造性，使学生获得学习自信。通过对新知或问题的深入思考，学生表述自己的观点，进而暴露问题，教师再有针对性地进行多维促进。

3. 变式——变式引领，扩开思域，学会创新

教育心理学的研究表明，重复、单调的刺激难以引起学生的注意，且容易引起思维的疲劳；但是绝对新的刺激，由于变异的成分较多也难以引起学生的注意；只有相对新鲜的刺激，既有一定的相同或相似的内容，又有一定的变异成分，容易激发起学生的探究热情，并能培养学生的创新思维和能力。变易理论关注的是人们怎样才能够帮助别人学习。对于学习来说，一定数量的重复是绝对有必要的。学习源于系统的重复和变易。为了突出事物之间在某个属性上的不同，某些属性就必须在一些维度上发生变化。在所有其他属性都保持不变的情况下，这个差异才可以被识别出来。因此，我们要进行有机、灵活的变式教学，使学生在数学活动中学会探索、分析、类比、综合和经验迁移，发展学生的应变能力、创新能力，促进其思维品质

---

① 五个策略元素没有严格的逻辑顺序。

向能力型、智慧型、开放型品质转化。

4. 体悟——实践感悟，互动领悟，自我觉悟

数学学科认知结构的形成是一个复杂的系统工程，它是对知能主动地进行组织和再组织的过程。学生的学习过程总是从"他觉"到"自觉"的，学生思维能力的提升是不能通过直接传授来实现的，需要学生进行经过不断地体验和感悟。自觉体悟重在突出学生的发展性主体地位，是让学生在学习过程中获得深刻的体验和感悟，领悟思想方法，不断提升活动经验和元认知水平。我们要围绕核心知能精心组织学习活动，让学生从实践中感悟，在多维互动中领悟，最后达到自我觉悟，使学生对新知能够进一步内化，使学习的意义增值。

5. 回归——立足四基，凸显本质，提高四能

学生的认知基础、能力和已有经验都是有差异的。我们在教学中要培养学生脑中有书，心中有数，筑牢根基。我们要回归书本和基础，满足不同层次学生的需要，即使是学习能力较好的学生也要打好基础。我们的教学要在"四基"的基础上，凸显学科教学本质，让学生感觉到知识内容本身发生、发展的逻辑力量，提高学生的"四能"，并以此来追求"稳定而有效"的教学。（图 2-18）

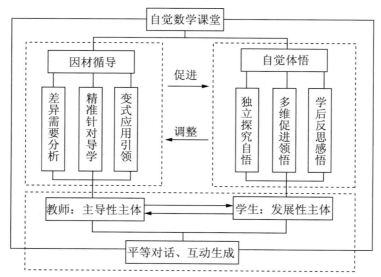

图 2-18

(四)结构图谱

在自觉数学课堂的结构与流程设计中我们要关注以下几个问题:(1)明晰知识结构。知识结构反映了各知识点之间的关系,客观上为我们做教学安排提供了依据。(2)体现主导作用。教师对于教学活动的合理设计、程序安排等将具体体现在课堂教学结构流程图中。(3)创设参与机会。设计课堂教学结构时,应努力为学生创设多种参与教学的机会。(4)关注技术的使用。在完成教学媒体工作表的前提下,对媒体使用时机、使用次数的考虑,直观地反映在课堂教学结构流程图中。

在自觉数学课堂中,核心素养的形成过程为:简单模仿—初步掌握—本质理解—自觉运用—素养形成。其中简单模仿和初步掌握是教师促成的,而本质理解、自学运用和素养形成是学生在深入探究、思辨和应用中完成的。

(五)作业反馈

1. 自觉作业观

(1)有"方"。每一次的教学目标与重点、难点都应成为练习设计的导航。设计的练习既要有利于学生对重点、难点的理解和掌握,又要有利于学生厘清知识点间的联系和区别,更要有利于学生能力的提高。(2)有"味"。练习有"味"指的是练习要兼具生活味、趣味和思考味。知识来源于生活又服务于生活。真正回归生活的练习会使学生对学习产生亲切感,并让学生体验到成功的喜悦。(3)有"层"。学生因个体的经验和背景不同,在接受能力、思维方式等方面都存在差异。因此,设计练习时要依据学生的特点创设一定的"层次",让学困生"吃得了",中等生"吃得饱",学优生"吃得好"。(4)有"时"。应抢在知识遗忘前,组织学生对已学的知识进行练习。同时,"艾宾浩斯遗忘曲线"证实了遗忘的规律是先快后慢的。因此每个知识点循环练习的间隔时间也应先短后长,以确保练习有最佳效果。

2. 关注反馈

反馈原来是物理学中的一个概念,是指把放大器的输出电路中的一部分能量送回输入电路中,以增强或减弱输入信号的效应。心理学借用这一概念,以说明学习者对自己学习结果的了解,而这种对结果的了解对学习又起到了强化作用,促进了学习者更加努力地学习,从而提高了学习效率。这一心理现象被称为"反馈效应"。

自觉数学教育中教师十分重视有关学生学习效能的及时、有效的反馈，利用学习行为的相关反馈促进学生进一步调整学习行为，从而取得更好的学习效果。此外，利用有关学习效能的反馈，教师可以加强对学生学习失败风险的干预。

知识是血肉，能力和方法才是灵魂；知识和方法相比，方法更容易成为能力；能力与方法携手，便可激发学生潜在的创造力。教育教学"自觉品格"的形成需要静悟、体察，需要我们在孤寂中慢慢品味，但更离不开践行，只有在实践中加深认识和理解，将认识不断内化，教育教学品质才能不断提升，教育才能从偶然走向必然，从服从走向自觉。

结语：新知学习应是一次探险(平安)活动

有人说，学生的学习是一次快乐的旅游。这对于以往的"灌输式"教学来说，不啻是对其进步的一个很好的"比喻"，但"快乐的旅游"是怎样的旅游？学校是旅游公司？负责安排旅游线路(课程)、组织车辆(教学设施)、规划行程(学习时间)、安排导游(教师)。在旅游过程中学生在导游(教师)的带领下，"上车睡睡觉，停车撒撒尿，下车拍拍照，问啥不知道"。在这种"表面化"的旅游过程中学生是快乐了，但这对学生的终身成长有何益处呢？

我个人认为，学生的数学新知学习应该是一次自主式探险活动，在这个探险过程中，我们要充分调动和发挥学生的聪明才智，激发他们的学习热情和探究的好奇心，在探险过程中，培养他们吃苦耐劳、团结合作的精神，为他们的终身成长奠定厚实的基础。

案例 17　十几年前的一个暑期，我带女儿和两位小亲戚来到农村度假，一天中午，我让她们将做好的饭菜给在田里干活的长辈们送去(路远不回来吃饭)，她们谁都没有去过，只知道在村西北方向的大槐树附近(在家能看到)。我也是几年前去过，本以为孩子们去是没有问题的，谁知路况发生了很大的变化，原来的大路被分成了羊肠小道，且杂草丛生；洼地被开挖成了鱼塘；原来的石板小桥坏了，现在变成了独木桥。孩子们的这次送饭行动对她们来说无疑变成了一次探险。

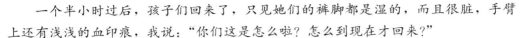

一个半小时过后，孩子们回来了，只见她们的裤脚都是湿的，而且很脏，手臂上还有浅浅的血印痕，我说："你们这是怎么啦？怎么到现在才回来？"

女儿说："爸爸，这条路走得太艰难了，根本没有路！"

小亲戚甲说："路上都是水（农田灌溉，水渠中的水溢出到了路上），很滑，我们是在小河边上走的。"

小亲戚乙说："我们过独木桥的时候，是姐姐先过的，然后她拿着一根长棍让我们扶着过去的。"

我说："你们是怎么找到目的地的？"

女儿说："反正我们不管走哪条路，只要向着老槐树（目标）跑总是没错的！"

我问小亲戚甲："你们的裤脚怎么这么脏？"

小亲戚甲说："原来我们的裤脚是卷着的，路上的草划腿，我们只好放下来，所以弄脏了！"

我又问小亲戚乙："你们手臂上的血印痕是怎么弄的？"

小亲戚乙说："在过小树林的时候，我们紧跟在姐姐的后面，姐姐走过时弯了的枝条反弹过来全部打在我们身上，后来我们就保持一定的距离分开来走，这样枝条就打不着了！"

我说："今天送饭的过程，你们表现得都很勇敢，可以写到自己的日记里。"

……

在我女儿的日记中有这样一段话："今天给奶奶她们送饭的过程很像是一次刺激而有趣的探险，我突然发现我们都很勇敢，我们用自己的智慧战胜了一个又一个困难，在这个过程中我们学到了许多东西，并积累了一些经验：过草丛时，要穿着长袖衣服和长裤，谨防胳膊和腿被划伤；走到密林中不要紧随前面的人，以免被树枝或草木反弹打伤；过独木桥时，稍微走快点会比慢走好得多，只要保持平衡就能很快通过……生活中有很多超出我们自身能力的事，我们要成长就需要不断挑战自我，这种挑战自我，又何尝不是一次次探险呢？实际上我们的学习、我们的人生之路又何尝不是一次次挑战自我的探险活动呢？"

十几年过去了，这件事始终萦绕在我的心头，特别是女儿说的："对新知的学习是一次探险。"我很赞同，在这次送饭过程中，她们收获了多方面的体验，学到了很多感性和理性的知识，用自己的智慧战胜了一个又一个困难，能力得到了加强，特别是锻炼了团结协作的精神，培养了不怕困难的意志和品质……这些不正是新课程中素养目标的精神内核吗？在这个过程中，她历经了自主学习、小组合作学习和探究学习，这不正是新课程的理念吗？孩子们的衣服弄脏了、手臂受伤了，却一点都没有埋怨和痛苦的表现，而是沉浸在战胜困难的喜悦之中，为什么会这样？因为她们获得了较高的自我成就效能感，对自己将来能战胜困难充满信心，这不正是促进她们全面发展所需要的阳光品质吗？……

社会变化的脚步正迫使我们进化成更能学习、更具智慧的人，主动变革课程模式与教学行为，守正创新，将是我们创造未来和未来人的核心价值所在。学生的学习既要重形式，更要重内容。学生理解知识的主要方法是顺应和同化，但用我们的真情实感来激发学生的学习"心向"是顺应和同化的情感基础。学生需要的不仅是公平、优质的教育，更是个性化的教育，他们需要更多的创造力、践行力、协作沟通能力和终身学习的能力。我们的教学方式应由原来的以讲授为中心向以学生的学习为中心转移，我们的思维方式应由"以学科体系逻辑结构为教学设计中心"向"以学生发展为中心"转移，我们必须架设学生学习的引擎，触发学生学习的动机，改变学生的学习内容和学习方式，这样学生才会学得更有效，学得更幸福。

新课程改革已经走到了内涵发展期，其最显要的特征是要进行教育教学行为文化的深层次变革。我们正处在新旧教育教学方式更替、交融的过渡时期，处于新的数学教育方式的转型期，我们必须用超越的眼光来观照数学素养教育，以期获得对数学素养教育的"本体理解"，找到数学素养教育"健康发展"的"可靠起点"。本着追求真理的热忱，仰望中国数学素养教育深邃的星空，从观照中国数学教育进程的独特视角，凭着对数学教育浅薄的理解，我大胆诠释生发，秉笔直书。数学素养教育博大精深，我所追求的"自觉数学教育"只是其浩瀚长河中的一朵浪花，在本书的撰写过程中，由于研究的时间不长、理论基础不够丰厚，囿于有限的数学教育教学视界，思想也不够敏锐和深邃，不免有不足之处，敬请各位前辈、专家和同人批评斧正，所谓"嘤其鸣矣，求其友声"，亦寻其异声耳。

走进自觉数学课堂

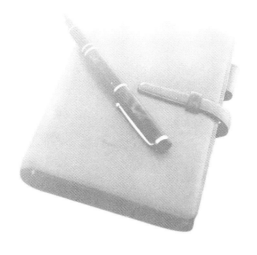

一、走进常态的自觉数学课堂

(一)立足"发展本位"，唤醒"主体自觉"

——"一次函数的图象(1)"教学实录与启示

下面介绍的是 2010 年 11 月 19 日我在江苏省张家港市举行的江苏省首届"苏派名师"高层论坛中讲的一节展示课，其教学内容是苏科版数学八年级上册第五章第三节的第一课时"一次函数的图象(1)"。该课的教学变量解读：(1)先思——思在学之前，只有建筑在深入思考上的学才是"真正的学"，数学教学首先要关注学生问题意识的养成和分析能力的提高。(2)后导——讲在关键处，关注学生思维过程的展示，"质性数学教学"不只要关注教学技术的"改良"，还要通过教师科学有效地引导使教学主体间产生积极而有效的互动来实现学生本质力量的释放。(3)变式——打破封闭性，变式包括概念变式、非概念变式、过程变式和策略变式等，通过变式学习活动使学生建构更完美的"数学世界图景"。(4)拓宽——唤醒创造力，数学教学的意义在于让学生在学习过程中学会科学地思考并最大限度地释放出自己的创造力。(5)感悟——升华经验，简言之，即领悟反思，提高元认知水平。(6)回归——夯实基础，简言之，即筑牢根基，基础和能力都不可偏废，回归分为回归书本和回归基础，学生脑中有"书"，才能做到心中有"数"，回归书本便于学生掌握教材中的知识要点，加强对教材的本质理解。回归基础非常重要，只有打好基础才能去进行智力和能力的培养。我们要站在数学课堂教学的专业制高点来重构我们的数学课堂教育文化，我们要用具体的教学行为来寻求让学生在数学学习过程中知识和经验得到有效生长的优化途径。

2012 年在进行示范课后的自觉数学教育思想专题讲座

教学实录

1. 学前先思

师：（课前已在黑板上写好了课题）同学们，我们今天学习的课题是什么？

生：一次函数的图象！

师：你将这个课题读懂了吗？

生：不太懂！

师：有谁读懂了，谁来解读课题"一次函数的图象"？

生 1：老师这个课题并不难懂！只要抓住关键词"图象"就行，一次函数是"定语"，不同的函数有不同的图象，今天我们只研究一次函数的图象！

师：什么是函数的图象？

生 2：在平面直角坐标系中，描出以函数的自变量的值为横坐标、以相应的函数值为纵坐标的点，所有这样的点组成的图形叫作这个函数的图象。

师：那什么是一次函数的图象呢？

生 3：(知识要点 1)在平面直角坐标系中，描出以一次函数的自变量的值为横坐标、以相应的函数值为纵坐标的点，所有这样的点组成的图形叫这个一次函数的图象。

启示：一次函数的图象是学生真正接触"数形结合思想"的开端，也是学生从熟悉的"数"向陌生的"形"转换的起点，一定要让学生对此进行深入理解，这常常是老师们忽视的地方。这个过程同时也教会了学生研读教材的方法，提高了学生分析问题的能力。

师：你对于课题"一次函数的图象"，想提什么问题？

生 4：一次函数的图象是一个什么样的图形？

生 5：怎样画一次函数的图象？

生 6：一次函数的图象对我们的学习有什么帮助？

生 7：一次函数的图象在生活中有什么应用？

……

师：刚才同学们提出了很多问题！很好！学问学问要先学"问"，然后再学"答"！这节课不可能解决同学们提出的所有问题，我们今天这节课应该先解决哪些问题呢？

生 8：一次函数的图象是一个什么样的图形？怎样画一次函数的图象？

启示：激发学生的好奇心和问题意识是数学教学的首要任务，这是培养学生创新意识的基础；三维教学目标不是靠贴标签的方式来生硬地强加在教学任务中的，应是在与学生的交往过程中自然生成的。

师：请写出一个你喜欢的一次函数关系式(将这些函数关系式都写在黑板上)。

生 9：$y=2x+4$。

生 10：$y=-3x+6$。

生 11：$y=x-3$。

生 12：$y=-4x-4$。

启示：用学生列举的一次函数关系式来作图，能让学生有一种"亲切感"，所传授的知识会有一种"亲和力"，利于知识生成。

2. 探究导学

师：下面请同学们观察与思考下面的问题：香燃烧过程(如图 3-1)。

师：(片刻后)图中有几支香？

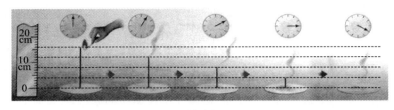

图 3-1

生：一支。

师：你们有什么发现？

生 13：香原长 16 cm，每 5 分钟烧掉 4 cm，共燃烧了 20 分钟。

师：请将观察的结果填入下表（表 3-1）。（学生完成）

表 3-1　观察记录表

点燃时间/min	0	5	10	15	20
香的长度/cm	16	12	8	4	0

师：设香燃烧后剩下的长度为 y(cm)，点燃时间为 x(min)，能写出 y(cm)关于 x(min)的函数关系式吗？

生：$y = -0.8x + 16$。

师：依次连接图片中香的顶端，你有什么发现？

生：它们在一条直线上！

师：你能借助平面直角坐标系，将此信息表示出来吗？

生 14：用 x 轴表示点燃时间，用 y 轴表示香的长度，建立平面直角坐标系，分别描出点(0，16)、点(5，12)、点(10，8)、点(15，4)、点(20，0)。

师：请同学们在方格纸上，建立平面直角体系，分别找出这些点。

（学生作图描点，教师巡查，并对个别学生进行指导。）

师：在平面直角坐标系中作出的这些点在位置上有什么特征？

生：在一条直线上！

师：根据你们的作图过程，你对一次函数图象的形状有什么猜想？

生：一条直线。

启示：函数图象是学生的"认知难点"，要站在学生的视角来处理知识的发生过程，不可急于求成；让学生通过具体情境进行观察、分析、归纳、提炼和猜想，进而对一次函数的图象进行深入了解。

3. 例题教学

例1　在平面直角坐标系中，作出一次函数 $y=2x+1$ 的图象。

师：(知识要点2)作函数图象的一般步骤为：(1)列表，找到一些满足条件的点；(2)描点，将表中各组对应值作为点的坐标，在平面直角坐标系内描出相应的点；(3)连线，把这些点依次用光滑的线连接起来，即可得到该函数的图象。

启示：函数图象的一般作法与步骤是学生首次接触的内容，一定要认真仔细地讲解到位，特别是对取多少个点，为什么要连线，为什么两端还要出头等问题一定要讲清楚(图 3-2)。

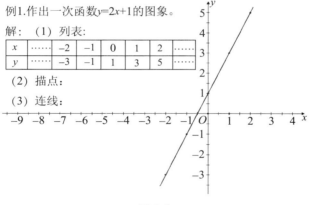

例1.作出一次函数 $y=2x+1$ 的图象。

解：(1)列表：

x	……	-2	-1	0	1	2	……
y	……	-3	-1	1	3	5	……

(2)描点：

(3)连线：

图 3-2

师：请同学们在做中感悟(简单模仿)，在学案的做中感悟栏内以小组为单位分别作出一次函数 $y=2x+4$，$y=-3x+6$，$y=x-3$，$y=-4x-4$ 的图象。

(学生作图，教师巡查，并对个别学生进行指导。)

师：(学生完成后)请在实物投影仪上展示你们的学习成果。

(学生以小组为单位派代表进行展示和点评。)

师：请观察你们刚才所作的所有一次函数的图象，你们有什么发现？

生：一次函数的图象是一条直线！

师：对！(知识要点 3)(1)一次函数 $y=kx+b(k\neq0$，k，b 为常数)的图象是一条直线；(2)一次函数 $y=kx+b(k\neq0)$ 的图象也称为直线 $y=kx+b(k\neq0$，k，b 为常数)。

师：(概念变式)根据所画出的一次函数 $y=2x+1$ 的图象，回答下列问题：(1)点 $(3，7)$ 在直线 $y=2x+1$ 上吗？(2)直线 $y=2x+1$ 经过点 $(-2，-1)$ 吗？

生 15：点 $(3，7)$ 在直线 $y=2x+1$ 上，因为把 $x=3$ 代入 $y=2x+1$ 中得 $y=7$，所以点 $(3，7)$ 在直线 $y=2x+1$ 上。

生 16：点 $(-2，-1)$ 不在直线 $y=2x+1$ 上，因为把 $x=-2$ 代入 $y=2x+1$ 中得 $y=-3\neq-1$，所以点 $(-2，-1)$ 不在直线 $y=2x+1$ 上。

生 17：老师，我还有方法，从刚才作出的一次函数 $y=2x+1$ 的图象中也可以看出点 $(3，7)$ 在直线 $y=2x+1$ 上，点 $(-2，-1)$ 不在直线 $y=2x+1$ 上。

师：同学们，你们对以上三位同学解决问题的方法有什么感悟？

生 18：生 15 和生 16 是从"数"的角度考虑的，生 17 是从"形"的角度考虑的。

师：你们对探究的这个问题有什么感悟？

生 19：(知识要点 4)(1)满足函数关系式的每一对 x，y 的值所确定的点都在图象上；(2)图象上的每一点的横坐标 x 和纵坐标 y 都满足函数关系式。

启示：根据所授知识的类型确定学生的学习方式；作函数图象是后继学习的基础，让学生通过简单模仿在做中感悟，加深对作函数图象的一般步骤的理解；通过概念变式让学生学会对本质属性进行判断；通过对解决问题方法的学习和感悟，让学生对利用"数"和"形"来解决问题的策略有了更深的认识。

4. 策略变式

师：既然一次函数的图象是一条直线，那么画一次函数的图象有没有简捷的方法呢？要不要取这么多的点？

生：不要，因为两点确定一条直线，所以只要取两个点就可以了。

师：取怎样的两个点呢？

生：任意两点都可以。不过在我的潜意识中，我认为应该取与两坐标轴的交点。

师：你为什么有这样的感悟？

生：取与两坐标轴的交点，一次函数图象的某些特性可能会更容易看出来。

师：你说得很好！(知识要点 5)一次函数图象的简便作法是，画一次函数 $y=$

$kx+b(k\neq 0，k，b$ 为常数)的图象时，可以确定两个适当的点，然后连线即可，常取点$(0，b)$，点$(-\dfrac{b}{k}，0)$。

师：下面和老师一起来完成例2，在平面直角坐标系中，画一次函数 $y=-3x+3$ 的图象。

解：把 $x=0$ 代入 $y=-3x+3$，得 $y=3$。把 $y=0$ 代入 $y=-3x+3$ 中，得 $x=1$。过点$(0，3)$，$(1，0)$画一条直线，这条直线就是一次函数 $y=-3x+3$ 的图象（图 3-3）。

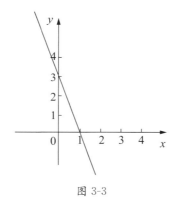

图 3-3

问题：根据一次函数 $y=-3x+3$ 的图象，回答下列问题。当 x _____ 时，$y>0$；当 x _____ 时，$y=0$；当 x _____ 时，$y<0$。

师：请同学们观察图象，这三个问题先回答哪一个？

生：第二个，当 $x=1$ 时，$y=0$。

师：你们是怎样得到这个结论的？

生 22：从图象上看出来的，$y=0$，就是求直线 $y=-3x+3$ 与 x 轴的交点的横坐标。

师：还有别的思路吗？

生 23：根据刚才画一次函数 $y=-3x+3$ 的图象时受到的启示，可用方程建模，把 $y=0$ 代入 $y=-3x+3$ 中，得 $x=1$。

师：听了这两位同学的发言大家有什么感悟？

生 24：解决这类问题，若有图象可从"形"的角度来观察图象得到结果，若没有图象可从"数"的角度来解决。

师：一次函数 $y=-3x+3$ 的图象中，$y>0$ 该怎样理解呢？它所对应的 x 的值又是多少？

生 25：是一次函数 $y=-3x+3$ 的图象中 x 轴上方的部分，所对应的 x 的值是 $x<1$。

师：一次函数 $y=-3x+3$ 的图象中，$y<0$ 该怎样理解理？它所对应的 x 的值又是多少？

生：是一次函数 $y=-3x+3$ 的图象中 x 轴下方的部分，所对应的 x 的值是 $x>1$。

师：请同学们在平面直角坐标系中，用简便作法，画一次函数 $y=-2x+4$ 的图象。

（学生作图，教师巡回指导，学生完成后用实物投影仪进行展示和点评。）

启示：观察图象是"数形结合思想"的重点内容，一定要让学生完全地、彻底地"理解到位"；一次函数的简便画法是本单元的重点内容，一定要让学生"亲力亲为"，不可草率。

5. 拓宽提升

问题：根据图 3-1 中的信息，设香燃烧后所剩下的长为 y（cm），点燃时间为 x（min），在平面直角坐标系中，画出 y 关于 x 的函数图象。

（学生小组合作，教师巡回指导。）

师：下面请第三小组的中心发言人来展示你们小组的学习成果。

生 26：（将作业放到实物投影仪上，如图 3-4）这道题的关键是求出 y 关于 x 的函数关系式。根据题意，得香燃烧后的长度 y（cm）与燃烧时间 x（min）之间的函数关系式为 $y=-0.8x+16$，它是一个一次函数，它的图象应该是一条直线，根据一次函数图象的简便画法就可以作出它的图象了。

师：你们各小组画的图象都是这样的吗？

生 27：老师，他们画的不对！

师：为什么？

生：不是直线，而是一条线段！

师：为什么？

生：因为自变量的取值是有范围的，$0 \leqslant x \leqslant 20$。

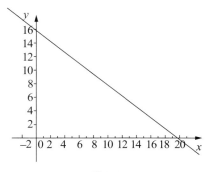

图 3-4

师：同学们，他说的对吗？

生：对！

师（对生 26）：你有什么感悟？

生 26：对于实际问题还要考虑自变量的取值范围，以后看问题一定要深刻、全面，思维要缜密。

启示：让学生展示学习成果时，有时要挑有代表性错误的，学生作业中的错误是很好的教育资源，要用好这个资源，通过学生身边的人和事来教育学生的效果会更好。

6. 教学回归

（1）学生回归书本，看教材 151～153 页。

师：你告诉同学们，看教材后有哪些收获？

生 28：其一，教材通过香的燃烧过程这个情境分析给了我们一个一次函数的图象是直线的印象；其二，介绍了画函数图象的一般步骤，列表、描点、连线；其三，通过作一次函数 $y=2x+1$ 的图象让我们明白了一次函数 $y=kx+b$ 的图象是一条直线；其四，又介绍了一次函数图象的简便画法。

（2）回归基础。学生完成学案中的基础练习（教材中的基础练习已融入其中）。

启示：回归分为回归书本和回归基础。学生脑中有"书"，才能做到心中有"数"，回归书本便于学生掌握教材中的知识要点，加强对教材的本质理解；回归基础，非常重要，只有打好基础才能去进行智力和能力的培养。

7. 学后感悟

师：这节课你有什么收获？这些学习经验如何在今后的学习生活中应用？

生29：通过这节课的学习，我知道了一次函数的图象是一条直线，并学会了函数图象的一般画法和简便画法。

生30：我学会了怎样观察一次函数的图象。

生31：我知道了针对实际问题画函数图象时，要注意自变量的取值范围。

……

8. 学会创新

师：请你根据这节课中的例题(或习题)编(或出)一道题，看谁出的题新颖、精妙！

生32：作一次函数 $y=2x-6$ 的图象。

生33：作函数 $y=-2x+5(x\geqslant-1)$ 的图象。

生34：求直线 $y=-3x+6$ 与坐标轴围成的三角形的面积。

生35：南京到上海约 $300\ \mathrm{km}$，高铁匀速运行，其速度为 $360\ \mathrm{km/h}$，画出高铁从南京到上海匀速运行的图象。

生36：汽车油箱的贮油量为 $60\ \mathrm{L}$，每百千米耗油 $10\ \mathrm{L}$，作出油箱的剩油量(L)与行驶的路程(km)的函数图象。

……

9. 课后分层作业

所有同学完成学案中的 A 组和 B 组题；学有余力的同学完成 C 组题。

启示：学后感悟有利于学生对本节课内容的整体把握，促进其学习经验的提升和认知逻辑链的生长；让学生改编或创新出题，能促进学生对本节课所学内容的本质理解和灵活掌握，也有利于培养学生的创新意识和能力；作业分层体现了因材施教、减负增效，也可以保护学生学习数学的兴趣和热情。

教师是"路标"，学生是"司机"，教师是学生学习的组织者、指导者、参与者和合作者，课堂教学应面向全体学生，我们的教学要从关注传授知识的量转向关注知识的质，要从让学生注重记忆转向让学生注重思维，要从注重学习结果转向注重学习的过程，要从强调教法转向强调学法，要从强调学会转向强调会学，要从让学生被动接受转向让学生主动发现，要从信息单向传递转向信息多向交流，这样的教学才有生命力。

(二)因材循导，自觉体悟

——"二次函数"的教学与感悟 ①

新课程改革已经走入了内涵发展期，其显要的特征是教学行为从"以教为中心"向"以学为中心"转移，教学从以学科逻辑体系为中心转向以学生发展为本，由关注"教得完整""学得完整"转为关注"发展得完整"。数学教学要满足学生个性化的发展需要，应从因材施教走向因需施教。在此基础上，我提出了自觉数学教育思想。自觉数学教育思想始终体现以学生发展为本，强调尊重学生差异，在平等对话的基础上进行因材循导和自觉体悟，做到学、教、做相统一，讲、探、练相结合，关注少教多学，即教化在减少，而对学生数学学习的服务和支持在不断加强，以唤醒、激励学生释放出本质潜能，促进学生的学习品质、思维品质、道德品质不断发展。下面介绍的是江苏省首届"名师特色课堂"教学观摩活动中的一节展示课，我对课堂实录进行了整理，供同行们参考。

1. 基本情况

(1)学情分析。

学生是我从七年级带到九年级的"子弟兵"，他们对学好数学有很高的热情和自信，他们思维敏捷，分析、理解能力都较强，并具有一定的自主探究和协作学习的能力。

(2)教材分析。

①所授内容在教材中的位置。

二次函数不仅是一次函数、反比例函数等代数内容的引申，也是初中数学的重点和难点内容之一，更是很多初中数学综合问题得以解决的依托和基础。本节课的内容是二次函数的概念和二次函数关系式的简单应用，这是建构起二次函数学习的基础，也是对二次函数知识进行深化、拓展的立足点。

②学习目标。

第一，经历探索两个变量之间的二次函数关系的过程，学会用二次函数关系式来描述某些变量之间的数量关系；第二，通过对实际问题情境的分析，确定二次函

---

① 此文发表在《中学数学月刊》2012 年第 12 期中，主要介绍的是 2012 年 12 月 1 日江苏省"名师特色课堂"教学观摩活动中的示范课，选用时内容有删改。

2014 年在成都进行全国性的示范教学

数的解析式和自变量取值范围，体会二次函数的意义；第三，通过经历尝试和探索过程，在"做"中感悟，增强实践能力、积累活动经验；第四，通过多维互动展示思维过程，培养思维的严谨性、深刻性、求异性、创新性和批判性；第五，通过反思和感悟，不断提升学习力，形成良好的学习品质。

（3）学习重点和难点。

确定二次函数的表达式，体会二次函数的意义。

2. 教学过程

（1）自觉思考。

①激发好奇心。

师：同学们，你们对"二次函数"这个课题想提出什么样的问题？

生 1：二次函数的概念是什么？它的函数关系式是怎样的？

生 2：二次函数与一次函数有什么联系和区别？

生 3：二次函数的图象是一个什么样的图形？

生 4：二次函数的图象有什么性质？

生 5：二次函数与一元二次方程之间是否存在一定的联系？

……

师：同学们提出了很多问题，这些问题都很好，也很重要！但这节课不可能解决同学们提出来的所有问题。以前我们刚开始学习一次函数和反比例函数时，首先探究了什么问题？

生：函数的概念和函数关系式的简单应用！

师：那么在这节课中，我们首先要解决什么问题呢？

生：二次函数的概念和二次函数关系式的简单应用。

启示：自觉思考的作用是激发学生对"二次函数"的好奇心，进而让学生产生学习兴趣，同时培养学生的观察能力，发现问题和提出问题的能力。最后的问题不仅起到了画龙点睛的作用，也给出了这节课的学习目标，使学生进一步明白这节课中的主要学习任务。

②唤醒已有知识和经验。

师：看到函数你会想到哪些数学知识？

生6：一次函数，形如 $y=kx+b(k\neq0，k，b$ 为常数$)$ 的函数。

生7：反比例函数，形如 $y=\dfrac{k}{x}(k\neq0，k$ 为常数$)$ 的函数。

师：看到"二次"你会想到什么数学知识？

生8：一元二次方程的一般形式，$ax^2+bx+c=0(a\neq0，a，b，c$ 为常数$)$。

师：根据已有的知识和经验，我们应该怎样给二次函数下定义呢？谁来猜想一下。

生9：我们应该把形如 $y=ax^2+bx+c(a\neq0，a，b，c$ 为常数$)$ 的函数叫作二次函数。

启示：这一环节的设计在于唤醒学生的已有知识和经验，这是学生学习新知的基础。我们不能让学生感到新学内容"二次函数"是"空降"的，要让学生感到新学内容是由数学知识的内部结构"自然生发"出来的，是"数学自身发展"所需要的。这样做的目的是培养学生观察、分析、归纳、猜想、验证的"科学思维"品质。

（2）自主探究。

①暴露问题。

师：刚才同学们要把形如 $y=ax^2+bx+c(a\neq0，a，b，c$ 为常数$)$ 的函数叫作二次函数，在现实生活中真的有这样的函数关系存在吗？下面请同学们对老师给出的三个问题进行自主探究，每个小组一号位①的同学在黑板上做，教学助理做好后举手给老师批阅，其他同学的作业给教学助理批阅。（学生自主完成，教师巡视指导。）

问题：写出下列函数关系式（函数解析式按自变量的降幂排列的形式书写），并写出自变量的取值范围。

1. 圆的半径为 2 cm，假设半径增加 x cm 时，圆的面积增加到 S（cm²），写出 S 与 x 之间的函数关系式，并求出自变量的取值范围。

2. 某药品 10 月份的价格为 20 元/盒，如果 11 月份、12 月份的价格下降率都为 p（根据行情每次的下降率不会超过 30%），试写出 12 月份该药品的价格 w（元/盒）与 p 之间的函数关系式，并求出自变量的取值范围。

3. 要给边长为 x m 的正方形房间铺设地板，已知某种地板的价格为每平方米 240 元，踢脚线的价格为每米 30 元，如果其他费用为 1 000 元，门宽 0.8 m，求出总费用 y（元）与正方形边长 x（米）之间的函数关系式，并求出自变量的取值范围。

启示：只有让学生进行深入的思考和探索，才会有真正的思维碰撞的火花，才能为后继的深入学习打下基础；这个自我尝试、探索（学初评价）的过程，能使学生初步体验二次函数解析式的意义，并积累活动经验。9 个学生同时在黑板上板演，能以较大的"样本"来反映学生学习中存在的问题，让学生暴露问题、暴露差异，这样才能更有针对性地来组织教学。

师：同学们都做好了，所有的教学助理的作业老师也批改好了，现在请 5 号位的同学上来批改一号位同学的作业，其他同学的作业由教学助理来批改，同号位同学之间也可以相互检查、订正作业。（学生互动，教师巡视指导。）

师：在刚才的小组协作学习过程中，各小组存在什么样的问题？

教学助理 1：我小组有两个同学对"按自变量的降幂排列"不理解，现在解决了。

教学助理 2：我小组有两个同学不懂问题 3 中的"踢脚线"，对自变量取值范围

---

① 我将 54 位学生分为 9 个小组（组内异质，组间同质），各小组学生按"品"字形就座，6 个学生的位置对应 1～6 号位；每个小组中数学成绩好、表达能力强、乐于助人的同学担任教学助理，负责组织小组活动、批改小组成员的作业和给小组其他同学解疑答难。

中的 $x > 0.8$ 不理解，现在解决了。

师：黑板上 9 位同学的错误也反映出了这些问题，你们为什么会犯错？根源在哪儿？

生 10：主要原因有 3 个，题目没有认真研读，信息没有分析到位；一些数学知识掌握不牢固，或在新情境中运用能力差；生活知识和经验不够丰富。

启示：批改作业不能看"表面化"的"对"与"错"，要帮学生找到"错"背后的本源问题，要让学生"直面"暴露出来的问题，开发学生学习资源，让学生实现"良性互动"，这是"以学习为中心""把核心学习还给学生"的实质所在。

②观察、类比、归纳。

师：刚才我们得到了三个函数关系式，$S = \pi x^2 + 4\pi x + 4\pi(x \geq 0)$；$(2)w = 20p^2 - 40p + 20(0 \leq p \leq 30\%)$；$(3)y = 240x^2 + 120x + 976(x > 0.8)$。这些函数关系式有哪些共同特征？

生 11：它们都可以表示成关于自变量的一个二次三项式的形式。

师：你能用一个一般的关系式来概括它们吗？

生：$y = ax^2 + bx + c(a \neq 0$，$a$，$b$，$c$ 为常数)。

师：(板书)一般地，形如 $y = ax^2 + bx + c(a \neq 0$，且 a，b，c 为常数)的函数称为二次函数，其中 x 是自变量，y 是 x 的函数。刚才同学们的自主探究过程实际上也是验证过程。

师：下面请同学们阅读教材 6～7 页。(学生自学，教师巡视指导后，出示学情小调查。)

学情小调查：在独立探究和预习过程中，让你感到困惑的学习难点是什么？在下列括号内打"√"，请认真填写，以免影响之后老师的教学侧重方向。

(1)对课题"二次函数"不理解。(　　　)

(2)对由实际问题求解析式感到有困难。(　　　)

(3)求自变量的取值范围有困难。(　　　)

(4)你还有什么具体的困难？＿＿＿＿＿＿＿＿＿＿＿＿＿＿＿。

启示：教材上的内容比较浅显，可让学生自学完成；设置学情小调查的目的是进一步了解学生的"数学发展需要"，只有这样才能进一步增强教学的针对性，更好地做到以学定教。

（3）自觉内化。

①概念强化。

师： 在二次函数 $y=ax^2+bx+c(a\neq0$，且 a，b，c 为常数)中，要注意，一般地，二次函数 $y=ax^2+bx+c$ 的自变量 x 可以是任意实数；在实际问题中，自变量的取值是有一定范围的，不能使实际问题失去意义。

②概念辨析。

判断：下列函数是否为二次函数，如果是，指出其中常数 a，b，c 的值。

$(1)y=\dfrac{1}{2}x^2-\dfrac{3}{2}x+1$；$(2)y=3x(2-x)+3x^2$；$(3)y=\dfrac{1}{3x^2+2x+1}$；$(4)y=\sqrt{x^2+5x+6}$；$(5)y=ax^2+bx+c$。

③概念理解。

例1 已知函数 $y=(m-3)x^{m^2-7}+(m+1)x-2m+1$ 是二次函数，求 m 的值，并写出这个二次函数的解析式。

解：∵函数 $y=(m-3)x^{m^2-7}+(m+1)x-2m+1$ 是二次函数，

∴$m^2-7=2$，$m^2=9$，∴$m_1=3$，$m_2=-3$，

又∵$m-3\neq0$，∴$m\neq3$，$m=-3$。

当 $m=-3$ 时，二次函数的解析式为 $y=-6x^2-2x+7$。

启示： 通过对概念的强化、辨析和理解等环节，进一步加深学生对二次函数这个核心概念的理解，特别是对二次函数次数和系数的理解，帮助学生提高思辨能力。

（4）变式引领。

问题：如图 3-5，用 50 m 长的护栏围成一块靠墙的矩形花园，试写出矩形花园的面积 $y(\text{m}^2)$ 与边长 $x(\text{m})$ 之间的函数关系式。

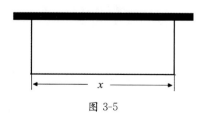

图 3-5

图形变式 1：用 50 m 长的护栏围成一块靠墙的如图 3-6 所示的矩形花园，试写出矩形花园的面积 $y(\text{m}^2)$ 与边长 $x(\text{m})$ 之间的函数关系式。

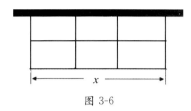

图 3-6

启示：这里的变式引领旨在打破学生思维的封闭性，渗透类比、数形结合等数学思想，特别是当图形变式以后，引导学生关注自变量取值范围的变化等。

(5)中考链接。

例 2　如图 3-7，在 Rt△ABC 中，$\angle A = 90°$，$AB = 8$ cm，$AC = 6$ cm。若动点 D 从点 B 出发，沿线段 BA 运动到点 A 为止，运动速度为 2 cm/s。过点 D 作 $DE /\!/ BC$ 交 AC 于点 E，设动点 D 运动的时间为 x s，AE 的长为 $y(\text{cm})$。求出 y 关于 x 的函数关系式，并写出自变量 x 的取值范围。

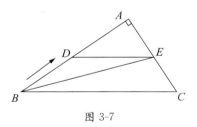

图 3-7

启示：在进行教学设计的时候既要关注《课程标准》、教材和学生，也要关注学情、教情和考情，有时可以将一些典型的中考试题进行"有机改良"，在平时的教学中"适度渗透"，这样既能突破"考教分离"的难点，也能进一步提升学生分析问题和解决问题的能力，提高学生学好数学的自信。

(6)自觉补缺。

针对你的知能薄弱点，在下列三道题中选择对应的题进行自我强化训练(菜单选择)。

1. 概念辨析题：下列函数(1)$y = 3x^2 + \dfrac{2}{x} + 1$；(2)$y = x^2 + 5$；(3)$y = (x-3)^2 -$

x^2；(4)$y=1+x-\sqrt{2}x^2$ 中属于二次函数的是_____（填序号）。

2. 求解析式：某地区原有 20 个养殖场，平均每个养殖场养奶牛 2 000 头。后来由于市场原因，决定减少养殖场的数量，养殖场每减少 1 个，平均每个养殖场的奶牛数将增加 300 头。如果养殖场减少 x 个，求该地区奶牛总数 y（头）与 x（个）之间的函数关系式，并求自变量 x 的取值范围。

3. 证明题：已知 $y+2x^2=kx(x-3)$（$k\neq2$，k 为常数）。(1)证明 y 是 x 的二次函数；(2)当 $k=-2$ 时，写出 y 与 x 的函数关系式。

启示：设计这个教学环节是为了满足学生查补知能缺陷的需要，概念辨析题可以针对二次函数概念不清问题，强化学生的思辨能力；求解析式可以加深学生对二次函数解析式和自变量的取值范围的认识和理解；证明题可以增强学生对代数问题进行逻辑推断与说理表达的能力。

(7)回归基础。

让学生再次浏览教材 6～7 页，并完成课本第 7 页的练习，每小组 4 号位的学生在黑板上板演，6 号位的学生在黑板上进行批改，老师批改教学助理的作业，教学助理批改其他小组成员的作业。

(8)平等对话。

师：这节课我们共同探究了哪些重要问题？

生 12：二次函数的概念和二次函数关系式的简单应用。

师：通过这节课的学习，你有什么感悟？

生 13：解决二次函数的相关问题时，我们要善于运用类比、数形结合等数学思想。

师：在这节课的学习中，同学们还有什么问题想和教材、老师或同学对话吗？

生 14：我想和同学们对话，在尝试探究第一个问题时，对于"圆的半径增加"，我们将自变量的取值范围都写成了 $x\geqslant0$，我现在认为 x 还可以小于 0，减小也是增加——负增加。

师：同学们，你们对他的发言有什么意见？

生：有道理！

师：那你们认为，在这个问题中自变量的取值范围应该是什么？

生：因为原来圆的半径为 2，所以 $x > -2$，其中，当 $-2 < x < 0$ 时，圆实际上在变小；当 $x = 0$ 时，圆没变大也没变小；当 $x > 0$ 时，圆实际上在变大。

生 15：老师，我想和您对话！在刚才的自觉补缺里的第 2 题中，"奶牛养殖场的个数为自变量"，它的取值范围应该是 0～20 的整数，同学们将"的整数"丢了，您没指出来。

师：我接受你的批评，也请全体同学不要再犯这样的错误了！

生 16：老师，我想和书本对话，这节内容中概念介绍前的例题编排过于特殊化了，不利于我们学生归纳、提炼和推断。

……

师：你们对"二次函数"还有什么关心的问题？

生 14：二次函数的图象是什么图形？它有什么性质和应用？

(9)自觉生成。

师：这节课中老师预设的内容全部讲完了，还有一点时间，现在请同学们根据这节课中你最感兴趣的一道题仿编或自编一道新题，并与同桌交换解题，视完成情况可给小组加分。

……

3. 回顾与反思

(1)设计思路。

本节课是我领衔的江苏省教育科学规划项目"先思后导变式拓宽教学策略研究"成果推广示范课。该成果的教学策略是在学生进行准备性学习的基础上做差异分析，根据《课程标准》的要求、教材价值和学生数学发展需要有针对性地设计教学活动，做到因材循导；用变式引领帮助学生突破认识上的封闭性，激发学生求异创新能力，充分让学生展示思维过程，让学生交流、质疑、点评，促进学生自觉体悟，最后在学生自主选择习题练习和平等对话中促进学生的个性发展。本节课借助于"大样本"板演，暴露了学生的差异和问题，并通过学情调查，及时调整了预设的教学内容和教学策略，加强了教学的针对性，做到了以学定教；通过大批学生板演、批改，组内互动和全班交流对话，把学习的主动权还给了学生，给学生创造了充足的自主探究、合作互助和展示交流的空间，变"教"为"导"，也让学生变"听"为"学"，能让学生讲的就让学生讲，突出了学生的主体地位，发挥了学生的主观能动性。本节课充分揭示了数学教学的意义：在学习过程中让学生学会科学地思考，并最大限度地释放出他们有创造性的"本质力量"。

（2）教后感悟。

①把核心学习还给学生，课堂才会高效。

"自觉思考—自主探究—自觉内化—变式引领—中考链接—自觉补缺—回归基础—平等对话—自觉生成"，由这些教学环节可以看出，这是为学生的"自觉学习"量身打造的，事实证明只有把核心学习过程还给学生，学生才会对学习有激情，才会有积极而有效的深层次思维参与。"独立探究、小组（异质）协作、自主选择、同桌（同质）互动、全班交流"，本节课将这些学习方式有机融合，提升了学生的学习力，并且这些学习方式的有机互动使学生的学习不枯燥，这也使全体学生在同伴和老师面前展现出了"身心的灵动性"。"提问题—归纳—辨析—求解—证明—补缺—对话"，本节课利用富有内涵的学习内容提升了学生发现问题、分析问题和解决问题的能力，培养了学生良好的思维品质。我们只有将核心学习还给学生，我们的课堂才会真正"有效"。

②内容呈现利于"学"胜于利于"教"。

我对于二次函数概念的引入采用的不是"硬着陆"的方式，而是通过问题让学生自主"生发"，特别是求解的结果都是关于自变量的二次三项式的形式，这有利于学生对二次函数概念进行自主建构；对于概念辨析和概念理解，则是从"形"和"意"两方面来加强学生对二次函数的认识，这有利于学生对二次函数概念的深入理解。变式引领和中考链接的设计有利于提高学生分析问题和解决问题的能力，也有利于让学生顺利地接受类比、数形结合等数学思想；自觉补缺中的三个问题可以帮助学生弥补知能上的缺陷。需要学习和掌握的内容，由于呈现方式得当，我没有"教"，全部都是学生自己"学"的，只有这样让学生进行深入思考，才能使学生在学习的过程中碰撞出深层次的思维火花。评价一节课的教学效果，不是看教师是否教得精彩，而是应该看学生是否学得精彩，因此，对教学中内容的呈现而言，利于"学"胜于利于"教"。

③容量偏大、要求偏高。

学生是我从七年级带上来的"子弟兵"，这是这节公开课"圆满"完成教学任务的一个重要前提，因为他们"适应了"我的"教学行为方式"，但对比一般学校的对普通学生的课程要求，这节课的教学容量还是偏大了一点，对学生的要求还是高了一点，对少数数学能力较弱的学生而言，在"基础强化"方面可能有些"照顾不周"。

（三）自觉体悟，促进智慧生成

——以"中心投影"之教学实践为例①

《课程标准》提出了"四基、四能"②，其基本活动经验的积累对学生的思维发展是很重要的，我们不仅要教给学生知识，更要帮助学生形成智慧，知识的载体是书本，而智慧则是在经验积累的过程中形成的。为了帮助学生形成智慧，我们就应更加重视数学学习活动的学程设计，要更加重视学生在学习活动中的直接参与。教学不应只关注活动经验的简单积累，更应重视帮助学生在经验的积累中实现相应的思维发展，更要促进学生的思维品质不断地向更高层次提升。然而学生的思维发展不是通过反复的实践（熟能生巧）就能够简单地实现的，要在活动中让学生有所得、有所获，特别是要让学生开展反思性思维活动。因此，我们要通过学生可接受的学习活动，让学生进行自觉体悟、自我总结、自觉运用，不断丰富和提升活动经验。自觉体悟的常用方式有独立探究自悟、多维互动领悟和学后反思感悟。下面是我在教苏科版数学八年级下册"相似三角形应用（2）"时，引领学生进行自觉体悟的一点体会。

1."准备学习"启发——独立探究自悟

学生在进行新知学习时，他们原有的知识和心智发展水平应是适合新知学习的。准备性学习是在学习新知前，通过提供可体现新旧知识间的内在联系、可激发学生探求新知积极性的准备性材料或活动，让学生先行独立探究与尝试学习的"帮扶式导引"学习。准备性学习是以探究的方式对新知进行感知，并不是传统意义上的预习，是以研究的方式思考问题和实践体验，而不是把教材内容进行简单的前移。准备性学习的要点是简单、集约、本质和开放。在这节课的准备性学习中我通过操作性活动来引发学生的思维性活动，从而让学生为理解新知积累了一些初步的经验。有效

---

① 此文发表在《江苏教育：中学教学》2013年第6期上，选用时有改动。

② "四基"为基础知识、基本技能、基本思想和基本活动经验。"四能"为：发现问题的能力、提出问题的能力、分析问题的能力和解决问题的能力。

的准备性学习帮助学生积累了初步经验，让学生产生了一些思考，有利于学生产生对新知的疑问，形成自己的想法，有利于在课堂上产生思维碰撞的火花，为高层次对话和才有智慧生成奠定基础。

2010 年在杭州进行全国性的示范教学

准备性学习活动：体验、思考、操作、尝试。

(1)路灯下体验：①当你在路灯下行走时，会留下影子吗？②你站在不同的位置上，你的影子会一样长吗？③当你从远处向着路灯行走时，你的影长是怎样变化的？

(2)台灯(点光源)下实验：①在"平行投影"中我们将太阳光线看成是平行光线，台灯(点光源)照在桌面上的光线是平行光线吗？②当垂直于桌面的笔在桌面上移动时，它的影长有变化吗？其变化规律与你在路灯下的体验有什么异同？③当两支长短不同的笔垂直放在桌面上不同的位置上时，测量它们的笔长和影长，通过计算来验证结果是否符合"平行投影"下的"杆长之比等于影长之比"？固定一支笔，移动另一支笔，再进行计算和验证。④固定一支笔垂直置于桌面上，量出台灯(点光源)正下方的桌面上一点到笔底端的距离、笔的长度和笔的影长，根据这些数据你能否计算出台灯(点光源)中心到桌面的距离。

通过以上体验和操作你有什么思考、感悟和问题，请写下来以便交流。

准备性学习是让学生从精神上、心理上、智力上做好学习新知识的准备，准备性学习活动的设计起点要低、切入口要小，但立意要高远，给学生提供的自主探究的问题要"引人入胜"，要是现实的、有意义的，而且要富有挑战性，学生通过感知、分析、判断、想象和归纳等活动，可以丰富基本活动经验，培养自主学习能力、独立思考能力和动手能力，激发对新知的兴趣和好奇心。准备性学习是学习新知的前奏，只有对新知进行了独立的探究和深入的思考，积累了一些初步的经验，获得了实际的感观，学生才有探究和接受新知的"思维新基点"。

2."立足根本"生发——多维互动领悟

数学课堂教学是离不开师生、生生间的语言交流和思维碰撞的。学生的数学学习状态应该是从模糊、不自觉和被动，在教师和同伴的帮扶下，逐步变为清晰、自觉和主动的，这个转变过程的长短，取决于数学学习活动中多维互动的效度。同时，每个学生又都是以自己的方式来理解数学知识的，是用自己的前经验去顺应和同化新知的。若在学习过程中，学生在已获得了有关新知的一些初步经验的基础上，与同伴进行良性差异互动，学生便可看到同伴与自己不一样的思考方式，可以听到不同的观点，便能多角度和多途径地完善对数学新知的理解，从而丰富自己所积累的学习活动经验。因此，我们要构建民主开放的课堂生态环境，激发学生多向度、本质性地认识问题，激活师生的创新意识和创造能力，扩大学生的"认知半径"，提升学生的思维品质，提高学生的学习策略运用水平，促进智慧生成。

师：在这节课的准备性学习活动中你们有什么收获？

生1：路灯和台灯射出的光线不是平行光线；路灯下人离路灯越远，影子越长，反之离路灯越近，影子越短；在点光源下，不同物体的物高与其影长不一定成正比例。

师：点光源下的光线不再是平行光线，这样，在点光源的照射下，物体所产生的影称为中心投影。现在老师问大家一个问题，在晚上的路灯下，当一个人站在不同的位置上的，他的影子会一样长吗？

生2：当人站在关于路灯对称的位置上时，他的影子是一样长的。

师：有没有不同的意见？

生：没有！

师：只有站在关于路灯对称的位置上，他的影子才一样长吗？（学生们陷入了沉思。）通过准备性学习，同学们虽然对"中心投影"的有关问题有了一定的感知，但还没有走到这一学习内容的核心处。下面请同学们带着准备性学习活动中的思考、感悟和问题，按既定的学习小组，用准备好的器材进行分组实验，解答"协作学习活动单"中的问题，各位同学特别要注意自己在小组中的分工和职责。

教室拉上窗帘，各小组展开实验：①固定点光源柱，取一根小木棒，将它直立摆放在不同的位置上，观察、测量并记录其影长的变化。思考问题：点光源柱、小木棒、小木棒的影子，它们构成了怎样的基本图形？

②改变点光源柱的位置，观察两根长度不等的小木棒的影长的变化。思考问题：由这两根小木棒和它们的影子能否确定光源的位置？

③探究当固定点光源柱时，两根长度都是 10 cm 的小木棒满足怎样的位置关系时，它们的影长相等？

④观察一根小木棒在两个光源柱之间运动时，两个影子的变化情况，请你提出一个问题。

学生分组实验，教师巡视指导；实验结束，全班进行多维互动交流。

师：通过以上的学习活动，你们有什么领悟？

生3：在点光源下，光源柱、小木棒和它的影子构成了与"A"字形相似的基本图形。

生4：由光源和物高可确定影子；在同一光源下由两个物高和它们的影子可以确定光源。

生5：高度相等的物体位于以点光源为圆心的同一个圆周上时，它们的影长相等。

生6：一根小木棒在两个光源柱之间运动时，分别构成了两个与"A"字形相似的基本图形。

"小组实验""做中学"和"协作学习"，让学生深度感知到了"中心投影"中的"核心内容"，在准备性学习的基础上引导学生开展更深刻的思维活动，把核心学习过程还给了学生。学生的良性差异互动和师生交流对话可以促进学生领悟和理解，使学生深刻理解"中心投影"的本质内涵，丰富了数学活动经验，提升了思维品质。

3. "变式""深化"引领——学后反思感悟

我们知道数学教学不应只关注活动经验的简单积累，还要重视帮助学生在经验的积累中实现相应的思维发展，要促进学生的思维品质不断地向更高层次提升。教育心理学的研究表明，重复、单调的刺激难以引起学生的注意，还容易引起思维疲劳，但是绝对新的刺激由于变异的成分较多也难以引起学生的注意，只有相对新鲜的刺激，既有一定相同或相似的内容，又有一定的变异成分，才容易激发起学生的探究热情，培养学生的创新思维和能力。因此，我们要进行有机、灵活的变式教学，使学生在数学活动中学会探索、分析、类比、综合和经验迁移，发展学生的应变能力、创新能力，提高学生的数学素养，促进学生的学习品质向能力型、智力型、开放型品质转化。

例　如图 3-8，请在图中画出路灯光线下木桩的影子。

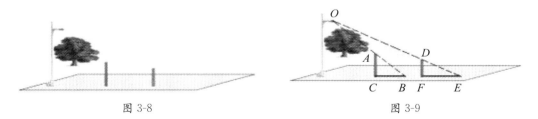

图 3-8　　　　　　　　　　　　图 3-9

学生利用实物投影讲解(略)，如图 3-9。

变式 1：如图 3-10，请在图中找出光源 O 的位置。

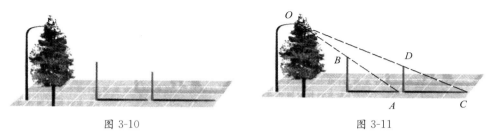

图 3-10　　　　　　　　　　　图 3-11

学生利用实物投影讲解(略)，如图 3-11。

变式 2：一天晚饭后，姐姐小丽带着弟弟小刚出去散步，经过一盏路灯时，小刚突然高兴地对姐姐说："我踩到你的'脑袋'了。"你能确定小刚此时所站的位置吗？如果此时小刚的影子与姐姐小丽的影子一样长，你能在图 3-12 中画出表示小刚身高的线段吗？若能，在图中画出来；若不能，请说明理由。

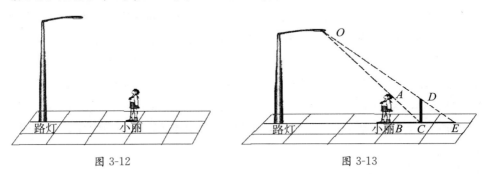

图 3-12　　　　　　　　　　　图 3-13

学生利用实物投影讲解（略），如图 3-13。

师：同学们的讲解都很精彩。通过以上的变式学习和探究，你有什么感悟？

生 7：光源、物高、影子三者之中，已知任意两者，就可以画出第三者。

变式引领应从学生的已有经验出发，由浅入深，由易到难，这里对画影子、找光源、画物高三种情况进行了巧妙地"梯度呈现"，有利于学生感悟和找到规律。通过实物投影让学生自己来展示学习成果，这种"兵导兵"的"专业引领"胜于老师的讲解。感悟是为了提高学生的元认知水平，也是为了让学生既能见到"树木"，也能见到"森林"，感悟升华是在之前经验的基础上提升学生思维品质的必由之路。

知识是血肉，能力和方法才是灵魂；知识和方法相比，方法更容易成为能力；能力与方法携手，便是潜在的创造力。数学知识的获得和技能的养成是学生数学学习的内容，提升学生的数学素养、思维能力和学习品质才是数学教学的目标。这始终离不开学生的基本活动经验的积累、丰富和提升，如果我们只会向学生灌输知识、灌输结论，以及传授所谓一把一式的方法，而不重视学生活动经验的积累和元认知能力的开发，这对学生的发展是不利的。只有通过有效的活动让学生在积累基本活动经验的基础上，进行"自觉体悟"，才能促进学生智慧的生成。

（四）教、学、做相统一，讲、探、练相结合

——以苏科版数学九年级上册"§2.1圆(1)"教学实践为例①

教育教学的核心是"人的发展"。随着"学生发展核心素养"和"数学学科素养"的颁布，数学新课程改革已走入了内涵发展期的"深水区"，数学课堂教学从理念到行为都发生了根本的变化。数学素养教育的主阵地是课堂，课堂的"灵魂"是学生的"学习过程"。为了每一个学生能更好地掌握数学知能，在数学学习过程中获得提出问题、分析问题和解决问题的智慧，我工作室近十年来进行了自觉数学课堂②的教学研究。我们的研究关注数学教学本质的回归，关注学习组织、学习起点、学习过程、课堂形态、教育角色、教育评价等一系列内容的变革，即让数学课堂教学在空间结构、时间秩序及活动流程上都发生变化，旨在让数学课堂由"知识的课堂"变为"能力的课堂""创新的课堂""自觉的课堂"，让课堂由关注教师如何"教"转变为关注学生如何"学"，培养学生创造新知，激发学生的创新潜能，促进深度学习的发生，提升学生高阶思维品质。自觉数学课堂的教学策略是学、教、做相统一，讲、探、练相结合。由以教为中心、以学为中心变为教中有学、学中有教，让教与学不分彼此，形成"第三种教学关系"，促进学生个性化学习。2017年5月23日，泰州市举行了江苏省初中数学名师发展共同体活动，在这次活动中我为八年级学生讲了一节苏科版数学九年级上册"§2.1圆(1)"的公开课，下面以教学现实为例介绍一些感悟。

1. 关注前经验唤醒，以"真学"定"真教"

学生在小学阶段对圆的相关知识已有了一定的认知，在新知教学中，我们必须首先弄清他们对圆的知识了解了多少？已掌握了哪些？有哪些知识是正确的？哪些知识是模糊的？哪些知识是错误的？认知结构的状况如何？最近发展区在哪里？我们的教学起点在哪里？要带学生走向哪里？……这些都以"真学"定"真教"的本质性问题。

---

① 此文发表在《初中生世界：初中教学研究》2017年第9期上，选用时有改动。
② 构建自觉数学课堂的原则是"因材循导、自觉体悟、平等对话"，其主要教学策略元素是思(引发真学)，展(多维促进)，变(变式引领)，悟(感悟反思)，归(四基、四能)。

2016 年在泰州进行全省的示范引领教学

"自觉体悟"环节教学片段

师：同学们能举一些生活中有关圆的例子吗？

生1：车轮、转盘。

生2：帽子、硬币。

师：在这两位同学举的例子中图形都是圆吗？

生：是！

师：老师再给出一些图形（图 3-14），你能判定哪些图形是圆吗？

(1)

(2)

生3：就第一个篮球不是圆，其他都是圆！

师：为什么篮球不是圆？

生3：圆是平面图形，篮球是立体图形。

(3)

图 3-14

师：你们还有不同的看法吗？

生：没有了。

师：看来同学们在对"圆"的"正确认识"上还有一定的误区！到底什么样的平面图形才是圆呢？等我们探究完圆的定义，再来讨论这个问题。

启示：在让学生接受新知前，我们要让他们从精神上、心理上、智力上、经验上都做好学习新知的准备，特别是针对学生小学已学过的相关内容，找到适合的切入口将新知自觉地同化(或顺应)到旧知中，这类活动的设计切入口要小，但活动要平中见奇、引人入胜，且应是具体的、现实的、有意义的和富有挑战性的，通过学生的感知、分析、判断、想象和归纳等心智活动，丰富学生的基本活动经验，激发他们对新知的兴趣和好奇心。只有学生获得了实际的感观，才有探究和接受新知的"思维新基点"。让学生在自觉体悟中形成认知冲突，才能激发学生进一步探究的热情，这是学生认知的基础。

2. 通过做中学、思、探，自觉认识圆的本质

在小学学生已经学习过如何用圆规画圆，他们对圆的认识若只停留在这个水平上是不够的，我们要精心设计递进性学习活动，让学生在做中学、思、探，引导学生发现圆的形成过程，给出圆的"运动定义"。让学生"用圆规画圆"这是做中学的起点，也是在做中学、思、探的基础，我们的数学教学活动起点要低，但立意要高，活动的精度要好。

"探究导学"环节教学片段

师：请同学们用圆规在学案纸上画一个圆。

(学生画圆。)

师：请同学比较小组内各位同学所画的圆，你有什么发现或感悟？

(学生小组交流。)

生4：画一个圆需要两个要素，圆心和半径。

师：这两个要素对画出的圆的形状与大小有什么影响？

生4：圆心决定圆的位置，半径决定圆的大小。

师：请同学们思考，如何在运动场上画一个半径为 20 m 的圆？小组交流。

(学生小组交流。)

生5：让一个同学拉住 20 m 长的绳子的一端固定在一点上，另一个同学拉直 20 m 长的绳子的另一端在运动场上绕着固定的一点旋转一周，他画出来的圆即为所求的圆。

师：其他小组有不同的意见吗？

生6：我们小组认为，可在运动场上取一点作为圆心，将运动场上所有到这个点的距离等于20 m的点用一条曲线连起来，这样就可以得到要画的圆了。

师：还有不同的想法吗？

生：没有了。

师：现在我们回顾用圆规画圆和用绳子画圆的过程，请看视频。（图3-15、图3-16）

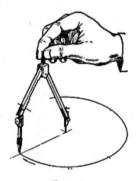

图 3-15

图 3-16

师：小组交流，用圆规画圆和用绳子画圆它们有什么共同点和不同点？

（学生小组交流。）

生7：它们的共同点是一个点固定，另一个点绕着它旋转一周；不同点是画小圆用圆规，画大圆用绳子。

生8：他说的不对！它们的共同点是一个点固定，另一个点绕着它旋转一周，还要加上运动点到固定的点的长度（距离）要保持不变。

师：好！请同学们再探究，用圆规画圆和用绳子画圆，它们画出的圆的本质是什么？

（学生小组交流。）

生9：将一条线段的一个端点固定，另一个端点绕着它旋转一周，所画出的图形就是圆。

生10：还要加上"在同一平面内"和"画出的是封闭的图形"。

师：这两位同学基本上说出了用圆规画圆和用绳子画圆的本质。现在老师来用几何画板演示一下。（图 3-17）

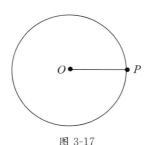

图 3-17

师：看完老师的动画演示，你有什么感悟？怎样给圆下定义？大家交流之后，以小组为单位进行整理。

（学生交流互动。）

生 11：在平面内，将线段 OP 绕着端点 O 旋转一周，端点 P 运动所形成的封闭图形叫作圆。

师：这位同学说得很好！这就是圆的"运动定义"（板书）。定点 O 叫作圆心。线段 OP（定长）叫作圆的半径。记为"$\odot O$"，读作"圆 O"。现在再请同学们思考，圆是一条曲线？还是一个面？

生 12：一条曲线，不是一个面！

师：为什么？

生 12：圆是"在平面内，将线段 OP 绕着端点 O 旋转一周，端点 P 运动所形成的封闭图形"而不是"线段 OP 运动所形成的图形"。

师：现在我们再回头看一下刚才的问题（图 3-14），这些图形中哪些是圆？

生 13：只有（3）是圆。

师：硬币是圆吗？

生 13：硬币是圆面！圆是一条封闭的曲线。

启示：自觉数学课堂教学的本质并不是只关注活动经验的简单积累，而是更加重视帮助学生在经验的积累中实现相应的思维发展，并让学生的思维品质不断地向更高层次提升，只有这样才能让学生学会用知识生成智慧。为了帮助学生形成智慧，我们应更加重视数学学习活动的学程设计，应更加重视学生对于学习活动的直接参

2017 年对参赛选手的课进行指导性点评

与。这里先让学生用圆规在纸上画"小圆"，再让学生在运动场上画半径为 20 m 的"大圆"，从面探究用圆规画圆和用绳子画圆在本质上的异同，让圆的"运动定义""自觉生成"。我们要通过递进性的学习活动，运用做中学、思、探，让学生自觉认识圆的本质，促进学生对圆的"运动定义"的"同化"和"顺应"。

3. 提供"先行组织者"，助力学生自觉创造新知

在"圆（1）"这一教学内容中，学生的认知难点是圆的"集合定义"，教学重点是点与圆的位置关系的认知与判断，为了减轻学生的认知负荷，突破教学难点，让学生建立对新知的"有序理解"，我改变了知识呈现的顺序。在教学中，我们常常要让教材的逻辑结构服从于学生的认知逻辑结构，这就需要我们要深度了解学情，灵活处理教材，这样才能使学生的学习过程鲜活而灵动。

"深度探究"环节教学片段

师：请同学们观察图 3-17，思考，圆将平面分成了几部分？

生 14：圆将平面分成了三部分，分别是圆内部分、圆上部分和圆外部分。

　　师：现在老师向这个圆所在的平面内撒若干个点，如图 3-18 所示，请你说出点与圆的位置关系。先请认真思考然后再在小组内交流。

（学生先思考后在小组内交流。）

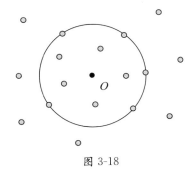

图 3-18

　　生 15：点与圆的位置关系有三种，分别是点在圆内、点在圆上和点在圆外。

　　师：我们怎样判断点与圆的这三种位置关系呢？

（学生一脸茫然。）

　　师：现在请同学们先解决一个问题，看能否从这个问题的解决过程中获得一些启示。

　　教师给出问题情境（先行组织者）：海平面内，以点 O 为圆心，以 10 km 为半径的圆形区域内和边界上有暗礁，A 船距点 O 的距离为 8 km，B 船距点 O 的距离为 10 km，C 船距点 O 的距离为 15 km，请判断 A 船、B 船和 C 船分别有无触礁的危险？

　　生 16：A 船、B 船有触礁的危险，C 船没有。

　　师：为什么？

　　生 16：因为以点 O 为圆心，以 10 km 为半径的圆形区域内和边界上有暗礁，A 船距点 O 的距离为 8 km，说明 A 船在圆内；B 船距点 O 的距离为 10 km，说明 B 船在圆周上，它们都有触礁的危险，而 C 船距点 O 的距离为 15 km，说明它在圆外，就没有触礁的危险。

　　师：如何判断点与圆的位置关系，你有何想法？

　　生 17：将点与圆心连接起来，用这条线段的长度与半径的长度进行比较就行了。

师：我们记圆的半径为 r，这条线段的长度为 d，如何判定点和圆的位置关系呢？现在请各小组画图并探究。

（学生小组合作探究。）

生 18：当 $d<r$ 时，点在圆内；当 $d=r$ 时，点在圆上；当 $d>r$ 时，点在圆外。

生 19：老师，反过来也是可以的。当点在圆内时，则 $d<r$；当点在圆上时，则 $d=r$；当点在圆外时，则 $d>r$。

师：同学们探究得很好！前一个同学说的是点与圆的位置关系的判定方法，后一个同学说的是点与圆的位置关系的性质。现在我们将点与圆的位置关系的判定方法和性质用"⇔"来表示，读作"等价于"，它的含义是由左边能得到右边，同时也能由右边得到左边。点与圆的位置关系用"⇔"表述，如图 3-19。

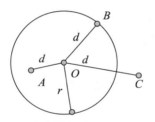

(1) 点在圆内 $\Leftrightarrow d<r$
(2) 点在圆上 $\Leftrightarrow d=r$
(3) 点在圆外 $\Leftrightarrow d>r$

图 3-19

师：刚才我们在画半径为 20 m 的大圆时，有小组说可在运动场上取一点作为圆心，将运动场上所有到这个点的距离等于 20 m 的点用一条曲线连起来就可以得到要画的圆了。现在我们重点讨论"点在圆上 $\Leftrightarrow d=r$"，根据"等价于"的意义，它的含义是什么？

生 20：如果点在圆上则这个点到圆心的距离等于半径；如果一个点到圆心的距离等于半径则这个点在圆上。

师：这句话似曾相识，在哪里遇到过？

生 20：学线段的垂直平分线的时候遇到过。

师：当时是怎么说的？

生 20：线段垂直平分线上的点到线段两端的距离相等；到线段两端距离相等的点在线段的垂直平分线上。最后得到了"线段垂直平分线是到线段两端距离相等的点的集合"。

生 21：老师还有。角平分线上的点到角两边的距离相等；到角两边距离相等的点在这个角的平分线上。最后得到了"角平分线是到角两边距离相等的点的集合"。

师：现在你们有什么要说的？

生 22：我们可以类似地得到"圆是到圆心的距离等于半径的点的集合"。

师：很好！不过现在我们将圆心说成定点，半径说成定长，这样又该怎样表述呢？

生（众）：圆是到定点的距离等于定长的所有点的集合。

师：这就是圆的集合定义（板书）。结合点与圆的位置关系，你们还能得到哪些类似的结论？

生 23：圆的内部是到定点的距离小于定长的所有点的集合。

生 24：圆的外部是到定点的距离大于定长的所有点的集合。

启示：点与圆的位置关系的判定方法与圆的"集合定义"都是学生的认知难点，本学习活动从圆将平面分成几个部分自然过渡到点与圆的位置关系的分类，当学生对如何判定点和圆的位置关系一筹莫展时，通过给定一个问题情境，启发了学生的思维，让学生寻找到了判定的策略，并由个性问题追溯到共性问题，总结出了一般规律。再通过"点在圆上⇔$d=r$"的双向解读，学生类比线段的垂直平分线和角平分线的"集合定义"，顺理成章地得到了圆的"集合定义"，这样提供"先行组织者"，不但使学生学会了在原有知识基础上学习新知识的方法，也为学生自觉创造新知提供了助力。

4. 讲、探、练结合，促进高阶思维自觉形成

建构主义认为，学习过程一方面是对新信息的意义的建构过程，另一方面也是对原有经验的改造与重组过程。课堂教学中一定要让学生的学习从浅层学习（理解、识记和应用）走向深层学习（分析、评价和创建），在教学策略上要关注讲、探、练相结合，通过师生、生生的多维互动，让学生重构自己原有的认识，获得更加全面深刻的感悟，促进高阶思维品质的自觉形成。

在"变式应用"环节中，我设计了如下问题。

(1)已知⊙O半径为5，①若OP＝3，则点P在⊙O＿＿；②若OP＝5，则点P在⊙O＿＿；③若OP＝7，则点P在⊙O＿＿。

(2)已知⊙O的半径为r，OP＝8。①若P在⊙O外，则r的取值范围为＿＿＿＿＿；②若P在⊙O内，则r的取值范围为＿＿＿＿＿；③若P在⊙O上，则r的取值范围为＿＿＿＿＿。

(3)如图3-20，矩形ABCD的对角线相交于点O，问题：点A、点B、点C、点D是否在同一个圆上？如果在，圆心是什么？半径是什么？

(4)如图3-21，已知线段PQ＝4 cm。(1)画出下列图形：①到点P的距离等于2 cm的点的集合；②到点Q的距离等于3 cm的点的集合。(2)在所画图中，到点P的距离等于2 cm，且到点Q的距离等于3 cm的点有几个？请在图中将它们表示出来。(3)在所画图中，到点P的距离小于或等于2 cm，且到点Q的距离大于或等于3 cm的点的集合是怎样的图形？把它指出来。

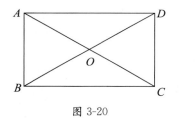

图 3-20

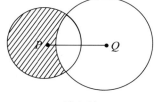

图 3-21

启示：在数学学习过程中，应使学生在获得了有关新知的一些初步经验的基础上，开展同伴之间的良性差异互动，使他们看到同伴与自己不一样的思考方式、听到不同的观点，这样有助于学生多角度和多途径地完善对数学新知的理解，丰富自己所积累的学习活动经验，这也是"教、学、做"后"讲、探、练"的意义所在。在"变式应用"这个环节，用四个问题组成的"问题串"把学生的思维不断地引向深处，激发学生多向度、本质性地认识问题，激活了学生的创新意识和创造能力，扩大了学生的"认知半径"，提升了学生的思维品质，也提高他们学习策略的运用水平。

　　自觉数学教育还主张要构建和谐民主的教学生态，发展利于学生个性化学习与发展的教学形态，要变"教"为"导"，变"牵着走"为"手拉手一起走"。教师是学生学习资源的提供者，也是学习的组织者、指导者、合作者和评判者，数学教育不只是教解题技巧，还要教学生思考，提升学生的思维品质。课堂教学要完成认知目标，就需要解决好"突出重点""突破难点"和"处理生成点"这些常规问题，要帮助学生厘清头绪，从而创造性地使用教材。数学知识的获得和技能的养成是学生数学学习的内容，提升学生的数学素养、思维能力和学习品质才是数学教学的目标。只有通过有效的活动让学生在积累基本活动经验的基础上，进行"自觉体悟"，并让学生经历"教、学、做"相统一的学习过程，"讲、探、练"相结合的思维过程，才能促进学生生成智慧。

（五）前位类比，自觉体悟，自主建构
　　——以苏科版数学九年级上册"§1.1一元二次方程（1）"教学为例①

　　数学核心素养下的数学教育是"以学生成长为本"的教育，因而我们的数学教育应遵照学生知识、能力和情感所组成的认知逻辑链的发展规律，关注学生"个性发展需要"的体验性、生成性、整体性和发展性特点，关注学生的学习兴趣、好奇心、想象力和问题意识的激发，鼓励学生经历尝试和探索过程，增强实践能力，升华活动经验，不断提升学生的必备品质和关键能力，使学生走向全人成长的"智慧深处"，形成"素养气韵"，从而促进学生人格健全发展。我工作室近十年来进行了自觉数学教育和自觉数学课堂建设的研究。自觉数学教育中的自觉，主要是指在学习过程中唤醒学生的自我责任意识，实现自主、自律、自强、自为，特别是要唤醒学生的内在自我发现、外在创新的自我解放意识，促进学生自我实现、自我完成和实现自我。自觉两字是很普通的字眼，但它却蕴含着博大精深的内涵、价值和极为深刻的哲理，是要让学生明白只有负责任的学习行为才能高效地达成学习目标，才能在收获新知能的同时，提升思维品质、学习力，促进人格的健全发展。构建自觉数学课堂的主要策略元素为：思、展、变、悟、归（没有严格的逻辑顺序）。教师可以根据学情与

---

① 此文发表在《江苏教育》2019年第3期上。此课例为2018年11月20日在苏州市木渎实验中学举办的第30届江苏省"教海探航"活动中的展示课（摘选了其中主要的教学片段）。

内容整合处理或嵌套使用，以使学生的数学学习变得有情境、有趣味、有活力、有挑战性，从而放飞他们的心灵，使学生在知（知识技能），能（学习能力、思维能力、创造能力等），情（情感态度、毅力、动力等）上得到有效发展，提升学生的学习品质。2018 年 11 月 20 日，在苏州市木渎实验中学举办的第 30 届江苏省"教海探航"活动中，我进行了一次教学展示。这次活动中，我给八年级学生讲了一节苏科版数学九年级上册"§1.1 一元二次方程（1）"，现以教学现实为例简要说明一下相关感悟，供诸位同行参考。

2017 年在苏州进行全国示范引领性教学

1. 前位类比

学生在进行新知学习时，他们原有的知识和心智发展水平应是适合进行新知学习的。给八年级的学生（实质上进入八年级才三个月）讲九年级的内容，不仅对学生的认知基础和认知策略而言是种挑战，也会给学生的学习心理造成一定的压力，因此在学习新知前，应先介绍一下新旧知识间内在联系，激发学生探求新知的兴趣，并让学生做好心理准备，唤醒前经验，但这并不是传统意义上的预习，是让学生以研究的方式思考问题和实践体验，并不是把教材内容进行简单的前移，其设计要点是简单、集约、体现本质和开放。在这节课中我设计了"引学问题链"来促进目标的达成。

"经验唤醒"环节教学片段

引学问题链。

师：看到方程会想到什么知识？怎样解释"元"和"次"？

生1：看到方程会想到小学和七年级学过的方程，特别是七年级学习的一元一次方程。

生2："元"是未知数，"次"是未知数的次数（最高次数）。

2017年送培、送教到山东省阳谷县

师：看到今天学习的课题，你有什么想法？

生3：什么是一元二次方程？

生4：一元二次方程与前面学过的一元一次方程有什么联系与区别？

生5：一元二次方程怎么解？

生6：一元二次方程在生活中有哪些应用？

……

师：我们是从哪些方面来研究一元一次方程的？

生 7：主要是从定义、解法和应用三个方面来研究的。

师：那我们应从哪些方面来研究一元二次方程呢？

生 8：也应该从定义、解法和应用这三个方面来研究。

师：那么今天这节课我们主要研究一元二次方程的什么呢？

生：一元二次方程的定义！

启示：在学生接受新知前，要让他们从精神上、心理上、智力上、经验上都做好学习新知的准备，特别是要关注学生学习一元一次方程的经验，通过一元一次方程的知识结构让学生类比产生一元二次方程的知识结构，从而培养学生的结构化思维，让学生学会有序性思考。通过感知、分析、判断、想象和归纳等心智活动，丰富学生的基本活动经验，激发他们对新知的兴趣和好奇心。只有获得了实际的感观，学生才有探究和接受新知的"思维新基点"，才能产生进一步探究的热情。

"要点回顾"环节教学片段

师：什么叫方程？

生：含有未知数的等式叫作方程。

师：什么是一元一次方程？

生：在一个方程中，只含有一个未知数，且未知数的指数都是1，这样的整式方程叫作一元一次方程。

师：请提炼一元一次方程定义中的核心要点。

生 9：①一元；②一次；③整式。

师：一元一次方程的一般形式是什么？

生：$ax+b=0(a\neq0$，且 a，b 为常数）。

师：这里 a，b 为常数不难理解，但为什么要规定 $a\neq0$ 呢？

生：当 $a=0$ 时，这个方程就不是一元一次方程了！

启示：这里的教学虽看似平淡无奇，但有很深的用意，帮学生回顾了方程、一元一次方程的定义，以及一元一次方程的一般形式等内容，这些都是学习一元二次方程的定义和一般形式的基础，特别是"提炼一元一次方程定义中的核心要点"，一元、一次、整式，这为让学生给一元二次方程下定义做好了准备。在教学中，我们要找到简单而有效的切入口，让学生将新知自觉地同化（或顺应）到旧知中，这类活动的设计切入口要小，但要平中见奇、引人入胜，这是学生类比性认知的基础。

　　教学的适切性是自觉数学教育的前提。自觉数学教育的教学主张是教师要因材循导。因材循导反映的是教师要基于"真"学情，给出与学生的经验、能力相适应的教学资源和教学方法，精心策划系列递进式的学习活动，唤醒学生释放出"创造（再创造）"与"创新"的本质潜能。在这个教学片段中，我通过"问题串"的形式引发学生思考，从而让学生为理解新知积累了一些初步的经验。学生只有积累了初步经验，进行过思考，才会形成自己的想法。只有这样，学习过程中才会有思维碰撞的火花，才会有高层次的对话，才有助于智慧生成。

　　2. 自觉体悟

　　自觉数学教育还主张教师要重视发展性主体（学生）的自觉体悟。自觉体悟是指教学中要唤醒学生的自我责任意识、自我效能感和自组织学习力，让学生在独立探究中自悟、在多维互动中领悟、学后反思中感悟。通过变式引领和自主创新等环节，使学生形成对认识对象的本质理解，学会自觉运用。自觉数学教育不仅十分重视学生学习的自主性、探究性、交互性、共生性等特质，还十分关注教学生产关系的平衡性，主张教师要正确处理好学情与学生数学发展需要的关系。

"自觉体悟"环节教学片段一

　　例　根据题意列方程。如图 3-22，长方形花圃一面靠墙，另外三面所围栅栏的总长度是 19 m，如果花圃的面积为 24 m²，花圃的宽为 x m，则可得方程为_____。

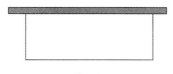

图 3-22

　　师：题中有几个等量关系？

　　生 10：两个。一个是长方形花圃三面所围栅栏的总长度是 19 m，另一个是花圃的面积为 24 m²。

　　师：这两个等量关系有什么作用？

生 10：一个用来设未知数，另一个可以用来列方程。

师：这里的未知数已给大家设好了，设花圃的宽为 x m。

生 10：可以由"栅栏的总长度是 19 m"这个等量关系推得与墙平行的一边的边长为 $(19-2x)$ m。可用另一个等量关系列出方程为 $x(19-2x)=24$。

师：下面请同学们独立完成以下问题，并根据题意列方程。

(1)两个连续整数的平方和等于 145，求其中较小的数(设较小的数为 n)[①]。

(2)小亮、小明、小刚三个人中，小亮的年龄比小明的年龄小 7 岁，小刚的年龄比小明的年龄大 5 岁，并且小亮与小刚的年龄的乘积是 160，你知道这三个人的年龄各是多少岁吗？(设小明的年龄为 y 岁。)

(3)如图 3-23，在长 40 m，宽 22 m 的长方形地面内，四周修筑同样宽的道路，余下的铺上草坪，要使草坪的面积达到 760 m^2，道路的宽应为多少(设道路的宽应为 x m)？

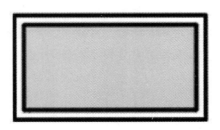

图 3-23

学生独立完成，教师巡视并批阅各小组长的作业，各小组长批阅组员作业后，教师公布答案，学生自行校正，自觉查找错误的原因，各小组讨论交流，同学之间相互订正，并将错误成因归总，全班交流和点评。

启示：这个教学过程主要是让学生借助列方程解应用题的前经验列出方程，让学生明白一元二次方程在生活中有很多的应用，一元二次方程也是解决相关问题的重要模型与工具，学好一元二次方程有很大的必要性。这个环节得到的四个方程，化简后都是三项俱全的一元二次方程，没有采用教材的体例，主要是想让学生归纳，这里运用的是从一般到特殊的教学方法。

---

① 给出统一的"设元"是为了让学生得到关于同一个未知数的方程，便于互动交流，下同。

"自觉体悟"环节教学片段二

师：同学们，现在我们得到四个方程，分别是：$x(19-2x)=24$，$n^2+(n+1)^2=145$，$(y-7) \cdot (y+5)=160$，$(40-2x) \cdot (22-2x)=760$。这四个方程有点杂乱无章，似乎看不出有什么共同点，现在老师将其中一个方程进行变形，我们以方程 $x(19-2x)=24$ 为例，同学们，请猜想我们将这个方程进行变形的思路是什么？

生 11：等号左边利用单项式乘多项式的法则展开，变为 $19x-2x^2=24$。

师：不仅如此，我们还要将等号右边的数和式全部移到等号的左边，即等号右边化为 0。这样我们得到了什么样的方程？

生：$19x-2x^2-24=0$。

师：你们看到等号左边的代数式有什么想法吗？

生 12：可以按未知数的次数进行降幂或升幂排列。

师：对！通常我们按降幂排列，现在将方程变形成什么样的方程了？

生：$-2x^2+19x-24=0$。

师：在这个方程中，最高项的系数是多少？

生：-2。

师：通常我们将最高项的系数都化为正数，在这个方程中如何将最高项系数化为正数？

生：各项乘 -1。

师：各项乘 -1 后，我们得到了一个什么样的方程？

生：$2x^2-19x+24=0$。

师：请同学们归纳刚才将方程变形的步骤，它们分别有哪些？

生 13：(1)将能展开的各项全部展开；(2)将等号右边的各项全部移到等号左边；(3)按未知数的次数降幂排列；(4)最高项系数转化为正数。

师：谁还有补充？

生 14：在第二步将等号右边的各项全部移到等号左边后，可能还要合并同类项，然后再按未知数的次数进行降幂排列。

师：对！将上面两位同学所说的汇总到一起，我们就得到了将此类方程变形的五个步骤(板书)。在这个变形过程中，我们还要注意什么？

生 15：在展开和移项过程中不能出错。

生 16：如果最高项系数是负数，将它转化为正数时，各项都要乘—1，不要漏乘。

师：现在请同学依照刚才的变形过程，将另外三个方程进行变形和整理。

学生独立完成，教师巡视，并批阅各小组长的作业，各小组长批阅组员作业后，教师公布答案，学生自行校正，自觉查找错误的原因，各小组讨论交流，同学之间相互订正，并将错误成因归总，全班交流和点评。

师：将以上四个方程进行变形后，我们分别得到了四个什么样的方程？

生：$2x^2-19x+24=0$，$n^2+n-72=0$，$y^2-2y-195=0$ 和 $x^2-31x+30=0$。

启示：在这个教学过程中，让学生经历了将非一般形式的一元二次方程化成一般形式的一元二次方程的过程，一是为了让学生与一元一次方程进行类比；二是为了让学生看出一元二次方程的本质；三是为了让学生归纳一元二次方程的一般形式；四是为今后求一元二次方程的根时进行方程变形(如用求根公式求根)打好基础；五是为了让学生经历知识的发生和发展过程，丰富学生的学习活动经验。

3. 自主建构

学生的数学学习不是机械地接受，不是简单的模仿，不是"死读书，读死书"。学习不只是要积极地消化、吸收和融会贯通，纠正和改造旧有知识，还需要学会举一反三、灵活运用，甚至是根据已学知识，结合自己的经验与想象，进行新的创造。教学中，要培养学生在解决问题的时候，态度明确、观点科学、思维清晰，面对现实中的各种问题，能够有条有理地进行简化和量化，从数学的角度出发，寻找解决问题方法的素养。这才是培养数学学习力的最有价值的内容，也是数学学习力培养的一种高境界。

"自主建构"环节教学片段一

师：通过变形，我们得到了四个方程，$2x^2-19x+24=0$，$n^2+n-72=0$，$y^2-2y-195=0$ 和 $x^2-31x+30=0$，这些方程有哪些共同特征？你们能用核心词语进行归纳吗？

生 17：①一元；②二次；③整式。

师：它们与一元一次方程有什么相同之处和不同之处？

生 17：相同之处是一元和整式，不同之处是一个是一次的，另一个是二次的。

师：你们能给它们取一个名字吗？

生：一元二次方程！

师：你能给一元二次方程下个定义吗？给它下定义时你有什么想法？

生：类比一元一次方程的定义。

师：请给一元二次方程下定义，每个同学先自己说给自己听，再说给同伴听。

学生自我对话、交流互动。

师：请给出一元二次方程的定义。

生：只含有一个未知数，且未知数的最高次数是二次的整式方程叫作一元二次方程。

启示：在这个教学过程中，学生通过结构化提炼发现了这些方程的主要特征，对比思考后能较准确地发现这类方程的核心要素，一元、二次、整式，从而更深刻地发现一元一次方程与此类方程的异同，从而水到渠成地给一元二次方程命名和下定义。学生接受新知的过程本质上是一个化未知为已知的过程，或者是对已知进行加工和改造的过程，我们的教学就是要使学生所要经历的这些过程变得顺畅和自然，要让新知在学生原有的知能结构中"自然生成"。

"自主建构"环节教学片段二

师：你能说出一元二次方程的一般形式吗？

生：$ax^2+bx+c=0(a\neq0，a，b，c$ 为常数$)$。

师：这里 $a，b，c$ 为常数不难理解，但为什么要 $a\neq0$ 呢？

生：当 $a=0$ 时，这个方程就不是一元二次方程了！

师：$a\neq0$ 现在我们已达成一致了，那么 $b，c$ 可不可以为 0 呢？

学生意见不一致，出现了认知冲突。

师：要解决这个问题，我们还是先来探究另两个问题。

给木质器具表面刷油漆，每平方米需要用油漆 600 g，当我们把一个正方体表面刷满油漆时，恰好用掉油漆 2 400 g，那么这个正方体的棱长是多少呢(设这个正方体的棱长 x m)？

一个数与 3 的差的平方等于 9，这个数是多少(设这个数为 x)？

师：你们列出了什么样的方程？

生：$600x^2 = 2\,400$ 和 $(x-3)^2 = 9$。

师：化成一般形式以后是什么样的方程？

生：$x^2 - 4 = 0$ 和 $x^2 - 6x = 0$。

师：你们发现了什么？

生 18：前一个方程中 $b=0$，后一个方程中 $c=0$。

师：方程 $x^2 = 0$ 是一元二次方程吗？

生 19：是的。

师：为什么？

生 19：它符合一元、二次、整式的要求，即满足一元二次方程的定义。

师：在这个方程中，各项系数有什么特征？

生 19：$a=1$，$b=0$，$c=0$。

师：根据以上的探究，你有什么感悟？

生：一元二次方程的一般形式 $ax^2 + bx + c = 0(a \neq 0$，$a$，$b$，$c$ 为常数)中，可以有 $b=0$ 或 $c=0$ 或 $b=c=0$ 的情况。

师：很好。我们把 a 叫作二次项系数，b 叫作一次项系数，c 叫作常数项，还要注意要连同它们的符号作为整体来表述。

启示：在这个教学过程中，我选择了从一般到特殊的教学方法，这样能顺应学生的思维发展，便于学生提炼和总结一元二次方程的定义和一般形式，也有利于学生进行辨析性反思，以使学生对知识的掌握能更牢固。数学教育不仅是让学生学会拿着"提货单"到"知识仓库"里去"提货"，还应进一步培养学生的数学素养，让学生能自觉地拿着有自己的方法体系的"智慧工具箱"，对遇到的问题从不同的角度去理解它，并创造性地去解决它。

自觉数学教育的真正奥秘在于唤醒学生高效的自觉学习。我们始终要突出学生的发展性主体地位，要相信学生，解放学生，激发学生潜能，这样才能保证核心素养真正地在课堂中落地生根。在教学中要让学生的数学学习变得有趣味、有活力、有情境、有挑战性，更要让学生多感官地参与数学活动过程，放飞他们的心灵，引领学生走向数学学习的核心，要把核心学习过程还给学生，而不是简单地将课堂中的时间和空间还给学生。我们只有转变教学观念、改变心智模式和行走方式，才能走向自觉数学教育的智慧深处。

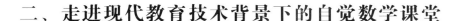

二、走进现代教育技术背景下的自觉数学课堂

（一）信息时代，用技术推进教与学的变革①

突飞猛进的信息技术对教育也产生了深刻的影响，教育面临着技术变革的巨大挑战，教育教学与信息技术深度融合已成为必然趋势。在信息技术飞速发展的今天，教化在撤退，支持在推进。教育的真正目标不是技术方法的传授，而是支持与服务。网络课程具有交互性、共享性、开放性、协作性和自主性等基本特征。网络课程的应用，使视频成为知识传播的载体，教育资源的丰富，给广大学习者带来了诸多便利，微视频教学能给学习者的学习提供很好的支持和服务。

2015 年进行翻转课堂教学指导

---

① 原载于《初中生世界：初中教学研究》2014 年第 20 期中，选用时有改动。

　　"常州市初中数学网络课程的开发是众多初中学生的福音，你们的研究走在了全国的前列，也是一件功德无量的事，我要介绍上海的相关学校去向你们学习。"教育前辈顾泠沅对常州市初中数学网络课程给予了高度的评价。

　　初中数学，是学好其他学科的基础性和工具性学科，然而，初中数学也常常是让学生感到困惑的学科，当前的大班化教学形式是很难满足他们的个人发展需求的。近年来，学校承担了常州市初中数学网络课程的开发工作，旨在为我地区的初中学生提供全天候的数学学习服务平台。根据常州市教育局的分配，我领衔的工作室①负责微视频的开发工作，现已依据《课程标准》将初中数学的所有知识点(以苏科版教材为线索)都制作成了微视频，每个微视频的时长通常为5～8分钟，并已全部上线，广大一线师生可免费使用。

　　网络环境下的学习要让学生感到数学好玩、有趣、有挑战性且富有创造性。常州市初中数学网络课程具有以下几个优势元素：(1)与《课程标准》和教材配套，体系完备，与教学同步，能为实体教学提供很好的补充；(2)采用核心知识集成模式，主题鲜明，使学生的学习针对性强；(3)关注知识的发生、发展过程，资源丰富，模块清晰，选择性强；(4)呈现方式新颖有趣，寓学于乐，特别是游戏积件的开发和使用，使数学学习变得好玩、有趣；(5)可关注学生差异，这在实际教学中较难实现，在信息技术的支持下，我们在每个微视频后面都配制了台阶训练；(6)在网络平台上建设了学习社区，同伴互助交互性强，教师可在线答疑指导，名师指点，导学性强。

　　自网络课程上线以来，很多学生都是受益者，他们利用网络课程资源进行预习和补偿性学习，很多学生都对网络课程给予了高度的评价，特别是常州市田家炳初级中学的学生们。课程的作用是显而易见的：(1)学生可将视频资源作为预习内容，在课前完成核心知识的学习，课堂上的大部分时间可用来解决问题和进行巩固训练，提高了课堂教学的效率；(2)学生上课没有听懂的，课后可以自主进行补偿性学习，可以看多遍直至看懂为止，生病或请假的学生可以通过观看微视频进行学习，这样有时就不需要教师补课了；(3)通过学生学习的数据，教师和家长可以及时掌握学生的学习情况，及时指导学生进行学习调整；(4)学有余力的学生可以超前学完本课程

――――――――――――

　　①　常州市初中自觉数学教育潘建明名师工作室。

2016 年主持"青果在线学校"研讨工作会议

内容，多余的时间可以学习其他课程；(5)学习有困难的学生可以通过网络课程进行学习，不一定要请家教。

"信息时代，江苏的教育要走向何方？江苏的数学素质教育要走向何方？今天我们在常州市田家炳初级中学看到了曙光。信息技术如何与学科教学有机地深度融合？今天在这里也找到了答案。"2013 年 11 月 12 日，江苏省教研室董林伟主任在观摩了常州市田家炳初级中学的"构建教育技术背景下的自觉数学课堂"活动后如是说。

基于"青果在线学校"这个平台，由于微视频教学有着简约性、节时性和可重复性等特点，我工作室成员和田家炳初中数学教研组进行了多种课型的探究，常用的有以下三种课型。

"在线预学，课内生成"课型。课前，教师给出课程资源包，学生根据导学材料单上的学习向导的要求预先学习课本和课程补充资源，解决要探究的问题，利用"青果在线学校"平台观看微视频、完成进阶训练等。在观看视频的时候，由于学生理解知识的方式和认知结构不同，会产生各种各样的问题，教师在课前通过网络交流平台对学生提出的问题进行总结归纳。课上，教师会对学生的预学情况进行数据分析，展示学生自学过程中存在的具有代表性的问题，并在此基础上归纳总结出学生在理解新知上存在的问题以及产生这些问题的原因，将其作为课堂上的重点讲解内容，之后再进行拓展强化和变式训练。在学习过程中，师生主要是讨论、交流，探究预学过程中的问题。本课型吸纳了先学后教、尝试教学和翻转课堂等课型中的优秀元素，关注以"真学"定"真教"，通过有针对性的教学，使学生的理解水平从"浅表化"的理解向关系性理解提升。

"资源引领，个性探究"课型。在本课型中，我们根据教学内容的需要会制作多个任务资源包，任务资源包以微视频为最主要的素材，结合一些文本资源、游戏学件以及课本资源，组织学生自觉体悟、自我探索，自己解决各个问题，通过解决任务资源包中的问题来完成学习任务，这样的过程能够充分发挥学生的主体作用，解决学生的差异学习问题，有些学习能力较弱的学生在学的过程中可以学得慢一些，教师也可以适当地进行个别指导，学习能力较强的学生可以学得更快些，在保证完成教学内容的同时，学的更多些，真正体现了不同的学生得到不同的发展。本课型是在缩小学生接受新知的差异的基础上，让学生自觉体悟其核心知识的发生、发展过程，通过任务资源包引导学生进行个性化学习，激发学生迁移、求异、创新的正能量。

"微视频嵌套"课型。在恰当的时机播放微视频，可以给学生一种新鲜感，让学生对课堂内容产生新的兴趣，有利于学生掌握知识，而且微视频的内容言简意赅，能够很好地把一个完整的知识结构在短时间内呈现出来，常常可以起到画龙点睛的作用，所以利用好微视频上课，对传统课堂教学而言有很强的促进作用。在实际教学中，教师要根据教学内容和学情特点将微视频用在关键处，如遇到直接描述困难、抽象性较强、时空跨度大等内容时可以使用，总之要围绕教学目标，在教学内容、认知活动和学习重点、难点等的关键节点上进行使用。在演示变化过程、运动过程等教学环节中，微视频的作用是很大的，但要把握量与度的问题。

常州市田家炳初级中学在用技术推进教学方式变革的过程中，取得了阶段性的成果。经中国管理科学研究院教师发展研究中心推荐，我工作室曾多次参加全国教育名家高层论坛和全国初中数学精品课展示，在江苏省教师培训中心的关怀下，在省内外推广成果达二十多次。近年来，参加过全国教育名家高层论坛、全国初中数学精品课展示、江苏省名师特色课堂观摩活动等，送教到北京、广东、浙江、安徽、陕西、河南、新疆、贵州、江西、广西等地，并受到了广泛好评。

　　"个性化学习"是信息时代素质教育发展的趋势，学生通过对网络课程的学习，不仅可以较深入地理解与掌握知识技能，还可以促进创新思维与创新能力的发展，改变自己的学习方式，这样有利于创新人才的培养。常州市初中数学网络课程（青果在线学校）的开发还处于初级阶段，但其优势已初步展现，愿它可进一步促进学生的数学发展，同时也希望大家给予关爱和支持。

（二）构建数字化学习背景下的自觉数学课堂

　　现代教育技术的浪潮已随着信息技术硬件的高速革新和软件的高度智能化，来到了我们面前。慕课、微课程、翻转课堂、线上线下混合教学、混合学习、协作学习等现代教育教学元素不断地影响和改变常态的教育教学生态。

2018年在成都进行翻转教学专业性引领

　　为了深入推进数字化教学研究，促进教与学方式的转变，以江苏省常州市田家炳初级中学为牵头单位，以常州市兰陵中学、常州市花园中学、常州市武进区湖塘实验中学、常州市第四中学、常州市金坛区华罗庚实验学校、常州市武进区嘉泽中学等学校为参与单位的项目组，以全国模范教师、教授级中学高级教师、江苏省人民教育家首批培养对象、江苏省特级教师潘建明为领衔人，组建了常州市数字化教与学研究工作室，这个工作室有六十多名成员（不算各学校慕名而来的老师们），成员的专业覆盖了初中学段的各个学科。每两周活动一次，活动内容有各学科慕课开发、在线导学策略研讨、翻转课堂教学研究、现代学习方式指导、信息技术与学科教学深度融合探究、各学科混合教学课型范式创新研究等。

1. 率先开发了全面而系统的初中数学慕课课程

从 2013 年 3 月至 2013 年 10 月，我率领常州市初中自觉数学教育名师工作室的 24 名成员和常州市田家炳初级中学等项目基地学校的老师们，在常州市教育局的领导下，以《课程标准》为指针，以苏科版初中六册数学教材为蓝本，制作了近千个微视频课程，并上传到了"青果在线学校"这个平台上，开发了"青果在线学校"的第一批全面而又系统的初中数学慕课课程，供全国的广大一线师生免费使用，受到全国众多地区师生的一致好评。其后，我又率领团队为 C20 慕课联盟等创设了大批的慕课资源。2013 年年底，我被中央电化教育馆聘为慕课建设指导专家，相继帮助和指导有关部门与学校进行慕课资源的开发。特别是我项目组设计的微视频制作和评价标准受到了全国专家和同行的好评。项目组还针对初中数学知识难点进行了游戏学件的开发，广受学生的喜欢。以上这些资源的开发为数字化学习背景下的自觉数学课堂的产生奠定了资源基础。

自 2013 年 11 月，全国初中数学慕课课程在"青果在线学校"上线以来，项目组一直大力进行慕课课程的应用和推广工作。首先，常州市田家炳初级中学作为常州市初中数学网络课程基地学校，与各参与学校一起进行了翻转课堂、课前预习和课后补偿学习的专题研究，根据"青果在线学校"的数据分析结果，指导教师调整教学行为，帮助学生改进学习行为，并由数学学科开始向其他学科进行辐射和推广。其次，项目组通过省内外的送培、送教机会，将慕课资源、制作方法毫无保留地传授给广大农村教师。最后，我作为教育部"国培计划"专家利用在全国各地讲学的机会，将慕课资源、微视频课程资源包的制作方法和要点等传授给了广大一线教师，为他们送去了有关慕课建设的技术方法。我们曾深入江西、贵州等地的贫困地区和革命老区开展慕课建设的指导工作，为促进慕课建设和地区教育均衡做出了贡献。以上这些活动为数字化学习背景下的自觉数学课堂的产生奠定了经验基础。

　　对于数字化背景下自觉数学课堂的教学研究，项目组没有仅停留在"搬运"理论和"实验"模仿的层面上，而是把现代教育教学和现代学习理念更多地应用于教学实践中，为我们的课堂教学改革和发展探出了一些新路。①改进"教"。通过自觉数学课堂的实践与研究，以学生发展为本，关注了差异化的良性互动，促进"教"的方式和行为不断改进。②促进"学"。通过对线上线下混合学习、互助反思性学习等现代学习方式的研究和落实，丰富了学生的学习方式，为促进"学"的方式和行为的转变提供了新的技术指引。③重塑了教学关系。真正体现了师生是共生共赢的学习共同体，运用技术手段实现了人人教、人人学，通过技术手段将教学时空进行延伸。④解放了教学生产力。教师能有效地整合和利用数字化教学资源，通过高效的呈现方式打破学生在认识上的封闭性，培养学生思维的严谨性、深刻性、求异性、创新性和批判性，解放教学生产力。⑤给出了新的技术指引。自觉数学课堂的实施是一个庞大而又复杂的系统工程，这里面有很多的技术方面的问题值得研究和探索，我们对微课制作、虚拟学习社区建设、网络教学平台使用、混合教学等多项技术进行了综合探索，给广大一线教师送去新的技术指引。

　　本项目的创新性还体现在 3 个方面上。(1)学术思想上：本项目围绕数字化背景下的课堂教学的应用性理论与实践展开研究，从课堂中来到课堂中去，围绕学生的发展，对线上线下混合式教与学，信息技术与学科、课堂的融合，课堂教学生产关系的改善等进行了深入研究，关注课堂教学效能的投入与产出，旨在提高课堂教学的技术含金量，解放教学生产力。(2)学术观点上：多元、包容、辩证地看待翻转课堂的优势和局限性，我根据本地学情、环境等要素用发展、变化的眼光来看待翻转课堂的本土化实践，将自觉数学课堂的思想和课型研究作为推进课堂教学改革的突破口，得到了较成功的中观理论和微观实践范式。(3)研究方法上：我们走了一条融合道路，在融合中西学术研究成果的基础上进行创新与发展，遵循在接触中融合、在融合中创新、在创新中发展的客观规律，即在内化中创造，在创新中发展。

2. 项目组进行了现代教育技术与学科的深度整合研究

　　在信息技术与教育教学深度融合的研究中，项目组要求老师们要采用双重视角，既从学科教学的角度来看技术，同时也从技术的角度来看学科教学，推动信息技术与课堂教学、学科教学的融合创新，关注学习活动组织方式的变化，重新审视自己作为教育者的角色，关注网络(特别是"青果在线学校")学习、混合式学习、协作学

2015 年在上翻转教学示范课

习与传统的有意义接受学习、发现学习的融合。项目组以教学创新为实现深度融合的指导思想，教学创新内容主要包括如下几方面。

（1）教学手段创新。关注新的网络平台、硬件和软件技术与学科教学的深度融合，以"青果在线学校"为基地（以年级或班级为单位）建立虚拟学习社区。虚拟学习社区和网络学习平台是实现深度融合的载体，可以支持学生进行自主学习、合作学习和探究学习，也可以促进师生交流、教师交流、学生交流。在实体课堂教学中利用 TEAM Model 教学平台，实现了动态呈现、拍照上传和上下推送等教学手段的创新。

（2）教学组织形式创新。技术与教育的深度融合带来了教学组织形式的创新。项目组在研究过程中发现传统的班级授课式的教学组织形式已不再能满足学生的学习需求，项目组不断进行有关学生个性化学习、"一帮一"精准帮扶、互助反思性协作学习、线上线下混合教学组织形式的研究，让学生不再是被动的知识接受者，而是积极的建设者。研究出的教学新组织形式有：①个性化学习。可利用学习笔记、思维导图、学习向导、微课程资源包等。②小组学习。可凭借电子邮件、网上讨论区、聊天软件、电子白板、文件共享、学生个人网页、虚拟教室等；③统一学习。包括内容模块、课堂模块、工作坊、项目学习主题等。

（3）教学内容呈现形式创新。技术与教育的深度融合也带来了教学内容呈现形式的创新。项目组常将教材变为学材，通过合理制定学习任务单和活动单，设置超级开放课堂，将课堂鲜活地呈现在网络平台上，应用多种媒体呈现学习内容，提高了学生的学习兴趣和学习效果。研究中关注学生自组织学习能力的培养，并指导学生有效地读学材、使用多媒体资源。项目组研究出的创新呈现形式有：游戏学件、分段达标微课程、音频和视频讲座、流媒体课件、补充材料链接、课程网站搜索工具等。

3. 项目组进行了翻转课堂的本土化实践和发展性研究

2014 年 7 月，我和美国的教师进行了翻转课堂的"同课异构"教学比拼活动，我没有被翻转课堂的范式流程所困，在教学过程中渗透了中国数学教学的"变式教学"元素，将"知识技能理解"等浅层学习放在了课前，将"分析、评价、创新"等深层次学习放在了课内，使翻转课堂的"本质"得到了更好的体现，整节课灵动高效，得到了国内外专家和同行的高度赞赏。通过这次活动，项目组发现：翻转课堂在丰富学生的学习方式、发展能力和提升核心素养等方面有很大的优势，是从传统课堂中衍生出来的一个成功的教学模式，为我国素质教育的落实提供了有益的借鉴。

自 2013 年起，我带领团队进行了广泛的翻转课堂的本土化实践研究，并在 C20 慕课联盟等多个平台上带领团队进行了学习和探索。我发现当前全国多地进行的"翻转课堂"实践在理念和方法上都存在一些问题，如在理论上过于乐观，把"翻转课堂"会带来的优质课堂教学的可能性当成了必然性，同时片面地否定了传统教学方法，导致"翻转课堂"难以发挥应有的优势，甚至起了负面作用。项目组还发现技术创新并不完全是指媒体或硬件上的创新，流程的变革也能带来教学生产力的提升。在学校里单纯地引进技术是远远不够的，还需要改变教与学的策略和方法。翻转课堂有很多的优势，但也有一定的局限性，我们对国内的同类实践和研究进行比较性分析后发现：人们对微课资源的建设和对翻转课堂的研究基本上还停留在实践模仿的层面上，缺少具有深入性和发展性的实践和研究。因此，项目组决定进行深入的翻转课堂的本土化实践和发展性研究，其主要的研究目标和任务如下。

(1)完善平台资源。完善初中慕课("青果在线学校")资源的建设与开发，为广大一线学生提供个性化的学习环境和资源，为广大一线学校实施翻转课堂提供资源和平台上的支持。

(2)提高教学效率。探索翻转课堂本土化教学的具体操作策略和要领，促进我校教师转变教学方式，改革我校的常态课堂，使课堂教学中的师生关系、教学策略、教学品质等得到优化，从而大面积地提高课堂教学效率。

(3)服务学科建设。通过对翻转课堂进行深入的发展性研究使课堂教学理论和实践得到深化和发展，通过对发展性课型的开发和实证性研究，为地区的学科建设提出建设性的意见、建议。

(4)促进学力提升。数字化学习力是学生终身学习和未来创新的基础，本研究能切实促进学生提升基于现代教育技术的现代学习策略运用水平，促进学生转变学习方式，在知（知识技能），能（学习能力、思维能力、创造能力等），情（情感态度、毅力、动力等）方面得到有效发展。

(5)提升教师素养。现代教育技术的应用能力已成为教师教学的必备素养，通过研究能让教师成为现代教育技术背景下构建优效教学的积极研究者、理性实践者、优效学习者与自觉思想者，促进他们转变教学方式，有利于培养一支具有先进的教育理念，可娴熟地运用现代教育技术，有较高教学研究能力的优秀教师队伍。

2014 年 8 月，《常州教师教育》对常州市田家炳初级中学的"基于现代教育技术的自觉数学课堂"进行了专题报道。

以上这些研究为数字化学习背景下的自觉数学课堂的产生奠定了理念基础。

翻转课堂无疑是当下最热的教育改革和教育创新话题之一。我们对翻转课堂在国内外的发展脉络、研究近况和实践探索进行分析后发现：

第一，国外的实践与研究开展较早，这些实践经验和理论在很大程度上为本项目研究提供了借鉴。翻转课堂虽有很多的优势，但也有一定的局限性。

第二，由于我国教育体制和机制自身的原因，翻转课堂在我国成功的案例并不多，翻转课堂要在我国普遍开展，必须跨越现行教育评价体制和视频制作的门槛。另外，我国教师的理念和专业能力还不能完全满足指导现代学习的需要，我国学生的自主学习能力普遍不高、现代学习能力不强，只有改变这些现状，我们的教学与研究才有可能满足时代的发展要求。

因此，翻转课堂要在国内大范围地开展，还需经过长时间的试验和研究，我们必须拿出更多的成功案例来证明其可行性。

　　要从翻转课堂的发展性研究走向自觉数学课堂的建构，有很多复杂的关系要厘清，我们的研究思路如下。（图 3-24）

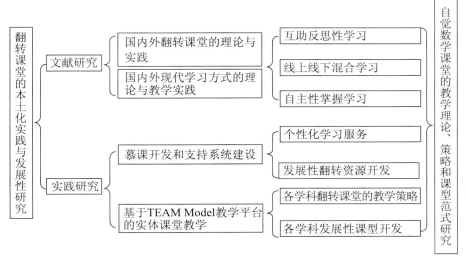

图 3-24

4. 自觉数学课堂教学思想初成

　　从 2013 年下半年起，项目组进行了翻转课堂的发展性研究。首先，项目组进行了混合式教与学的研究，借助加入信息元素的混合式教学，使传统教学课题的结构发生了根本改变。过去同步递进的大班教学，使很多接受能力差的学生，因赶不上老师进度，而逐步产生了厌学思想，甚至放弃学习。采用了"混合式教学"后，通过互联网环境，特别是"青果在线学校"，学生多了课前预习及课后补习的渠道，知识可以在网上得到，课堂上更多的是师生互动、答疑解惑。这种教学方法的改变，使不同类型的学生，都能按照自己的学习习惯安排学习进度，教师更多的责任是教会他们怎样学习和如何进行知识构建，从而使课堂教育更具有启发性、开拓性。同时项目组对学生的混合式学习也进行了精心的指导，让学生学会了线上线下学习的混合、课前学习与课内学习的混合、自主探究和合作学习的混合等，使学生的自组织学习力得到了广泛的提高。

　　通过一年多的探索，项目组根据翻转资源、教学内容、学情等要素进行了广泛的研究，开发了"基于网络平台的问题导引式自主探究""任务资源包引领个性学习"等八种课型，并在此基础上提出了"主导自觉、主体自觉、支持自觉"的自觉数学课堂教育思想。旨在把激励机制、竞争机制、合作机制融入课堂教学中，通过创设和谐、民主的教学环境，使教学过程成为师生互动交往的过程，让每个学生都有求知的欲望、发现的满足和成功的快乐，满足学生个性化学习和发展的需要。

　　自觉数学课堂的本质内涵体现在三个方面。(1)主导自觉：尊重差异，以学生发展为本，利用信息技术和网络平台整合资源，构建微课程资源包，因需施教，满足个性化学习和发展的需要；精心组织学习活动，合理利用数字化载体工具进行知识的优化呈现，学路优先，以真学定真教；关注对学生线上线下混合学习、协作学习的指导等。(2)主体自觉：唤醒学生的自我责任意识，让学生利用网络平台资源、智能终端和载体工具等进行线上线下混合学习、自组织学习和互助反思性学习等，积极主动地掌握优效的现代学习方法和思维策略，从浅层次学习走向深层次学习。(3)支持自觉：综合运用教育技术手段，提供多元的学习载体和资源，增强对学生个性化学习和发展的服务与支持；利用网络平台进行大数据挖掘和分析，充分利用数字资源，促进教与学的方式转变。具体表现形态为："五个突出""五个转变"和"五个策略元素"。

　　(1)五个突出。①突出自我责任：教学中始终凸显学生的主体地位，唤醒学生的自我责任意识，将"被动"心态变为"主动"心态。②突出自觉体悟：把核心学习过程还给学生，充分利用线上线下活动情境等内容，让学生在互动中领悟、在反思中感悟、在变式教学中体悟。③突出思维素养：以问题为先导，促进学生深入思考，让学生学会分析、思辨、批判。④突出学习品质：培养学生的独立学习能力；在合作学习中，关注同质互动和异质交流，让每位学生都在小组内充分发挥其应有的作用。⑤突出自组织学习能力：培养学生的信息技术素养，让学生在课内外线上线下混合学习中表现出良好的自组织学习能力。

　　(2)五个转变。①变面向全体的"一刀切"为"满足个性发展的需要"。②变"教"为"育"，通过学习活动序列，丰富学生的活动经验，使学生的情感、态度、价值观不断提升，学习能力和思维品质不断提高，从而促进教师教学方式的转变。③变"关注课堂"为"全天候服务"，充分利用在线平台和微课程资源为学生的学习进行全天候的服务和支持，促进学生学习方式的转变。④变"老师教"为"人人教，人人学"，充分利用多元载体，对学生进行资源推送，使学生的学习资源不断地丰富，提升学生整合资源的能力。⑤变"调动学生"为"解放学生"，通过变式、创新、综合实践等活动，放飞学生的思想和心灵，并使学生获得自信，激发学生内在的学习潜能，使学习的意义不断增值。

（3）五个策略元素。自觉体悟、本质思考、多维展示、变式引领、评估强化（没有严格顺序）。以上的策略元素也可称为教学流程，没有严格的逻辑顺序，在具体的实际教学中可相互嵌套、综合运用，从而激发学科知识形成、发展的逻辑力量，推进课堂教学的自觉生成，追求"稳定而有效"的教学。教育技术背景下的自觉数学课堂的一般教学环节有：体验激发、任务导引、小组合作、展示交流、变式拓展、检测反馈。根据课型的不同教学流程可以有不同的组合。

5. 取得的阶段性成果

从翻转课堂的实践和发展性研究，到较为成熟的自觉数学课堂建构，我们取得的阶段性成果主要体验在以下几个方面。

（1）物化的成果。

在 2013 年江苏省教育科学"十二五"规划项目"构建自觉数学课堂教学研究"的基础上，申报了教育部数字化学习中心的规划项目"构建数字化学习背景下的自觉数学课堂"，2015 年 6 月获得了立项。其成果论文发表了二十余篇，成果《我的"自觉数学"教学思想》发表在《人民教育》2014 年第 14 期上，并获常州市教育创新成果一等奖，《构建现代教育技术背景下的自觉课堂》在《江苏教育报》上发表，以"构建现代教育技术背景下的自觉数学课堂"为专题的十五篇论文在《常州教师教育》2014 年第 8 期的专题栏目中集中发表。专著《聚焦现代教育技术背景下的自觉数学课堂》由江苏凤凰教育出版社出版，《改变课堂才能改变学校》由河海大学出版社出版。

2014 年 3 月 15 日，华东师范大学国际慕课研究中心主任陈玉琨教授、副主任田爱丽博士一行来到我校，听取了项目组和学校的数字化教与学的建设情况，零距离的接触了我校网络环境下的自觉数学课堂，高度评价了我校基于自觉数学课堂的翻转课堂的探究和实践。

2015 年 8 月，在江苏省"数字化团队教研"大奖赛上，由项目组成员何丽华、谢丽、沈良琴组成的团队，利用自觉数学课堂的课型范式进行了基于慕课的教学设计，获得了江苏省一等奖的第一名。

2015 年 9 月，常州市田家炳初级中学被确定为美国英特尔公司和中央电化教育馆合作项目"教育大数据分析研究"项目基地学校，我被确定为该项目的开发专家和子项目的负责人，领衔开发初中数学"自适应"网络课程，并负责平台建设等。2017 年 9 月获江苏省教学成果一等奖。

项目组在数字化背景下制作的"自觉数学课堂"教学光盘，由中国教育学会中国好课堂组委会和全国中小学名师工作室发展实践研究专家委员会一起在全国推广、发行。

(2)取得的效益。

①理论效益。新理念与课型范式：通过研究形成中观和微观层面的具有发展性的翻转课堂的理论和实践策略，并在此基础上形成了以主导自觉、主体自觉和支持自觉为核心的自觉数学课堂的理论、策略和课型范式等，形成了有价值的专著、论文，有指导性的研究报告、经验总结报告、实验研究报告等，改进了课堂教学，促进了学科建设。

②实践效益。一是完善了平台资源。完善了慕课资源，完善了支持学生个性化学习和发展的服务平台建设，为其他地区的翻转课堂实践提供了帮助。二是提供了技术指引。形成了专著、论文、课例、案例、精品课 DVD 等，为翻转课堂的研究提供了助力。三是促进了行为转变。教师在数字化背景下构建优效教学的理念、策略和能力得到了改善，学生学会了利用技术进行学习，学习力增强，学习行为发生了改变。四是形成了高效课堂。提高了教学效益，发展了技术手段，促进了学校办学品质的提升。

(3)项目的示范性。

2014 年 1 月，项目组协助江苏省教育报刊社在常州召开了江苏省第六届初中校长论坛，我利用 iPad 和网络为工具载体，用自觉数学课堂的课型范式讲了一节九年级数学课"货比三家"，受到了广泛好评。

2014 年 10 月，在海峡两岸数字化教研高层论坛上，我和台湾"中山大学"的梁仁楷教授就自觉智慧教学同台献艺，自觉数学课堂教学成果受到了全国专家和同行们的好评，信息技术与学科融合的成果也受到赞赏。

近年来，项目组先后在 C20 慕课联盟、全国中小学信息技术与学科教学融合研究论坛、海峡两岸数字化教研高层论坛等全国性平台上对相关成果进行了推广，受到了广泛好评。教学光盘在全国发行。在北京、广东、浙江、安徽、陕西、河南、新疆、贵州、江西、黑龙江、广西等地开展数字化教学示范课三十多次，做讲座五十余场，向全国同行介绍了数字化教学的策略和成果，给广大一线教师送去了直接的经验和成熟的技术指导。

近年来，到常州市田家炳初级中学挂职、跟岗和参观学习的全国各地的校长、骨干教师共三十余批次，项目组团队的数字化研究成果是他们想学的重要内容。

（三）现代教育技术背景下的自觉数学课堂课型研究

现代教育技术背景下的课堂教学是极其复杂的，一是现代教育技术和学科教学融合的一个新领域。现代教育技术内涵丰富，包括云端技术、泛在网络技术、多屏显示技术、智能环境控制技术、交互显示终端与互动反馈技术、智能实录技术、情境感知与智能代理技术等。教育技术的作用一是为教与学主体的自由发展提供服务和支持，二是促进课堂各要素之间和谐关系的建构。离开了教育技术，根本谈不上个性化指导。慕课、网络技术、教学平台技术和活动学习将为我们师生构建出个性化、协作式的学习环境，有助于新型学习文化的形成。

我们要培养适应未来社会发展需要的人才，就需要从教育、技术、人本的角度来思考和设计，让课堂促进学生自主学习和发展，满足不同形式的知识、情感和技能的学习与交流需求，体现先进、舒适、方便、高效、人性化、自由、和谐等特点。课堂的设计、开发、应用与评价应体现人性化、混合性、开放性、交互性、智能性、生态性。我们要从新课程理念，环境设计（包括物理架构设计、学习支持系统设计）和活动设计等宏观和微观角度来重新对课堂进行设计、整合和重构。

课型指的是课的类型和模型，教师可根据不同的教学任务对课进行分类，在分类的基础上可以总结出相应的模式，从而使教学细化、层次化、环节化。从课型的分类来看，不同课型对于提高学生不同类型的素养而言有着不同的意义，不同课型也有着不同的教学规律。每一种课型的特点不一样，这就要求我们的教学要"因课而异"，要了解、明确每一种课型的目的、特征、策略、教学程序等。同时，每一种课型对教师的素养要求也是不一样的，教师要学会针对不同的课型使用不一样的教学技巧。我们教学的方法要灵活多变，要根据不同的课型采取相对应的教学方法，只有这样才可以在教学中做到游刃有余。课型的分类是一个复杂的问题，常常会"横看成岭侧成峰"，划分有不同的维度或视角。虽然"课无定型"，但课也有"无型之型"。

我们知道教学内容的编排和组织，首先取决于课型。现代教育技术背景下的教学课型选择原则是，更好地为学生的自主学习和个性化学习服务，这就需要重新认识和探索在现代教育技术条件下如何改革传统的课堂教学模式这一问题。教学课型的选择与应用，一直是教学过程管理中的一项核心工作。现代教育技术背景下的课堂教学，教师的地位、任务、角色，以及数学形式和方法等都发生了根本变化，教学过程十分复杂，教学内容和信息又异常丰富多元，因此教学过程应当与有多样的课型与之相呼应。

随着我校对数字化教与学研究的不断深入，我们一直在倡导，要在行动中研究，在行动中推广有价值的课型范式，在宏观理论的指导下趋向中观或微观进行深入的研究和挖掘，初步创建一些有特色的课型，来适应现代教育技术背景下的数学教学实际的需要，这里需要说明的是我们的课型也在发展，也在不断地改进和完善。我们发现课型研究是一个永无止境的过程，是一个真正促进师生成长的过程，可以为教师教学的创造性留出广阔的空间。

1."在线预学，课内生成"课型

"在线预学，课内生成"课型重在突破，从单一视角扩展到了多维视角，从静态拓展到了动态，对学习力、思维品质、创新能力等学生终身发展的必备素养进行了深层次的构建。传统的教学模式是教师在课堂上讲课，布置家庭作业，让学生回家练习。与传统的课堂教学模式不同，翻转课堂式教学模式是让学生在课前完成新知的学习，课堂变成了师生之间和生生之间互动的场所，包括答疑解惑、知识的内化和运用等，从而达到好的教育效果。互联网的普及和信息技术在教育领域的应用，使翻转课堂式教学模式变得可行。学生可以通过互联网使用优质的教育资源，不再单纯地依赖教师去接受知识，可以进行个性化的自主学习。

"在线预学，课内生成"课型是翻转课堂的一种延伸，与翻转课堂既有相同之处也有不同之处，它们的相同之处是在课前完成对新知的接受，将对新知的内化与吸收放在课堂里，课堂中教师的角色也发生了变化，教师更多的责任是去理解学生的问题和引导学生去运用知识。不同之处是翻转课堂课前预习的主要资源是单一的微视频，课堂内关注的是知识的内化、吸收和达标检测，而"在线预学，课内生成"课型的课前预习资源常常是课程资源包，课堂内重点关注的是知识辨析与强化，以及从概念性理解过程到关系性理解过程中新知的变式拓展，即给出的资源不同，对学生的要求也不一样。

"在线预学，课内生成"课型的优势具体体现在四个方面。①理念上的转变：从"关注知识的传授"向"关注学生的发展"转变；从怎样"教教材"向怎样"用教材"转变；从注重"教"向注重"学"转变；从"传统教学"向"新理念教学"转变。②四个注重：注重学习过程，注重对学生活跃的思维方式的培养，注重学生自主学习习惯的培养，注重对学生合作精神的培养。③少讲多学，合作共赢：让所有学生都"动"起来、"忙"起来，增加了师生之间、生生之间的互动和个性化的接触时间。关注个性化：学生的学习有很大的差异，传统的课堂教学很难让学生的学习得到个性化的支持，而在该课型中，学生的个性化自主学习会得到很好的支持与服务。

(1)"在线预学，课内生成"的课型特征。

"在线预学，课内生成"课型与翻转课堂有很多相似之处，但也有很大的区别，最大的区别是翻转课堂关注的是课内学生对知识的理解和掌握，"在线预学，课内生成"课型不仅关注学生对知识的理解和掌握，更关注学生的互动生成，以及学生创造和再创造能力的生成。本课型的特征主要体现在：教师从传统课堂中的知识传授者变成了学习的促进者和指导者。这意味着教师不再是知识交互和应用的中心，但他们仍然是学生进行学习的主要推动者。当学生需要指导的时候，教师便会向他们提供必要的支持。自此，教师成了学生便捷地获取资源、利用资源、处理信息、在真实的情境中应用知识的脚手架。"在线预学，课内生成"课型的课型特征如下。

①本源性。"学习最好的途径是自己去发现"，"在线预学，课内生成"课型的核心是让学生经历新知的发生和发展过程，经历创造和再创造的过程，旨在培养学生的创新精神。我们知道，学生的学习环境由区域空间（地理空间）、知识空间、人文空间和学习时段单元等要素构成。在不同的区域空间、不同的学习时段单元中，同质学习要素有不同的使用价值，当它们的组合发生变化时，学习要素的使用价值也

会发生相应的变化.

在课型流程中，资源包、拓展例题、变式训练和课内检测等内容应按"递进性、简单性、思考性、价值性"的原则来设计。递进性是指要面向全体，起点要低，关注最近发展区，注意知识发生、发展的递进性和逻辑性，形式要简单、集约、开放，让学生要有兴趣并收获成就感。简单性不是指内容简单或者难度较小，而是说设计的环节要简单，要留给学生很大的空间，让他们去发挥。思考性是指通过学生的独立探究，学生能够发现问题、提出问题、分析问题和解决问题，要促进智慧生成。价值性就是指要有收获，要促进深入思考，满足质量要求。此外，还要体现本质，即重要的、有价值的知识或问题。我们教师要抓住知识主线，找准核心内容、核心环节、核心思想、核心技术，以及重要节点和教学的重点、难点。

②系统性。现代教学论认为，教学之所以要循序、系统、连贯地进行，是由于教学中传授和学的知识本身具有内在的逻辑联系，学生的认识活动也是有由已知导向新知的顺序的；学生的智力和学习能力的发展也是有顺序的。教学如不按照一定的顺序进行，就会违反教学的客观规律，实验结果证明，如果教学违反系统性、连贯性，学生就只能获得一些零碎片段的知识，教学质量会有所降低，学生的智力也不能得到系统的训练。因此，在"在线预学，课内生成"课型中课前与课堂的教学要循序、系统、连贯地展开，以保证学生获得系统的知识，获得对客观世界的规律性的认识。

在"在线预学，课内生成"课型中，课前学生在线（也可不在线）预学的内容是一个课程资源包，其中有学习指南、微视频、预学材料单、进阶训练等，材料不固定，比较灵活。其核心要素是引导学生在学习新知识前自主尝试、独立探究，对知识的发生、发展过程进行本源性的深入思考。但微视频的时长只有8分钟左右，只能讲解核心知识要点，对知识的发生、发展过程提示得很可能不充分，常常会"去两头烧中段"，学生对新知的感知是碎片化的。预学材料单也只能引导学生对知识的发生、发展过程，概念形成过程中的核心问题进行浅层次的探究，只能让学生由操作性理解过渡到概念性理解。进阶训练、拓展例题、变式强化题、课内检测等也只是从"点"上进行突破。综上所述，要想让学生获得系统性的知识，我们在整个教学活动设计中要多思量。我们把学生的循序的、系统的、连贯的学习活动开展好了，学生才能很好地掌握知识。我们要防止学生进行碎片化的学习。

③生成性。在"在线预学，课内生成"课型中，生成性是灵魂，教师要在关键处引导，要抓住新旧知识的结合点。教师要引导学生多层面、多角度的思考，把知识深化，构建成认知结构。在课前和课堂的学习过程中，我们要使学生的学习宛如浅池戏水、深池激浪。

关注"在线预学，课内生成"课型中的生成性，具体体现在三个方面。一是关注学习资源的生成性。从贴近学生生活实际和学生较为熟悉的知识起步，按照学生知识、能力、情感和心智水平发展的逻辑链，层层递进、环环相扣，通过深层的挖掘，促进学生自觉探究出形象生动的结论，促进学生的知识、能力、思想和情感得到发展。二是关注学习过程的生成性。教师在教学过程中要以真诚的态度和为学生发展服务的心向与学生进行平等对话，根据课前检测数据和课堂中的互动状态及时调整教学思路和教学行为，并根据学生的课堂行为表现、感受、兴趣与需要等做出及时的价值判断，充分发挥教师在教学过程中的能动性、创造性，让学生获得个性发展。三是关注学习能力的生成性。在本课型中学生的学习是一个主动建构的过程，学生必须主动选择信息并建构信息的意义，才能达成学习目标。无论是独立探究还是小组合作，在整个学习过程中学生都要进行积极参与和有效思考，不是被动地接收信息，而是主动地构建自己对信息的理解，通过自己的思考，得出推论。在这个学习过程中，学生的独立探究、合作学习、线上线下混合学习等能力会不断得到发展。

（2）课型流程与实施要点。

"在线预学，课内生成"课型的教学流程主要分为课前学习和课堂学习两个过程。在这两个过程之中，现代教育技术的支持和学习活动是其学习环境创设的两个有力杠杆，也是个性化协作式学习环境的构建基础，在"在线预学，课内生成"课型中，课前教师可以利用信息技术提供网络交流支持，通过留言板、聊天室等网络交流工具与同学们进行互动沟通，了解同学们的收获与疑问，同学之间可以进行互动答疑。课前和课堂中的学习活动，以学生的独立自觉探究为主、合作交流为辅，教师要少教多学，要少讲，要讲在关键处。

"在线预学，课内生成"课型的一般操作流程如下。（图 3-25）

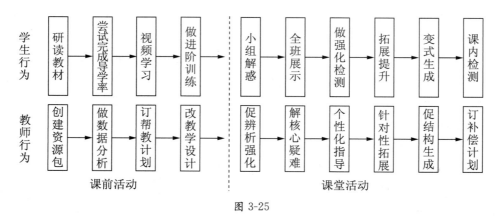

图 3-25

①课前学生学习行为分析。

"在线预学，课内生成"课型与翻转课型在课前的活动上有区别，翻转课型的课前活动常常是看微视频后做进阶训练，而"在线预学，课内生成"课型要先自主研读教材，提出问题，再完成导学单上老师的问题，带着问题去看微视频（课前用），完成进阶训练，梳理已解决的问题和未能解决的问题，未能解决的问题是在课堂上进行小组讨论和全班交流的资源。

②课前教师活动行为分析。

"在线预学，课内生成"课型中教师的课前活动较丰富，创建课程资源时，学习指南中要给出具体的可操作的学生切实可行的学习方法，导学单中的问题应是在教材中找不到答案的，要有梯度、有挑战性，有三分之一的问题应是为了课堂上的生成而服务的。在学生看完微视频、完成了进阶训练后，教师根据网络平台所提供的学生学习行为数据进行分析，制订个别化的帮教计划，再根据总体学情改进教学设计，从而加强教学的针对性。

③课堂学生学习行为分析。

"在线预学，课内生成"课型的重点是学生课内的生成。课堂内先让学生进行小组交流，讨论课前独立探究的经验和未能解决的问题，小组内学生合作互动解惑，然后根据具体情况，各小组将合作互动后未能解决的问题进行全班展示，若全班学生都解决不了，教师再出面进行启发式的引导。教师也可以在关键节点上进行点拨，再让学生合作解决。这里的强化检测题的梯度要比进阶训练题的略高一些，但量不要太大，要展示新知的核心要点。在拓展提升和变式生成环节，若要小组讨论，须先让学生独立思考一下，再进行合作探究，这样合作的效果会好一些。课内检测的量不宜太多，应根据学生的情况提供适宜的题量，学生完成后要及时订正，教师可以引领学生自行或相互交流辨析。最后学生自行归纳出知识结构图和方法结构图式。

④课堂教师活动流程。

"在线预学，课内生成"课型对教师的要求很高，教师对教学平台的功能要了解，且要使各功能的效能发挥得恰到好处。该课型对课堂教学组织的要求也是很高的，教师要审时度势地启发、引领，个别化指导要到位，对学习活动的流程和时间的把控要到位。在学生进行小组互动时，教师可将学生在进阶训练中的典型错误展示出来，让学生对新知进行辨析和理解。对于学生在预习中未能解决的问题，主要还是让学生自行解决或小组研究解决，教师只解决学生解决不了的问题或强调重点问题。学生在完成强化检测题时，教师要根据课前制订的帮教计划对相关学生进行个别化指导。拓展题和变式题要根据《课程标准》、教材和学情来选择，要具有典型性和代表性，要有利于学生生成。根据知识的发生、发展规律，引导学生归纳出知识结构图和方法结构图式，最后根据学生在课堂上的表现制订课后补偿教学方案。

"在线预学，课内生成"课型实施要点如下。

在传统课堂中，我们关注的往往是最好和最聪明的学生，其他大部分学生则是被动地在听。"在线预学，课内生成"课型的核心特点是在课堂中减少了讲授时间，留给了学生更多的学习活动时间，学习活动能够让学生在独立探究和交互协作中完成学习任务。在不减少基本知识展示量的基础上，增强课堂中学生的交互生成性，激发学生的自觉性和能动性。

第一，要精准掌握课前学情。学生在课前根据课程资源包进行自主学习，并完成进阶训练后，学习平台会对学生整体和个体的学习行为数据进行分析并给出反馈。学生根据反馈决定是否再次学习本课内容。教师要根据平台反馈的数据，精准掌握学情，调整学生的学习进度、难度，制订个别辅导计划。

第二，课中互动要把控到位。在传统教学课堂上，我们必须始终密切注意课堂上的学生动向。因为一些学生稍有分心就会跟不上进度或者影响其他人的学习。在

"在线预学，课内生成"课型中许多课堂管理问题消失了。学生都在忙于活动或小组协作，教师要提升经营和管理课堂的本体能力和水平。"在线预学，课内生成"课型最大的好处是改变了师生相处的模式。学生间互相帮助学习，而不是依靠老师，将老师作为唯一的知识的来源。师生可以进行一对一的交流，也可以把有相同疑惑的学生聚集在一起进行指导。显然，教师可以及时与学生互动，但在这个学教互动的过程中，教师对课堂进程的把控和对学习活动组织形式及内容的安排就显得非常重要了，因此，我们要对课中互动把控到位。

第三，帮助学生实现个性化学习。每个学生的学习能力和兴趣都是不同的。虽然我们早认识到了这一点，但传统的课堂教学却无法真正地实现分层教学。"在线预学，课内生成"课型的优势就是承认了学生的差异，并能真正实现分层教学，每个学生都可以按自己的速度来学习。学习基础好的学生可以掌握更难的课程内容，基础弱的学生则可以反复学习，并寻求教师的一对一帮助。我们允许学生按照自己的进度安排学习并完成与之匹配的作业，在现代教育技术的支撑下帮助学生实现个性化学习。

第四，做好学生学习行为的评价。"在线预学，课内生成"课型通过网络教学平台的数据挖掘功能，不但注重对学生学习结果的评价，健全学生的学习档案，还注重对学习过程的评价，数据挖掘分析与行为评语相结合，真正做到了定量评价和定性评价、形成性评价和总结性评价、对个人的评价和对小组的评价、自我评价和他人评价良好结合。语言评价的内容涉及问题的选择、独立学习过程中的表现、小组学习中的表现、学习计划安排、时间安排、结果表达和成果展示等方面。对结果的评价强调学生对知识和技能的掌握，对过程的评价主要体现在活动记录表、调查表、访谈表、学习体会、反思日记等内容中。

（3）案例与分析。

在"在线预学，课内生成"课型中，学生学习活动序列的设计成了教学设计的中心，我们需要促进学生的学习，为学生的学习提供优质的服务，而不是干预学生的个性化学习的选择权利。学生需要在学习活动中通过完成真实的任务来建构知识、增长能力，掌握新型的学习方式。我们要在及时的评测和调研的基础上，对课堂学习活动做出及时调整，以更好地促进学生学习和发展。

【案例与分析】

"解一元一次方程(2)"教学实录与评析

本节课的教学内容是苏科版数学七年级上册第四章第二节"解一元一次方程(2)"。本节课是常州市潘建明名师工作室引领下的常州市田家炳初级中学的数学网络课程基地建设示范课。本课的主要特点是：(1)深思真学。在教师的指导下学生自学完成导学单，教师提出学习目标，并提出自学要求，进行学前指导后，学生带着思考题在规定时间内自学相关的内容，完成台阶训练。自学的形式多种多样、灵活多变，可以看课本，可以登录"青果在线学校"看微视频，可以做与例题类似的习题等。

(2)以"真学"促"真教"。学生充分自学后，带着预习的成果和预习过程中产生的疑问去听课，教师则根据学生在预习过程中提出的疑问和普遍存在的问题组织课堂教学，带领学生解决疑问，增强课堂教学的针对性和实效性。

(3)开展互助反思性学习。课堂中鼓励学生通过讨论、质疑、交流等方式自行解决问题，同时，通过小组合作模式，让已经学会的学生来教不会的学生，促使学生相互合作、互相帮助。

(4)检测反馈，这是在"先学""后教"之后进行的，着重让学生通过训练，应用所学的知识解决问题，从而加深对课堂上所学重点、难点的理解。

教学实录

1."先学"数据反馈

师：同学们，这一节课我们学习的内容是什么？

生(集体回答)：解一元一次方程(2)。

师：课前我们用不同方式进行了预学，其情况反馈如下。

(学生看投影。)

课前微视频学习情况调查

A.10分钟以内(38%)　　B.10～20分钟(48%)　　C.20分钟以上(14%)

核心知识理解度数据分析

认真研读教材100～101页，思考下列问题：(括号前数据表示已掌握该核心知识的学生人数)

【34人】(1)移项的依据是什么？

【36人】(2)移项时要特别注意什么？

【37人】(3)尝试用移项的方法解方程：$3x-2=2x+3$，并写出完整的步骤。（共有19位同学提出了自学过程中产生的疑问，多媒体展示）

【19人】(4)在研读教材和尝试解方程的过程中，让你感到困惑的问题是什么？

移项的依据是什么？

为什么要学习移项？

用移项和用等式性质解方程在步骤上有何不同？

……

台阶训练数据分析（展示台阶训练结果的条形图，图3-26）。

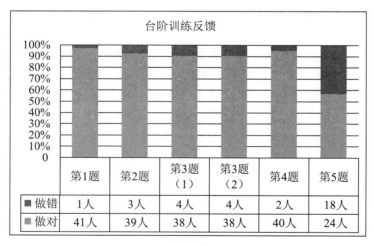

图 3-26

师：前面4题错误率较低，我们一起来看一下第5题，哪位同学来读一下题目，（学生读完后）你帮助大家分析一下题目的意思。

自学成果展示交流

（导学单第5题）5.$2a-3x=13$是关于x的方程。在解这个方程时，粗心的小虎误将$-3x$看作$+3x$，得方程的解为$x=3$。请你帮助小虎求出原方程的解。（   ）

A.$x=-3$ B.$x=0$ C.$x=2$ D.$x=1$

（学生讲解，教师板书。）

生：先定a。将$x=3$带入错误的方程$2a+3x=13$中，求出a的值为2。再定

x。将 $a=2$ 带入正确的方程 $2a-3x=13$ 中，求出 x 的值为 -3，所以选 A。

点评：在学生自学之前，教师要对学生的学习给予必要的指导和点拨，这是导学单的作用。教师要在学生自学之前发挥好"引导"作用，就要认真钻研教材，分析学生学情，包括学生的原认知情况、学习需求，并预设可能出现的问题等。有了学生课前有效的自学，教师在课上就有了明确的教学目标，也就没必要在学生都会的知识点上浪费时间了。课堂教学的过程就成为学生主动提出问题，生生互动、师生互动解决问题，教师适时引导解惑的过程了。"以学定教"为学生学习方式、教师教学方式的转变提供途径。

2. 问题分析

师：通过了解同学们的自学情况，老师把同学们的问题归纳为了三类。

存在的问题：

(1)对移项的概念、依据及为什么要移项理解得不深刻；

(2)对用移项法解方程的步骤书写不规范；

(3)对在解方程中的应用移项法不熟练。

而同学们产生问题的原因在于：

小学运算法则的逆运用——初中同解方程变形。

点评："以学定教"，首先要找准教学方向。学生是否已经掌握了核心知识？掌握的程度如何？还有哪些知识是没有掌握的？哪些新知识学生自学就行，哪些需要老师点拨，哪些要我们进一步探讨？教师通过对学生的自学情况进行数据分析，能及时地把握学生对核心知识的掌握情况，为确定和调整自己的教学内容提供可靠的依据。

3. 针对性教学

师：这节课我们将有针对性地解决这三个问题。

(PPT 展示)问题 1：移项的概念、依据是什么？移项过程中要注意什么？

师：解决问题 1 之前，我们通过微视频回顾一下相关知识点。

(学生观看微视频。)

师：小组进行讨论，将知识点再整理一下。

小组讨论结束后，学生总结。

方程中的某些项改变符号后，可以从方程的一边移到方程的另一边，这样的变形过程叫移项。

移项的依据：等式性质1。

移项的注意点：移项要变号。

师：通过一个例题来辨析一下。

例1　辨析：下面移项的过程对不对？如果不对，应当怎样改正？

(1)$3-x=4$移项，得$x=4-3$；

(2)$-x=-2x+6$移项，得$-x-2x=6$；

(3)$-3x+1=2-7x$移项，得$-3x+7x=2-1$；

(4)$-2x=x+2-3$移项，得$-2x-x=3+2$。

(学生上台分析解答。)

生：(1)是错的。x没有移项，不需要改变符号。

(2)是错的。$-2x$移项后没有变号。

(3)是对的。

(4)是错的。$+2$和-3没有移项，不需要改变符号。

(教师肯定学生代表的答案，鼓励学生评分。)

师：很好。我们已解决了第一个问题，让我们回归书本。

问题2：移项解方程的步骤不规范。

(PPT展示)看看书本上例题的两种书写形式，你有何感悟？

解方程$x-3=4-\dfrac{1}{2}x$。

解法一：两边同时加$\dfrac{1}{2}x$，得

$$x-3+\dfrac{1}{2}x=4-\dfrac{1}{2}x+\dfrac{1}{2}x。$$

合并同类项，得

$$\dfrac{3}{2}x-3=4。$$

两边同时加3，得

$$\dfrac{3}{2}x-3+3=4+3。$$

合并同类项，得

$$\frac{3}{2}x = 7。$$

两边都除以 $\frac{3}{2}$，得

$$x = \frac{14}{3}。$$

解法二：移项，得

$$x + \frac{1}{2}x = 4 + 3。$$

合并同类项，得

$$\frac{3}{2}x = 7。$$

两边除以 $\frac{3}{2}$，得

$$x = \frac{14}{3}。$$

生1：解法一是利用等式的性质解方程。

生2：解法二是利用移项法则解方程。

生3：解法二比解法一简捷。

(PPT 强调)用移项法解方程过程更简洁！

师：到了小组竞争的时间了，请同学们看教与学平台。

(教与学平台展示)例2　解下列一元一次方程。

(1) $7 - 2x = 4x + 9$；

(2) $\frac{3}{4}x + 5 = \frac{1}{2}x - 2$。

(部分学生在平台上解答，选几位学生在黑板上板演，结束后请学生上前批改，并给相应的小组加分。)

(学生做完后)师：(PPT展示)注意书写规范！

问题3：移项在"求方程的解"的问题中的灵活运用。

例3　关于 x 的方程 $3x + m = 2x + 3$ 和 $4x = 5x + 3$ 的解相同，求 m 的值和方程的解。

（学生尝试解决，两位学生板演，其余学生在平台上完成。）

（学生方法展示）**生 1**：由方程 $4x=5x+3$，可解得 $x=-3$。

把 $x=-3$ 代入 $3x+m=2x+3$ 中，

可得 $m=6$。

答：方程的解为 -3，m 的值为 6。

生 2：由方程 $3x+m=2x+3$，可解得 $x=-m+3$。

同理，由方程 $4x=5x+3$，可解得 $x=-3$。

又因为，两个方程的解相同，所以有 $-m+3=-3$。

故可得：$m=6$。

答：方程的解为 -3，m 的值为 6。

生 3：利用等式的性质，分别将方程左、右两边相加，得

$7x+m=7x+6$

两边同时减去 $7x$，得 $m=6$。

由方程 $4x=5x+3$，可解得 $x=-3$。

答：方程的解为 -3，m 的值为 6。

师：同学们对等式性质的灵活应用展示得非常精彩！

师：挑战自己的时刻到了。

拓展提升：关于 x 的方程 $4x+2m=3x+1$ 和 $3x+2m=4x+1$ 的解相同，求 m 的值和方程的解。

（学生讲解，PPT 展示出详细过程，视频展示分析过程。）

生：由方程 $4x+2m=3x+1$，可解得 $x=1-2m$。

同理，由方程 $3x+2m=4x+1$，可解得 $x=2m-1$。

又因为，两个方程的解相同，所以有 $1-2m=2m-1$。

故可得 $m=\dfrac{1}{2}$。

再将 $m=\dfrac{1}{2}$ 代入 $x=1-2m$ 可得 $x=0$。

解决了这几个问题，我们知道了移项在解方程中有非常重要的作用。

点评：在这一环节中，教师要根据学生的学情，充分考虑教学内容的灵活性、

教学方法的多样性，创造性地设计教学方案。要帮助学生分析在学习过程中存在的疑问及产生的原因，纠正学生的一些错误认知，适当补充一些具有挑战性的教学内容。在这一过程中，教师的角色仍是一个引导者，引导学生去合作探索、解决问题。对于学生在这个过程中出现的一些问题，尽力地引导学生通过小组合作进行审题分析，通过讨论、归纳，使学生逐步得出正确的结论。

这节课我们一起解决了 3 个问题，下面我们做一下形成性检测。

4. 形成性检测

（学生在平台上做检测，最后用投影展示学生的完成情况。）

师： 请同学为大家讲解一下这三道题。

1. 对于方程 $3x-2=3-2x$，移项正确的是（　　）。

A. $3x-2x=3-2$　　　　　　　　B. $3x-2x=-3+2$

C. $3x+2x=3+2$　　　　　　　　D. $3x+2x=-3+2$

生： $-2x$ 移项后要变号，在左边要写成 $+2x$，-2 移项要变号，在右边要写成 $+2$。所以选 C。

2. 解下列方程。

(1) $4x-1=x+5$；

解：移项，得

$4x-x=1+5$。

合并同类项，得

$3x=6$。

两边除以 3，得

$x=2$。

(2) $8-5x=3$；

解：移项，得

$-5x=3-8$。

合并同类项，得

$-5x=-5$。

两边除以 -5，得

$x=1$。

（在平台上展示学生错误的解题过程，并请该同学讲解错误之处。）

3. 小虎在解一元一次方程 ●$x-4=2x+8$ 时，一不小心将墨水泼在了作业本上，导致未知数 x 前的系数看不清了，查看答案后知道"方程的解为 $x=-2$"，小虎由此就知道了被墨水遮住的系数，请你帮小虎算一算，被墨水遮住的系数是多少？

生： 设遮住的系数为 a，则原方程为 $ax-4=2x+8$，

因为原方程的解为 $x=-2$，代入，得

$-2a-4=-4+8$。

解得 $a＝－4$。

所以被墨水遮住的系数是－4。

点评： 这三道检测题是对本节课解决的几个问题的总结回顾。通过检测，可以了解学生对本节课知识掌握得怎样，能力提高到了何种程度，同时借助"教与学"网络平台教师还可以非常清楚地了解哪些同学已达到了目标，哪些同学还需课后加强巩固，从而制定出相应的措施以指导。

5. 思维导图

师： 看来这节课大家学得都很认真，我们来进行一下小结。

生： 学习了移项概念，方程中的某些项改变符号后，可以从方程的一边移到方程的另一边，这样的变形过程叫移项。

生： 移项的依据是等式性质1；移项的注意点是要变号。

生： 移项在解方程中有很多应用。（图 3-27）

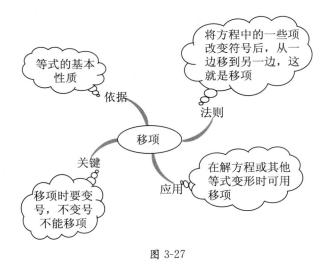

图 3-27

6. 学与玩

师： 你能否根据今天的学习内容自己编写一题，两人一组，互相完成对方编写的题目。

（学生两人一组互相出题。）

　　点评：总结过后安排"学与玩"是有目的地组织学生巩固本节课所学知识，而且能激起学生主动参与的兴趣，达到较理想的教学效果。学生由被动、独立学习变为主动、合作学习，学习兴趣一下子提高了。学生热情参与、积极出题、争先解决问题，在整个过程中，通过相互交流、沟通、互相启发、补充，学生之间分享彼此的知识、经验和思想，丰富了教学内容，实现教学相长和共同发展。

　　总评：(1)"先学"开放了学习方式，为"后教"把脉。陈老师的这节课将预学活动移到了课前，时间开放了，学生有充裕的时间来理解新知；任务开放了，导学单可以满足不同层次学生的个性化需求；资源开放了，学生可在网上观看微视频，可充分利用手上的学习资料，可与家长、同学共同完成学习任务，满足学生多样化的学习需求。(2)"后教"突出了学生主体，为"个性化学习"铺路。陈老师透过预学情况数据分析了解了学生自学过程中存在的具有代表性的问题。课堂上呈现的学习过程主要是师生讨论交流，学生以小组合作模式进行讨论探究。这节课以生为本，真正体现了教学是以学生的发展为本的。

　　这节课不仅改变了教学顺序，而且改变了学生传统的学习方式。对学生而言，他们真正成为学习的负责人和执行者，有了更多的时间和机会去发现适合自己的学习方式和技巧。而且辅助教学的微视频作为数字化资源是可以永久保存的，需要时可供学生查阅，特别是对于那些在课堂上经常消化不了新知的学生而言是很有帮助的。

2."资源包支持，个性化探究"课型

　　现行的数学教材在知识呈现方式上发生了很大的变化，结论性的东西越来越少，比较注重创设生动有趣、富有意义的问题情境，倡导师生利用教材提供的素材开展学习活动，让学生在多维互动中实现自主生成。我们不得不说现行教材由于篇幅的限制，在文字的系统性描述上不太完备，在很多关键环节上跳跃性很大，不足以帮助学生顺畅地突破自主学习难点，也就是说，用现行教材进行个性化自主学习很多学生是有困难的。在现代教育技术背景下，网络教学平台可为学生个性化的自主探究式学习提供有效的支持服务。我们可为学生提供详细的自主学习资源包，让它作为学生个性化自主探究的载体，从而提高学生自主学习的水平和创新能力。

　　学习资源包，可以是一个微视频课程、游戏学件、网络主题平台资源，也可以是一个 PPT 文档、一个 Word 文档，或一个分类明确的文件夹，等等。不管是什么形式的学习资源包，要针对其教学内容，提供全面、具体的服务于学生个性化探究

　　的资源，并要照顾所有学生的知识储备。但要注意的是，学习资源包在使用时要操作简单、灵活，学生可进退自如，要便于在网络平台上操作，为学生个性化的自主探究式学习提供支持和服务。

　　学习资源包的创建可以有多个途径。其一，教师根据《课程标准》的要求、教学内容和实际学情，同备课组老师群策群力，广泛收集资源精心制作成学习资源包，要特别说明的是，在围绕数学教材中的某个知识点创建配合学生个性化自主学习的学习资源包时，除了就教材内容补充习题外，还应有核心知识发生发展的背景资料、对教材内容的补充说明材料、动画学件等；其二，也可以围绕学习主题引导学生收集资源、整合资源，自主设计制作资源包，之后再提交到学习社区平台上，教师再进行有机的筛选和整合，制成学生的自主学习资源包，在这个过程中可以培养学生分析信息、整理信息、应用信息等综合能力。

　　"资源包支持，个性化探究"课型中，对资源包的内容要进行有效组织，使其做到结构合理、条理清晰，在文件夹里可通过子文件夹来体现层级结构，主题网站可通过导航菜单来分层呈现资料。教师也可利用任务驱动式的主题任务来分割学习资源包，可设计成连锁反应式的解锁模式，完不成第一个任务，就打不开第二个任务的学习资源包，这样有利于提高部分学习进程中的学习效率。

　　（1）课型特征。

　　在"资源包支持，个性化探究"课型中，除了完成有关新知核心要点的教学任务外，大部分的时间都可适时引导学生进行独立自主的探究式学习，这就需要教师创设主题情境，激发学生的探究意识，提供有效的自主学习资源包，并使其作为学生进行有效的个性化自主学习的帮手，让学生自动参与探究、乐于互动讨论、勤于动手实践，在解决问题的同时掌握操作知识和技巧。在这个过程中，教师只是一个"导演"，要激励学生按教学进度进行有条理、有层次的探究，教师可根据学生的探究情况，结合自主学习资源包里的有效信息，提醒大家合理使用，让学生通过学习资源包获得同样的教学指导，从而把课堂完全还给学生，让学生在轻松愉悦的数学学习活动中收获成功的体验。课堂上学生也可以在小组长的带领下，在自主学习资源包的引导下，进行合作探究，在分工协作中顺利完成探究任务，并对学习成果进行汇报展示。

　　①意识性。

　　其一，引发探究的意识。教育心理学家布鲁纳说过："知识的获得是一个主动的过程，学习者不应该是信息的被动接收者，而应该是知识获得的主动参与者、探究者。"在数学教学过程中，教师要利用数学本身的规律和诱人的奥秘，引导学生思考，帮助学生构建认知结构，培养自主探究意识。"资源包支持，个性化探究"课型改传统的"接受→储存→再现"的学习过程为"探究→发现→创造"的学习过程，实现了从以教为中心到以学为中心的转移，教师给学生以必要的指导和帮助，还给每个学生自主学习和个性化探究的权利。

其二，引发质疑的意识。在学生个性化自主探究的过程中，鼓励学生质疑问难是促使学生主动探究、发展能力的一个重要手段，但是由于质疑问难是一种开放性、多向性的信息交流，我们在引导时要注意以下几方面：第一，控制心理和对象。培养良好的提问习惯，使每一位学生都有"站起来提问"的权利和机会，特别关注学困生在发现问题、提出问题和解决问题过程中的闪光点，不断训练和提高他们的质疑能力。第二，控制答案和时机。质疑问难要把握时机，可以放在巩固环节，也可以在课堂预习时进行，通过学生质疑，教师就能多方面地捕捉到反馈信息，据此调控、优化教学过程，引导学生从不同方面、不同角度采用不同的表达形式，提出不同问题。在这个过程中，还要注意对学生创造性质疑能力的培养，以创造性质疑来发展创造性思维。

其三，学法指导意识。学生个性化自主探究成果的获得源于对合理的学习方法的掌握。一些学生对数学知识的掌握过于呆板，学生缺乏主动探究意识，究其原因，是他们没有习得学习方法，缺乏学习能力。达尔文说："最有价值的知识是关于方法的知识。"为了让学生在个性化自主探究过程中获得好的学习成果，我们必须重视对学生学习方法的指导，让学生学会运用所学的知识和策略主动地去探究新的知识，要指导学生学会观察要有目的，比较要有标准，归纳要会举例，概括要会分层。多给学生动脑、动手、动口的机会，重视用学到的知识解决实际问题的能力。实践证明，"资源包支持，个性化探究"课型在教学中给了学生更多的思考、探究和策划机会，让学生逐步养成了对自己的认知活动进行自我监控、自我评价、自我调节的习惯，真正实现了学习行为主体化，从而为未来的学习奠定了坚实的基础。

②兴趣性。《学记》中指出，引导学生学习时要"道而弗牵；强而弗抑；开而弗达"。从学生的心理状态来说，他们的学习活动最容易从兴趣出发，最容易被兴趣左右。培养学生的个性化自主探究能力，首先要激发他们的兴趣，只有激发了兴趣，才能使学生从被动获知的状态变为积极主动的求知状态。在兴趣中学习时，思维最

主动、最活跃，智力和能力发挥得最充分。教学中我们教师的职责不全在于"教"，也在于指导学生个性化自主地"学"，不能只满足于学生"学会"，更要引导学生"会学"。我们要用有效的手段诱发学生的学习动机，强化学生的学习动力。要以激发学生兴趣为起点，以创设学习空间为载体，以自主探究学习为核心，以培养自主创新能力为目标，让学生学会自主探究、自主体验、自我发现、自我选择、自我教育。

初中学生在心理上有较强的自主性，但在行为上对教师有一定的依赖性。他们对数学学习已经有了一些初步的朴素的认识，有潜在的主动探究的动力。由于学生的认识比较肤浅，学习方法还有待于进一步改进，这就需要我们进行恰当的启发、指导。其关键是以学生为本，以问题为中心，以讨论为交流方式，以思维强化为训练程序，让每一位学生都成为研究者，在我们教师的指导下自主发现问题、探究问题、解决问题，使学生从"被动的知识接受容器"转化为"主动的知识探究建构者"。

③体验性。《课程标准》指出"让学生亲身经历将实际问题抽象成数学模型并进行解释与应用的过程，进而使学生获得对数学理解的同时，在思维能力、情感态度与价值观等多方面得到进步和发展"。《课程标准》提出用"经历、体验、探索"等过程性目标动词刻画学生的数学活动水平，这里体验指的是学生在学习过程中对教材内容进行了内化之后，在特定的课堂教学情境中的一种内心反省。在我们日常的教学过程中，体验与感悟由于其潜隐性和长期性而被忽略，乏味、单调的认知生活满足不了学生不断发展的个性化自主探究知识的精神需要。原来的课程内容和学习活动方式，只是为了让学生习得书本上的知识，是为了完成教学任务，学生的学习历程还未完成，就急不可耐地抛出现成的、设定好的结论，这种教学忽视了学生的内在情感体验与感悟。

关注数学学习体验，既要关注学生情感、态度、价值观的形成，又要关注学生的学习过程和方法，关注学生的主体体验和内心感悟。只有让学生经历了数学的再创造过程，学生才能积极参与认知，真心流畅地表达感情，进行深层次的思维活动，才能使每个学生都能用自己内心的体验和感悟来学习数学。这样也有助于学生对数学知识的理解，有助于学生形成探究问题的意识，有助于鼓励学生发挥自己的想象力。只要学生用心地去钻研、去探索，哪怕遭遇的全是挫折与失败，学生也会获得一种体验性的过程知识，这些知识在后继学习中也会发挥作用。因此，在指导学生进行个性化自主探究时，不应一味地追求让学生获得完整的结论，而应着眼于让学生亲历知识的发生、发展过程，获得相关的过程知识。

在"资源包支持，个性化探究"课型中，我们要引导学生在亲身的体验中学习数学，这有利于他们主动构建知识，培养学生的数学意识和实践能力。只有学生在学习过程中有情感的投入，获得内在的动力支持，获得积极的情感体验，才有可能给感悟留下较大的发展空间，从而进行积极的、深层次的学习活动。在学生的个性化自主探究学习过程中，让学生获得积极的对知识发生、发展过程和学习策略的情感体验，既是落实过程性、体验性目标的要求，也是基于对学生的尊重、对学生的需要的尊重，对新课程人文精神的一种体现。

（2）课型流程与实施要点。

传统的教学过分注重知识的传授，而忽略了学生的学习过程和方法；只重视学生学会了多少知识，而忽略了学生获得知识的过程；只是把学生当作盛知识的容器，而忽略了对学生情感、态度、价值观的培养。当今的社会需要我们的教育培养出更多的具有发散性思维、批判性思维和创造性思维的人才，即培养具有高度创新能力和自主学习能力的创造性人才，而不是培养只会接受知识、只会记忆与背诵，不善于创新，也不善于自主学习的知识型人才。信息技术与教育技术已成为学生探索知识的重要工具，学生不应仅是"课堂上认真听讲的好孩子"，学习也不再仅是对教科书上内容的记忆与内化，学生要凭借信息技术这一现代手段多途径、多渠道、多层次地获取知识。

①"资源包支持，个性化探究"课型的具体操作流程如下。（图3-28）

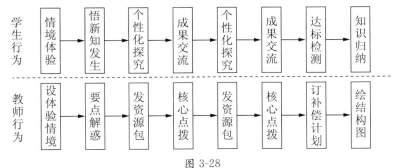

图3-28

其一，教师教学行为分析。

在新课导入中通过现场情境或问题情境，引导学生认识引入新知的必要性，并体验新知的发生和发展过程，在这个过程中教师只能言简意赅地对要点内容进行重点解惑或点拨。一节课中，教师可根据教学内容和学情下发两至三个探究资源包，每个探究活动结束后，由学生进行简要的小结，形式可灵活多样，以激发学生个性化探究的兴趣和激情。在学生的达标检测中，针对学情制订补偿教学计划，最后在结课中引领学生绘出知识结构图和方法结构图。

其二，学生学习行为分析。

在教师给出的体验情境中，感悟新知的发生和发展过程，对新知的概念、法则和数学思想方法有所领悟。对教师发的探究资源包进行个性化的探究，记录学习成果，并积累学习活动经验，尝试绘出知识结构图和方法结构图，在成果交流中认真听取同学和老师的见解，完善自己对新知的认知，通过达标检测，进行辨析和订正。

②"资源包支持，个性化探究"课型实施要点。

新课程特别强调教学方式的转变，特别强调对学生自主探究精神、创新精神和实践能力的培养。在现代教育技术背景下，"资源包支持，个性化探究"课型针对个性化探究性学习而设计，这是一种能充分体现学生主体地位和教师主导地位的课型模式。在这种模式中，学生不仅为追求发现而学习，也为追求自身的发展而学习，教师在整个教学过程中只起到一种"催化剂"的作用。这种课型要求我们教师要高度重视"激发探究"的教学思想，并依次去设计和整合教学。

其一，重视自主性。学习说到底是学生自主建构的过程，无论是知识的获得、能力的发展，还是创新精神的形成，都离不开学生自主自愿的参与，离不开学生的大脑乃至整个身心的"到场"。个性化自主探究学习是以学生自主性探究为基础的，对学习资源包中的探究任务的完成，学生在个性化的学习方式上必须有自觉的意识和反应，这些突出表现在学生对学习的自我计划、自我调整、自我指导和自我强化上，这个过程能培养他们的独立意识和主人翁意识，这对他们今后终身学习能力和独立人格的形成都具有积极的意义。

其二，激发探究性。探究性是以培养学生的问题意识和创新精神为取向的。学生可根据资源包中的相关信息去提炼问题，进而分析问题、解决问题。资源包中探究问题的创设要有一定的技术含金量，要有开启思路、指点迷津、化解困惑的"功效"，要能激发学生的发散思维，促进学生深度思考。

其三，关注过程性。学生的个性化自主探究学习虽然也要追求知识、技能和情感发展的目标，但更注重过程与方法、情感、态度与价值观方面的目标达成，强调学生通过探究活动获得亲身体验，逐步形成一种喜欢质疑、乐于探究、努力求知的心理倾向。学生知识的接受具有过程性，教师在此过程中要起到组织、帮助、指导和激励的作用，重要的是要关注学生个体的探究过程和群体的探究过程，这些过程中既有师生分别汇报和展示各自的成果，又有生生之间的相互切磋、相互借鉴、相互补充、相互完善。要在课堂教学中形成多层次、多通道、多方位的立体信息交流网络，为促进师生共同学习、发展自我创造条件。个性化自主探究学习充分体现了学生学习的自主性、问题的探究性、接受的过程性等特征，通过探究学习，学生可以自主发现方法、自主寻找思路、自主探究问题，进而自主解决问题、汲取知识。

其四，指导适当性。在个性化自主探究学习中，教师的"指导"是必要的，但"指导"得过于具体，就容易弱化"探究"，甚至影响"探究"的质量。当学生在探究中遇到解决不了的问题时，教师应积极帮助学生分析问题所在，找到解决方案。学生遇到困扰时，对于通过查找资料也解决不了的问题，教师要通过适当点拨，通过一个问题的解决，让学生学到思考的技巧，既解决了问题，又学会了方法，从而使学生的学习由被动变为主动，使学生既学到了知识，又拓展了思维。

(3)案例与分析。

"资源包支持，个性化探究"课型十分注重学生的探究性学习，探究性学习可以改变学生的学习方式，培养学生主动参与的自主性学习习惯。在这个学习过程中，让学生获得深刻、充实的探究经历和体验，使他们逐步养成喜爱质疑、乐于探究、努力求知的心理倾向，产生创新的积极欲望。倡导个性化自主探究学习不仅是要转变学生的学习方式，还要使学生体会知识的发生和发展过程，学会收集和加工资料，学会解决问题，从而获得在真实生活情境中发现问题和解决问题的能力。

【案例与分析】

资源包引领　自主开放式探究
——"全等图形"教学实践与感悟

(一)教材分析

"全等图形"是苏科版教学八年级上册第一章"全等三角形"第一节的内容，是继七年级下册"认识三角形"后学习的内容，在"全等三角形"这一章中起着承上启下的作用。学生从生活中熟悉的物体中、从书本和网络中寻找全等图形，初步对图形的全等有一个感性认识。本课通过观察、操作、交流等活动，利用全等变换深化学生对全等图形的认识，不断发展学生的空间观念，同时也为"探索三角形全等的条件"打下了基础。

（二）学习目标

①认识全等图形，理解全等图形的概念和特征；②欣赏有关图案，并能识别其中的全等图形；③通过观察、分割、裁剪、拼图等活动，积累对全等图形的体验，感受图形的变化；④通过图形变换认识和研究图形的一些性质，发展几何直观能力和空间观念。

（三）学习重点和难点

抓住全等图形的特征，利用全等变换构造全等图形。

（四）学习过程

课前准备：

在课前任务资源包的引领下完成下列任务：①独立完成进阶训练；②小组完成思维导图；③小组收集生活中的全等图形，并制作成PPT展示。

课堂教学：

1. 感悟新知，展示成果

师：课前大家已经收集了很多全等图形，接下来大家来欣赏一下这些全等图形吧。

三个小组用PPT展示收集的全等图形，并总结归纳全等图形的概念特征。

各小组将PPT推送到教学平台上，向全班进行展示。（图3-29）

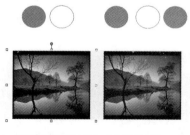
两幅风景画形状大小相同，所以它们是全等图形。

图 3-29

启示：在任务资源包的引领下，学生自己通过身边熟悉的事物或通过网络找寻全等图形，在找寻的过程中就需要甄别是否是全等图形，从而初步形成对全等图形的感性认识。

2. 互助释疑解惑

师：大家找了这么多全等图形，课前又已经学过了课本和微视频中的内容，关于全等图形，你有哪些认识，还有什么困惑？小组交流后，小组代表汇报。

生1：全等图形是指能完全重合的两个图形。全等图形的大小相同、形状相同。

生2：全等图形可以通过平移、旋转、翻折三种变换完全重合。

启示：学生通过课本和微视频已经了解了本节课的主要知识点，包括全等图形的概念、特征、全等变换。小组交流可以让不清楚的部分学生通过同学的帮助厘清概念。通过自学和同伴互助，学习简单的基础概念，这样节约了课堂时间，可以让教师把教学的重点放在学生的难点问题上，从而提高课堂效率。

下发第二个资源包：引领学生绘制全等图形知识结构的思维导图。

学生先进行个性化的学习，可独立尝试探究，也可戴上耳机进行视频学习等，之后再进行小组交流，最后全班展示。

师：请各小组将修改后的思维导图推送到平台上，同学们在欣赏的同时，进行再修改。（图3-30）

启示：因为本节课的知识技能目标只让学生认识、感受全等图形，积累活动经验，本节课的知识点也比较简单，所以对于思维导图在课堂一开始就让学生进行展示，各组虽然画法不一、美观程度不同，但基本内容都很相似，都抓住了全等图形的概念、特征、全等变换这三个主要知识点。通过思维导图，让学生进一步了解学生对本节课主要知识的整体掌握情况，并通过制作思维导图，让学生深化对各知识点的理解，建立各零散知识的联系纽带，建立知识整体框架。

3. 下发第三个探究任务资源包：引领学生创造和再创造

创造一：解决下面两个问题。①把1个图形分割成若干个全等图形；②利用全等图形设计图案。

学生进行个性化的学习和探究，将完成的作业经教学助理批阅后，上传到平台上，师生共同浏览点评。

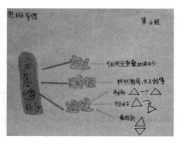
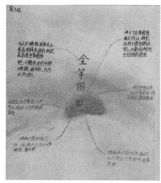

图 3-30

作业问题展示：用不同的方法沿着网格线把正方形分割成两个全等的图形（分割线加粗）。（图 3-31）

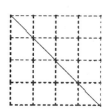
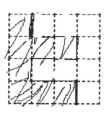
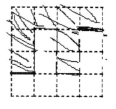

图 3-31

师：为什么这样画是错的？

生 1：没有沿网格线，要审清题意。

生 2：两种画法是一样的。

师：你怎么判断是一样的？

生3：图形经过旋转可以重合。

师：不同方法中的分割线有什么共同点吗？

生4：分割线两侧的图形是对称的。

生5：一共16个格子，要分割成全等图形，每个图形就是8个格子。

生6：分割线都经过网格的正中心。

启示：资源包中探究问题的创设要有一定的技术含金量，要有开启思路、指点迷津、化解困惑的"功效"，要能激发学生的发散思维，促进学生深度思考。在学生互相纠错的过程中，学生获得了解题的注意要点——审清题意，更获得了在网格中分割出全等图形的方法——数格子，分割线过中心。生生互动，同学间的方法共享，比教师的直接讲授更容易让学生接受。

创造二：用不同的方法沿着网格线把正方形分割成四个全等的图形。（教师通过智慧教室教学软件把问题直接发给学生，每位学生可以在自己手中的平板上完成任务，然后再上传结果。）经过上一个纠错环节后，这个问题的处理速度明显提高了，5分钟左右大部分学生都完成了上传。

师：有些同学完成得非常快，有什么诀窍吗？和大家分享一下。

生7：首先16平均分为4份，每个图形需要4个格子，我首先找到了4种基础图形。

生8：刚刚是分成两个全等图形，这里是四个，我先分成两个，再分别分割。

启示：设计这一环节的主要目的是让学生在学习了分割方法后可以熟练运用，及时自我内化课堂所学知识。一些优秀的学生在原来的方法上还能进行提炼，并能够运用化归的思想，进行问题迁移，完成自我提升。

创造三：任务展示。①利用一张白纸剪出1对全等的正方形；②用不同的方法把正方形剪成两个全等的图形；③用①②中得到的纸片拼成新的图案，并说明图案的寓意（一组拼一个图案，完成后利用平板拍照上传）。

教师在学生操作期间巡视观察，发现很多同学都知道通过把正方形对折可以剪成两个全等的长方形或等腰直角三角形，也有少部分同学想到与上面在网格中分割正方形联系起来，在白纸上画网格线，把正方形分成了两个全等的齿轮状图形，还有同学想到用过正方形中心的任意一条直线把正方形分割成两个全等的梯形。对于后面两种比较特殊的思路，让学生自己带着手中的纸片向全班同学演示讲解。

　　整个活动期间，学生情绪热情高涨，有的学生在不断地裁剪基础的全等图形，有的学生凑在一起想要拼出别出心裁的图案，有的学生用手慢慢地撕，有的学生用剪刀恣意裁剪出尽量多的正方形，有的学生开始坐不住了……当时间到时，各组均已拍照上传了自己的作品，当教室前的白板把各组作品都一一展示出来后，各组成员很兴奋地依次介绍自己的作品及名称或寓意，有的小组介绍说：我们拼的是兔子，象征我们像小兔子一样纯洁可爱。霎时笑声充满了整间教室。（图3-32）

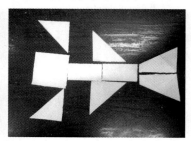

图 3-32

　　启示：通过折纸裁剪活动，学生进一步积累了有关全等图形的经验，并在此过程中，利用全等图形的概念、特征，自主发挥，自由创造图形。这也是对上述在网格背景下分割全等图形的一种变式，除了简单的对折正方形外，经过正方形中心的任意直线都可以分割出全等图形。最后通过全组拼图，让学生获得不一样的几何学习体验，直观感受、活动体验是激发学生学习兴趣的好方法。

　　4. 评估强化检测

　　（1）下列图形中，和右图（图3-33）全等的图形是（　　　　）。

图 3-33

A.　　　　　　B.　　　　　　C.　　　　　　D.

　　（2）下列各图形中，一定全等的是（　　　　）。

A. 各有一个角是30°的两个直角三角形

B. 各有一个角是30°，腰长均为5 cm的两个等腰三角形

C. 两个等边三角形

D. 斜边长相等的两个等腰直角三角形

（3）两个全等的直角三角形不能拼成的图形是（　　）。

A. 等腰三角形　　　　B. 平行四边形　　　C. 菱形　　　　D. 矩形

启示：通过 3 个小题进行课堂的效能评估，可以考查学生对基本知识点的掌握情况，第（1）题，可以考查学生对解决问题的方法的掌握情况，求解第（2）题学生可以画图，求解第（3）题学生可以动手操作拼图。

（五）回顾与反思

（1）学生是主角。学生是本节课的主角，"课前准备—课堂展示—变式引领—合作探究—评估强化"各个教学环节都在为学生的"自觉学习"创造机会，学生变"听"为"讲"、为"做"，突出了学生的主体地位，发挥了学生的主观能动性，增强了学生自己组织学习的能力。通过开放式教学，学生在独立学习、独立思考的基础上，小组合作，全班交流，增强了自我效能感，获得了学习自信，最后拼图的过程使本节课达到了高潮，所有学生都很兴奋，他们感受到了做中学的快乐，在活动的过程中不知不觉地获得了发现问题、分析问题、解决问题的能力，提升了思维品质，在活动中完成了自主学习任务。

（2）学生之间相互激发。学生知识的获得如果靠教师反复讲解，那可能是低效的，甚至是无效的，但如果学生在学习的过程中相互激发，知识是学生自己思考获得的，学生间相互评价，那么不仅是书本上的知识点，连一些解题的思想方法学生也能在课堂中不知不觉地内化成自己的，如网格中的分割全等图形问题，还有些学生能把所有正方形的分割问题都归结到过正方形中心这一点上，只有让学生自己深入思考，课堂上才能碰撞出智慧的火花，闪耀出学生集体智慧的火焰，师生才能共同收获高效的课堂。

（3）学生课前准备需要花费一定时间。课前学生要观看微视频预习，完成学习任务单，收集全等图形，制作思维导图，为了让学生能够自己在课堂上展示，课前需要做许多准备工作，我们也不免担心这是否加重了学生的课后负担。

3."题库检测，密集强化"课型

有的放矢地进行检测和试卷评析，可以帮学生总结教与学的成功经验，以便在学习中查漏补缺，纠正学习中的不良习惯和行为。"题库检测，密集强化"课型对巩固双基、规范解题、熟练技巧、查漏补缺、总结经验、拓宽思路、揭示规律、提高解决问题的能力、培养思维和创新意识等均有着特殊的意义。试卷检测和讲评，是数学教学的一个重要组成部分，是反馈学生学习状况的有效手段，对于澄清学生的模糊认识，校正错误，提高分析问题与解决问题的能力以及查漏补缺，激发求知欲，都起着不可低估的作用。可帮助我们找准教学中的问题，发现学生学习上的不足，及时予以补救矫正，并通过学生的自主评价、合作探究，进一步完善知识结构网络。

随着现代教育技术的不断进步，网络教学平台的测评系统的功能越来越强大，测评系统包括试题库、测验试卷的生成工具、测试过程控制系统、测试结果分析工具、作业布置与批阅工具。试题库的主要功能是将课程试题资源按照一定的教育测量理论加以组织，为测试试卷的生成与作业的布置提供试题素材，并为学生考试成绩的评价提供学科结构的支持。测验试卷的生成工具就是要根据测试的目的，自动从试题库中抽出试题，组成符合教师考试要求的试卷。根据考试的不同目的，可以有智能组卷、相对评价组卷、绝对评价组卷三种成卷方式，还可以在同一要求下，生成不同的 A，B 卷，以防作弊。测试过程控制系统主要是完成对网上测试过程的控制，在需要时锁定系统，不允许学生进行与测试无关的浏览，控制测试时间，到时自动交卷等。测试结果分析工具一般是根据每道题中的知识点和学生的答题情况，对一些教育测量指标进行统计与分析，根据这些测量指标所具体指示的意义，调整教学过程中的活动，并对具体学生给出诊断，对下一步学习提出建议。

知识教学和检测后的讲评，就是一种反馈控制，它对于知识达标具有决定性的意义。一切认识都离不开认知结构的同化和顺应作用，它们都是认知结构顺应于外物，外物同化于认知结构的这两个对立统一过程的产物。在传统的试卷评讲教学中，从试卷批阅、统计分析、数据整理、课堂讲评、巩固强化、针对性补救到再次达标是一个漫长的过程，而依靠网络教学平台的测评系统，这一切都简单多了。"题库检测，密集强化"课型旨在在检测后的讲评中进一步帮助学生形成系统合理的知识结构。对于那些暂时不能达标的学生，可以当堂为他们提供第二次，甚至第三次学习机会，使他们通过再次强化学习实现达标。

（1）课型特征。

试卷检测和讲评课是初中数学课堂教学的重要组成部分，检测和讲评的教学过程是在教师的指导下，学生通过再学习，完善认知结构的过程。上好检测和讲评课，对巩固双基、规范解题、熟练技巧、开阔思路、提高解决问题的能力、培养创新意识等有着特殊意义。数学试卷的讲评，应重视试题的时效性、主体性和针对性，注意评讲的创新，鼓励学生积极参与，避免就题论题，讲评中还要兼顾学生的心理感受，及时激励，让学生在每一次考试后都有成功感，都能获得良好的心理体验，从而不断获得提高。

①时效性。心理学告诉我们，反馈的时效性是反馈的生命，反馈得越迅速、越及时，就越能有效地对教学活动过程和师生的教学行为进行调控。讲评的好坏依赖于反馈信息的准确性，检测后及时讲评、及时反馈，效果才显著。实践证明，信息一经形成，所提供的速度越快，时间越早，实现价值越大。时效性越强，学生对新知识的训练重点、要求和检测内容印象越深。我们教师应抓住这最佳时期，信息反馈得越快，就越能引起学生的关注，这样就可充分利用学生在头脑中形成的记忆表象，及时纠正其错误，从而提高学生的学习效果。若不及时讲评，错过时期，学生对教师的反馈期待逐渐淡化，检测反馈就成了出力而无效的劳动。因为学生对所做试题的印象也会逐渐淡薄，时间拖得越长，讲评的效果就越差，甚至问题积累会造成恶性循环，对以后的学习也会造成障碍。因此对学生的评价要关注时效性，要及时反馈，选好典型问题，合理讲评。在"题库检测，密集强化"课型中，根据学生的检测结果，平台能立即给出学习结果和学习行为的分析数据，进行有效及时的反馈，平台系统会自动针对学生问题，缩小范围生成新的强化检测试卷，给学生再次学习的机会，还可以多次循环往复，给予学生强化、纠正的机会，这样时效性就得到了充分的保证。

②主体性。在"题库检测，密集强化"课型中，我们常常将教学活动分为两部分，第一部分是教师在课堂上针对检测试卷中总体错误较多的关键之处进行点评，第二部分是学生根据自己的数据反馈完成题库生成的新的强化检测，通过人机交互进行再强化学习。在第一部分的全班试卷评析中，要抓重点，评在关键处，要以学生为主体组织教学活动。由于不同学生存在的问题不尽相同，因而要调动各层次学生让其都积极参与讲评活动，使每一位学生都能在自己的发展区域里有不同的收获。通常我们的做法是先由学生个体自纠，再小组合作解决疑难问题，不能解决的或新生成的问题全班进行重点评析。这就要求教师从整体上把握讲评内容的层次性，使内容层次与学生层次相吻合。全班评讲活动不能成为我们教师展示自己解题"高难动作"的"绝活表演"，要让学生成为学习的主人，让他们在主动积极地探索活动中有创新、有突破，展示自己的才华智慧，我们教师的任务是点拨、启发、引导、调控。

要注意的是检测数据分析结果出来后，学生的情感经常会表现出强烈的多极性，不可忽视各类学生的心理状态，要用好激励手段。对各种优点的表扬要因人而异，让受表扬者既有动力又有压力，在对学生存在的问题提出善意批评的同时，应包含殷切的期望，使学生都能面对现实，找到自己努力的目标，振作精神，积极地投入下一部分的强化再学习中。对检测结果优异的学生，可根据他们的需要让其在平台上进行拓展提升学习。对成绩暂时落后的学生，要能和他们一起寻找原因，制订一对一帮教方案，鼓励其克服困难，奋起直追。要让他们也能在赞扬声中获得满足和愉悦，对他们的错误解法要指出其合理成分，并和他们一起研究怎样做就可以修正为正确答案，增强其信心，激发其兴趣，消除其压抑感，增强其成功感。数学讲评课应是师生交流、生生交流的群言堂，要给学生表述自己思维过程的机会，增加教师与学生、学生与学生讨论问题的时间，要让学生成为学习的主人，让他们在主动积极地探索活动中实现创新、突破，展示自己的才华智慧，提高数学素养和悟性。总而言之，无论在哪个教学环节，学生的发展性主体地位都不可忽略。

③针对性。数学教学的根本任务是发展学生的认知结构，而数学认知结构是由数学知识结构转化而来的。讲评应将分散于各题中的知识点和数学思想方法适当归类，并进行评价，形成知识和方法的系统结构。

其一，目标达成的针对性。教师要准确分析学生在知识和思维上的薄弱点，找出试卷中出现的具有共性的典型问题，针对导致错误的根本原因及解决问题的方法进行评讲，另外对内涵丰富、有一定背景的试题，即使学生对这个题目的解答无多大错误，也应以它为例，对它丰富的内涵和背景进行有针对性的讲评，以发挥试题的更大作用，拓展学生的知识视野，发展学生的思维能力。设计检测试卷时，要准确把握《课程标准》和教材的要求，掌握学生的学习实际，控制好检测试卷的难度、深度和广度，加强目标的针对性。

其二，学情的针对性。有效的检测试卷的设计会强调贴近学生的最近发展区。苏联教育家维果茨基的研究表明：教育对儿童的发展能起到主导作用和促进作用，但需要确定儿童发展的两种水平，一种是已经达到的发展水平，另一种是儿童可能达到的发展水平，具体表现为"儿童还不能独立地完成任务，但在成人的帮助下，在集体活动中，通过模仿却能够完成这些任务"。这两种水平之间的距离，就是学生学业成长的最近发展区。把握最近发展区，能加速学生的心智等诸多方面的科学发展。

只有针对最近发展区的教学，才能促进学生的发展。有效的检测过程体现的是通过解决学习过程中大量的"真实"和"有价值"的问题，不断地把最近发展区转化为现有发展区的过程，即把未知转化为已知，把不会转化为会，把不能转化为能的过程。

其三，方法的针对性。数学教学中方法是关键，思维是核心，渗透科学方法、培养思维能力是贯穿数学教学全过程的首要任务。在试卷讲评过程中，应该使学生的思维能力得到发展，分析与解决问题的悟性得到提高，对问题的化归意识得到加强。讲评内容决不应是原有形式的简单重复，必须有所变化和创新。"多题一解"和"一题多解"是需要的，但不在于方法的罗列，而在于思路的分析和解法的对比，从而揭示最简或最佳的解法。在设计讲评方案时，对于同一知识点应多层次、多方位地加以解剖分析，同时注意对学过的知识进行归纳总结、提炼升华，将其以崭新的面貌展示给学生，在学生掌握常规思路和解法的基础上，启发新思路，探索巧解、速解和一题多解，让学生感到内容新颖，从而学有所思，思有所得。通过讲评，训练学生由正向思维向逆向思维、发散思维过渡，提高分析、综合和灵活运用能力。

（2）课型流程与实施要点。

讲评试题课的教学是很有讲究的。批阅完试卷后，借助于网络平台的分析系统，要对全班学生的成绩进行分层分析，对全班的成绩有一个整体的把握，同时要分析哪些题普遍做得不好，做得不好的原因是什么，相应地对自己的教学进行改进，哪些题做得好，我们对主要的知识又采用了哪些有效的教学方法，我们应该通过这份试卷对自己的教学进行总结。"题库检测，密集强化"课型的教学流程具体如下。（图3-34）

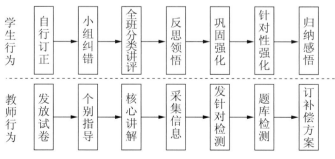

图 3-34

①教师教学行为分析。

课前要对试卷及班级成绩进行总的评价，分析考试中存在的问题，是知识点不扎实，还是方法、技巧缺乏；是能力有限，还是学习习惯的问题；等等。通过以上分析确定这节课的知识目标、方法技巧目标、能力目标。要对考试内容进行分析，如基础题、技巧题、应用题、能力题等各题得分率是多少，并找到每一位学生在不同的方面的长处和不足，制订个性化的帮助方案。

课堂上让学生先进行自行订正，在学生自行订正的过程中，要根据学困生的具体情况进行个别化指导，在重点和难点问题上进行核心讲评，教师讲解的题型分为两类：一是全班学生都解决不了的题；二是特别典型的题。在这两类试题的讲解过程中，对于典型题教师应着重分析和点拨解题思路，挖掘数学概念、数学规律的内涵和外延；或探寻题中的已知因素和未知因素之间的内在联系，再现正确的数学模型，透过题中的表面现象，抓住问题的本质特征进行开放式、发散式的讲解，并留给学生必要的思维空间，让学生悟深、悟透。之后再发放针对性检测（量不大，针对补缺），由平台自行批改，进而再度强化，教师根据平台收集的数据制订补偿教学方案。

②学生行为分析。

给学生一定的时间，让学生完成初次的更正，在更正的过程中，让他们从知识点、方法、技巧、审题等方面对自己的错误进行分类。对于学生不会的题，先让学生在小组内讨论，只有一人不会的题，可采用两人一对一地讲解的形式，而对于两人以上都不会的题，所有组员都应参与分析，教师在此过程中应进行巡视，对小组进行必要的指导。小组记录员记录好小组解决不了的问题及自己有疑问的地方。全班讲评时，小组展示自己不会的题或疑问，由别的小组来进行解答。在学生展示问题、解决问题的过程中，教师要对学生进行引导，让学生展示其思维的全过程，要给学生表达自己思维过程的机会和讨论问题的时间，允许并倡导学生对"评价"做出"反评价"，使学生在讨论、交流的过程中不断对知识进行强化和巩固。之后学生完成平台再次生成的检测，达到矫正、巩固的目的，最后进行归纳感悟。

"题库检测，密集强化"课型的实施要点如下。

第一，对优秀生，注重评价做题策略、得分率、局部失分的原因，帮助他们找出自己的不足，消除他们的骄傲自满心理，为后继学习奠定更坚实的基础，并帮助他们制订进一步优化学习的方案。同时要发挥他们在小组中的优势作用，与学困生进行良性的差异互动。

第二，对中等生，注重评价成绩的升降原因，找出成绩提高的因素，让其明确奋斗方向，使其相信只要自己努力就一定会成功。这样是让学生看到自己的不足，看到光明，从而增强必胜的信心。要帮助他们制订个性化的查漏补缺的方案。

第三，对学困生，注重评价其闪光点，激起其进步意识，分析制约其成绩提升的原因，指明努力的方向和应使用的方法。这样可以消除学生的自卑心理，使学生相信奋斗就会有收获，决不放弃自己学习。要帮他们制订一对一的补偿教学方案。

第四，对意外生，即对出乎意料成绩大幅度下降的学生，注重评价其成绩不稳定的因素，分析其可能存在的心理障碍，关注他们的情绪波动，做好思想工作，分析其成绩下降的客观原因，指出主观上存在的欠缺，帮助学生振作精神，好迎头赶上。这样可帮助学生增强心理承受力，提高抗挫折能力，不能让学生因为暂时的失利而丧失学好数学的信心。要帮他们制订一对一的补偿教学方案。

在"题库检测，密集强化"课型的教学过程中，要坚持以学生为主体，以教师为主导的原则，充分发挥学生的学习积极性，让学生明确自己在学习中存在的问题，知道问题产生的真正原因，找到解决问题的有效途径，让每位学生都能从试卷分析和密集强化训练中得到"良好的收益"。

（3）案例与分析。

在"题库检测，密集强化"课型的教学中，要创设一个良好的、轻松的、和谐民主的、开放的课堂氛围，因为沉闷的课堂氛围是不可能培植出学生良好的好奇心和求知欲的，营造师生平等、民主、和谐的教学氛围，可以让学生充分展现个性，闪露灵性。学生激情是培养学生能力的动力源，只有将学生的学习激情调动起来，学生才会轻松愉快地、主动地投入认知过程的各种思维活动中。教学中教师要凭自己饱满的热情、满腔的激情、得法的引导来激发学生的问题意识，从而激起教与学、师与生之间的共鸣。

【案例与分析】

苏科版数学七年级上册第二章"有理数"单元检测试卷讲评课教学设计

一、教学目标

1. 知识目标

有理数的概念和运算是初等数学的重要内容，它是学生后继学习的基础。本节课通过对"有理数"单元检测中的典型错误的剖析，使学生对所学的知识加深认识、形成经验，实现数学思想方法上的顿悟，并对思想方法进行提炼与升华，开拓解题思路，提高解题能力。

2. 能力目标

通过智慧教室平台，培养学生利用题库资源进行自我提升的能力；在教学中创设自主探究、合作交流的机会，提升学生线上线下混合学习的能力；在互动展示过程中，培养学生的问题意识和辨析能力。利用小组合作交流等方式，使每个层次的学生都有所收获；通过变式拓展，强化思维训练，激励学生主动思考、积极探究，培养学生的创新意识。

3. 情感目标

充分利用网络教学平台的功能和慕课资源，引导学生开展个性化学习，促进学生对知识的理解和掌握。鼓励学生从不同的角度思考问题、解决问题，加深学生对所学知识的理解，增强学生学好数学的信心；在交流互动中让学生学会倾听、学会尊重、学会理解，通过小组合作，培养学生会想、会说的良好素养和竞争意识。

二、教学重点与难点

教学重点：通过对典型错误的剖析，提高学生的分析思辨能力和解题能力，加深学生对知识的内化和理解。

教学难点：提高学生的分析思辨能力，让学生掌握解题策略，会灵活解决问题。

教学关键：找准出错的原因，关注数形结合等数学思想方法的应用。

三、教学过程

1. 自行订正

发试卷，给学生一定的时间让学生自行订正，在订正的过程中，从知识点、方法、技巧、审题等方面对自己的错误进行分类。

2. 小组交流

自行订正后，对于不会的题，先在小组内讨论，所有组员都应参与分析，教师在此过程中进行巡视，对个别小组进行必要的指导。

3. 全班交流

(1)教师课前对试卷及班级成绩进行总的评价，研究网络教学平台中的数据分析图表，通过图表分析学习中存在的问题，是知识点不扎实，还是方法、技巧缺乏；

是能力有限，还是学习习惯的问题；等等。

（2）典型错误讲评。

讲解题型分为两类：一是全班大部分学生都解决不了的题；二是典型的题或典型的解题思想方法等。

例如，题目：若 $|m-3|+|n-2|=0$，则 $m+2n$ 的值为（　　）。

A. 5　　　　　　　B. 0　　　　　　　C. 7　　　　　　　D. -7

在本题的讲解过程中，应重点分析和点拨解题思路，挖掘数学概念绝对值的意义、两数和为 0 的内涵和外延，探寻题中的已知因素和未知因素之间的内在联系，透过题中的表面现象，抓住问题的本质特征——绝对值非负进行讲解，让学生悟深、悟透。

4. 题库检测

可以让学生完成平台根据学生的成绩进行数据分析后自动生成的个性化检测卷，完成后提交，平台系统自动批阅。个性化自主订正，可自行再验算，可戴耳机看视频，可查看答案提示，可请教老师或同学等。

也可以让学生完成统一的由教师设计的补偿检测试卷，这对教师的统一指导而言压力较小。我用的是一份统一的检测试题。当前的教学平台的检测系统的功能还不完善，只能进行客观题的评判，鉴于平台教学功能的局限性，我将主观题转变成客观题的形式，第一次发的检测强化试题如下，让学生进行巩固性强化。

完成下列各题。

1. 如果 $+20\%$ 表示增加 20%，那么 -6% 表示（　　）。

A. 增加 14%　　　B. 增加 6%　　　C. 减少 6%　　　D. 减少 26%

2. 有理数 a，b 在数轴上表示的点如图所示（图 3-35），则 a，$-a$，b，-6 的大小关系是（　　）。

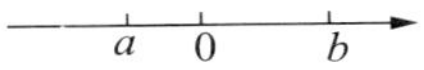

图 3-35

A. $-b>a>-a>b$　B. $a>-a>b>-b$　C. $b>a>-b>-a$　D. $-b<a<-a<b$

3. 下列说法中正确的个数是（　　）。

①一个有理数不是整数就是分数；②一个有理数不是正数就是负数；③一个整数不是正的，就是负的；④一个分数不是正的，就是负的。

A. 1　　　　　　　B. 2　　　　　　　C. 3　　　　　　　D. 4

4. 在 $-1\frac{1}{2}$，1.2，-2，0，$-(-2)$ 中，负数的个数有（　　）。

A. 2 个　　　　　　 B. 3 个　　　　　　 C. 4 个　　　　　　 D. 5 个

5. 有理数 a，b 在数轴上对应的位置如图所示（图 3-36），则（　　）。

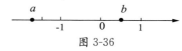

图 3-36

A. $a+b<0$　　　 B. $a+b>0$　　　 C. $a-b=0$　　　 D. $a-b>0$

6. 在 -5，$-\frac{1}{10}$，-3.5，-0.01，-2，-212 各数中，最大的数是（　　）。

A. -212　　　 B. $-\frac{1}{10}$　　　 C. -0.01　　　 D. -5

7. (2012·武汉中考)某市 2012 年在校初中生的人数约为 23 万。数 230 000 用科学计数法表示为（　　）。

A. 23×10^4　　　 B. 2.3×10^3　　　 C. 0.23×10^3　　　 D. 0.023×10^6

8. 用四舍五入法按要求对 0.050 19 分别取近似值，其中错误的是（　　）。

A. 0.1(精确到 0.1)　　　　　　　 B. 0.05(精确到百分位)

C. 0.05(精确到千分位)　　　　　　 D. 0.050 2(精确到 0.000 1)

9. 计算 $(-48)+(-2)^3-(-25)\times(-4)+(-2)^2$ 的值是（　　）。

A. -92　　　 B. -90　　　 C. 90　　　 D. 91

10. 若 a，b，c 三个数在数轴上的位置如图所示（图 3-37），则下列正确的是（　　）。

图 3-37

A. $b+c>0$　　　 B. $a\times b\times c>0$　　　 C. $c<2c$　　　 D. $b^4<0$

学生在 iPad 上完成，提交后平台系统自行分析，根据平台系统分析出的各题的正确率，选择交流或评讲的题目，主要还是以学生评讲为主。然后，再第二次发检测题进行针对性强化。

1. 下列说法中，正确的是（　　）。

A. 所有的有理数都能用数轴上的点表示　 B. 3 与 $\frac{1}{3}$ 互为倒数

C. 两个有理数的和一定大于每个加数　 D. 符号不同的两个数互为相反数

2. 在下列各数中 $-(+2)$，-3^2，$\left(-\dfrac{1}{3}\right)^4$，$-\dfrac{2^2}{5}$，$-(-1)^{2001}$，$-|-3|$ 中，负数的个数是(　　)个。

A. 2　　　　　　　　B. 3　　　　　　　　C. 4　　　　　　　　D. 5

3. 在数轴上，与表示 -2 的点距离等于 3 的点所表示的数是(　　)。

A. 3　　　　　　　B. 3 或 -3　　　　　C. 1　　　　　　　D. 1 和 -5

4. 下列说法正确的是(　　)。

A. 倒数等于它本身的数只有 1 　　　B. 平方等于它本身的数有 1 和 0

C. 立方等于它本身的数只有 1 　　　D. 绝对值是它本身的数只有正数

5. 下列说法中正确的结论是(　　)。

①若 a，b 互为相反数，则 $a+b=0$；②若 $a+b=0$，则 a，b 互为相反数；③若 a，b 互为相反数，则 $\dfrac{a}{b}=-1$；④若 $\dfrac{a}{b}=-1$，则 a，b 互为相反数。

A. ②③④　　　　　　　　　　　B. ①②③

C. ①②④　　　　　　　　　　　D. ①②

学生再次在 iPad 上完成，提交后平台系统自行分析，根据平台系统分析出的各题的正确率，选择交流或评讲的题目，主要还是以学生评讲为主。这个环节的安排要依课堂剩余时间而定。

5. 订补偿方案

根据单元测试成绩和两次强化检测的数据分析结果，针对学生个别化的问题制订个性化的一对一的补偿教学方案。

四、回顾与反思

1. 教学策略

(1)在试卷讲评的过程中，要关注对学生自我责任意识的培养，培养学生积极主动地进行自我订正、合作交流和分析思辨等，让学生学会掌握优秀的学习策略和思维策略，能自主、自觉地学习。

(2)在强化检测环节，要教会学生熟练地使用策略进行答题，让学生学会在平台中获取题库资源，提高学生自我纠错的能力，将学生在课堂中的"被动"心态转变为"主动"心态。

2. 教后感悟

(1) 突出自觉体悟。

在试卷讲评的过程中，始终要以学生为主体，把核心学习过程还给学生，充分利用良性差异，让学生在互动交流中相互促进，使学生在互动中体悟，在反思中感悟，在感悟中提高。教学中要变"教"为"导"，变学生的"听"为"学"，要导在关键处，点在迷茫时，切中要害，发挥学生的主观能动性。

(2) 突出自我求知欲。

亚里士多德有句名言："思维是从疑问和惊奇开始的。"而问题来源于学生的自我求知欲，有了问题，思维才有动力；有了问题，才会有主动探究的学习愿望；有了问题，才会有创新。教学中应让学生产生一种朝向、注视、接近、探索的心理与行为活动，有意地多给学生一些观察机会，促使他们在成长过程中把"好奇的疑问"变成卓越的创造。

4. "iPad 操作，自觉建构"课型

现代教育技术手段为课堂教学所提供的教学环境，使得课堂上信息来源变得丰富多彩，教师和课本不再是唯一的信息源，多种媒体的运用不仅能够扩大知识信息的含量，还可以充分调动学生的多种感官，为学生提供一个良好的学习环境。长期以来，人们对数学教学的认识就是概念、定理、公式和解题，认为数学学科是一种具有严谨系统的演绎科学，数学活动只是高度的抽象思维活动。然而我们在数学教学过程中发现，数学不只是逻辑推理，还有数学实验。波利亚曾指出："数学有两个侧面，一方面，它是欧几里得式的严谨科学，从这个方面看，数学像是一门系统的演绎科学，但另一方面，创造过程中的数学，看起来却像是一门试验性的归纳科学。"弗赖登塔尔也曾指出："要实现真正的数学教育，必须从根本上以不同的方式组织教学，否则是不可能实现的。"

在传统的课堂里，再创造方法不可能得到自由的发展。在传统教学中，学生的数学活动大多表现为以归纳和演绎为特征的思维活动，简约了数学的发现过程，常常把数学过分形式化，忽视了探索重要数学知识形成过程的实践活动，这制约了学生的发展。数学实验教学是再现数学发现过程的有效途径，它为学生提供了主体参与、积极探索、大胆实践、勇于创新的学习环境，提供了一条提升学生思维策略运用水平的全新思路。教育技术与数学课程的整合，更为数学实验教学开辟了无限广

阔的前景。根据实验教学的实践和探索情况，初中数学常见的实验大致可以归纳为以下两种形式：一是操作型数学实验。通过创设问题情境，使用一些工具、材料引导学生动手操作，引导学生自主探索数学知识、检验数学结论（或假设）的教学活动。这种实验教学常用于与几何图形相关的知识、定理、公式的探求或验证。二是思维型数学实验。思维型实验是按照真实实验方式展开的一种复杂的思维活动，思维型实验数学实验教学是指通过对数学对象的不同变化形态的展示，创设问题情境，引导学生运用不同的思维方式探究数学知识、检验数学结论（或假设）的教学活动。

现代教育技术根据现代化教学环境中信息的传递方式和学生对知识信息加工的心理过程，充分利用现代教育技术手段，调动尽可能多的教学媒体、信息资源，构建了一个良好的学习环境，在教师的组织和指导下，充分发挥学生的主动性、积极性、创造性，使学生能够真正成为知识信息的主动建构者，从而达到良好的教学效果。初中学生的想象力丰富多彩，他们愿意去发现各种新奇有趣的事物。用 iPad 作为学生学习的工具，能发挥信息化技术动态感知的优势，创设情境，激发学生去学习、观察、操作、想象等，满足学生个性化学习的需要。

"iPad 操作，自觉建构"课型，是运用现代教育技术手段模拟实验，借助于 iPad 的快速运算功能和图象处理能力，模拟再现问题情境，引导学生自主探究数学知识、检验数学结论（或假设）。iPad 能为教学活动提供并展示各种所需的图文资料，创设、模拟各种与教学内容相适应的情境，为抽象的数学思维提供直观模型，为学生的学习和发展提供丰富多彩的学习情境和有力的学习工具。实践证明，"iPad 操作，自觉建构"课型是根据初中学生的心理特征而创设的，他们喜欢动手操作，喜欢富有挑战性、新颖性、开放性的问题，学习和探究的热情度高。该课型是引导学生通过动手操作，去发现问题、提出猜想、验证猜想和创造性地建构新知的有效途径。

（1）课型特征。

过去数学教学中的测量、手工操作、制作模型、实物或教具演示等形式就是数学实验的形式，只不过是为了帮助学生理解和掌握数学概念、定理，以演示实验、验证结论为主要目的，很少用来进行探索、发现和解决问题。而"iPad 操作，自觉建构"课型主要是以 iPad 为平台，结合数学模型，模拟实验环境进行教学的新型教学模式，在整个实验过程中强调学生的实践与活动，学生可以采用不同的实验程序，设计不同的实验步骤。"iPad 操作，自觉建构"课型能充分发挥学生的主体作用，更有利于培养学生的创新精神、发现问题的能力和自觉建构新知的能力。在教学中要始终让学生成为学习的主人，自主的选择实验操作方法，自行制定实验步骤，教师是学生的"助手"。

①主体性。这里的主体性是指在网络教学平台的实验操作课程资源包的指导和引导下，学生自觉、主动地以 iPad 为工具，自主地探究知识、发现问题、解决问题。在这一过程中，我们要尊重学生的主体地位，因材施教，从学生的原有知识水平、学习特点和实际需要出发，确定课程资源包的内容、学生的探究方法，以及目标达成的程度。活动设计中要充分尊重学生的主体性，对学生既要放手又要放心，给他们留出足够的活动余地，为他们的自主活动、发展创造机会和条件。教学的关键作用点要落在学生的学上，要使学生张扬个性，积极主动地掌握各学科的基础知识和基本技能，发展智力，在以 iPad 为工具的探究活动中，养成良好的学习习惯，使其意志、品质、情感和行为能力得以发展。数学思想方法，隐含在知识里，体现在知识的发生、发展和运用过程中。教学过程中要重视数学方法的渗透，培养学生主动获取知识的学习能力。掌握了这种能力的学生就会主动参与到数学课堂学习活动中来，这又进一步增强了学生的主体性，也发展了学生的主体性。在教学中，教师要因势利导，引导学生对问题开展深入的研究分析，使学生不拘泥于一种模式，大胆创新，充分发挥自身的主体作用。

在教学中，我们应千方百计地从多方面调动学生的实验兴趣，学生对实验产生了兴趣，他们在学习中就有了动力，其主体作用就能最大限度地得到发挥，同时增长智力、提高能力。要把科学的思维方法纳入学生的认知结构中，使学生产生更广泛的迁移，多方位、多角度地培养学生的创新思维，培养学生主动参与学习的能力。学生一旦具有了这种能力，就能不断获得学习上的成功，增强自信和动力，更好地参与学习活动。在教学过程中，学生的实验活动过程的组织形式可以多样，应让学生充分展示才华。可以在教师的指导下让学生自己策划、准备、主持、打分、评比、小结。教师在这些活动中的作用是，提出意见、建议，做必要的指导。在这样的活动中，同学们的积极性会很高，会主动参与，各显其能，互相合作，让体验和探究式的主动学习精神得以发挥。

②严谨性。严谨性是指研究问题时要严格遵守逻辑规则，做到概念清晰、判断正确、操作规范、推理有据，它反映了思维活动或实验操作的严谨和缜密程度。在实验教学中，初中学生由于受认知水平和心理特征等因素的限制，操作和思考不严

谨的现象常会出现。

其一，操作严谨。做实验每个学生都喜欢，然而，每个学生的理解能力不一样，实验的成功与否主要取决于学生对实验中的重点、难点操作的把握程度，以及对实验现象进行分析思辨、归纳总结等能力水平。学生的实验过程中经常会出现这样的现象：实验操作手忙脚乱，实验过程凌乱不堪，实验结果出乎意外，实验效率难以提高，等等。另外，有些学生往往是在好奇心的驱使下盲目乱动，观察事物时常是杂乱无章的，缺乏系统性和目的性，观察时受兴趣和情绪的影响很大，有时常常偏离观察的主要目标，做了这一步不知下一步该做什么，颠倒操作过程，少做漏做，导致实验失败。因此，在实验前要让学生理解实验操作过程，做到在实验中操作严谨。

其二，表述严谨。在教学过程中，我们常会发现有些学生由于语言表述不够准确、严谨，导致在阅读理解题目或某些内容时产生分歧，甚至是理解错误的现象。确切地理解数学概念、公式、法则、定理的含义是思维严谨性的重要标志，学生的理解程度又常常反映在他们的语言表述中，教师除了进行语言示范外，还要引导学生注意定义、公式、法则、定理中的一些关键性词语，使之精确化，让学生学会用符号语言进行正确表述。在实验过程中，学生的表述不到位常常表现为本来想表述某种含义，但由于一些关键词缺少必要得定语而表述得不够全面或不到位，导致所要表述的含义出现了错误或偏差。因此，我们要引领学生进行规范严谨的表述。

其三，推断严谨。无论是合情推理还是演绎推理，都强调推断的严谨性，推断有据是思维严谨性的核心要求，推断的每一步都要符合逻辑要求。计算、作图、实验过程中也都包含推理过程。因此，我们一方面要培养学生严谨推理的习惯，另一方面也要经常帮助学生及时纠正推理中出现的逻辑错误。学生因缺乏对问题的全面考虑而使实验不完整，甚至出现错误的情况较为普遍，为帮助学生学会全面周密地思考问题，克服不缜密现象，在教学过程中，我们应注意选择一些合适的内容和时机让学生进行训练。教师不仅要设计总的实验问题，还要引导、帮助学生形成思考、分析实验的步骤和注意要点，还要启发学生对自己的实验进程进行评价、反思。我们在实验的开始阶段可以给学生更多的引导和控制，而随着实验的进行，随着学生理解的增进和技能的获得，我们要逐渐让学生更多地去管理自己的实验过程，负责自己的探索活动，并要求学生要全面、周密地思考实验中所产生的问题，做到推断有据，做到不停留在表面上，类比时不轻信，形成一种良好的数学思维品质。

③建构性。学习就是通过新、旧经验的相互作用来丰富或调整原有的认知结构的过程，是知识经验的生长过程，而不是简单的知识注入过程。建构主义认为，学习不是简单的知识传递过程，而是学习者建构自己的知识经验的过程，这种建构是通过新、旧经验之间的双向的、反复的相互作用而实现的。

其一，关注自身经验成长的建构。实验学习过程中，学生带着自己的经验背景与一定的实验情境进行互动，主动地对实验情境中的信息进行理解和判断，学生可以运用原有的知识经验和智慧，来对实验情境做出推测和假设，并通过操作、讨论等方式来检验这些假设的合理性，在头脑中不断地进行分析、判断、综合、推理、概括等，对自己的活动过程及结果进行反思抽象，从而建构起关于知识及活动的经验。因此，在实验活动前，我们要精心设计实验向导，帮助学生真正地、深刻地理解通过实验所要建构的知识。同时需要就实验内容设计出有思考价值的、有意义的问题，引导学生通过持续的概括、分析、推论、假设、检验等思维活动，来建构起与此相关的知识。在此过程中，教师要更多地帮助学生，让学生对自己的实验策略、理解状况，以及见解的合理性等进行监视和调节。

其二，参照他人的知识经验的建构。每个学生都有自己的经验世界，不同的学生可以对某种问题形成不同的假设和推论。每个学生不仅可以从自己的活动中获得知识经验，也可以通过对他人的活动过程及结果的观察和分析，来丰富或改造自己的经验。在实验教学中，我们常常安排小组合作学习，在小组合作中，合作解决问题、小组讨论、意见交流、游戏、辩论等形式可以让学生了解各种不同的观点，从而让学生学会厘清思路、正确表达自己的见解，学会聆听、理解他人的想法，学会相互接纳、赞赏、争辩、互助，他们会不断地对自己和别人的看法进行反思和评判。通过这种合作和沟通，学生可以看到问题的不同侧面和解决途径，从而对知识产生新的洞察。每个学生都可参照他人的知识经验，通过自己的分析、鉴别，评价这些假设或见解，形成自己对当前问题的理解，建构起真正属于自己的知识。

在"iPad操作，自觉建构"课型中，关注自身经验成长的建构和参照他人的知识经验的建构好似是一个硬币的正面和反面，是一个相互独立而又相互补充的整体，两者都不可缺少。在知识的建构过程中，学生要不断反思自己及他人的见解的合理性，看它们是否与自己的经验体系一致，是否符合经验事实，以及推论中是否包含逻辑错误等，因为建构不是简单地让学生占有别人的知识，而是让学生建构自己的知识经验，形成自己的见解。为此，我们要为学生设计情境性的、多样化的实验情境，帮助学生利用 iPad 这种有力的建构工具来促进自己的知识建构活动。

（2）课型流程与实施要点。

在"iPad 操作，自觉建构"课型中，通常由线上或线下的任务探究资源包提出明确的实验任务和学习目标，借助网络平台所给出的实验情境，让学生在 iPad 技术的支持下做操作实验，利用小组合作学习或者全班讨论，开展研究性学习活动。在实验过程中，依靠 iPad，让学生主动参与、探究、解决问题，从中获得有关数学研究和解决实际问题的过程体验、情感体验，完成知识建构，并产生成就感，进而开发学生的创新潜能。利用 iPad 进行数学实验教学，一般可按下列教学流程进行："问题—实验—交流—猜想—验证"。

①"iPad 操作，自觉建构"课型的教学流程如下。（图 3-38）

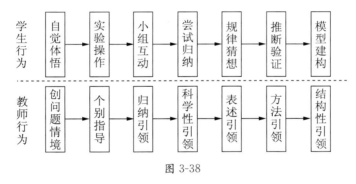

图 3-38

其一，学生学习行为分析。

学生根据教师提供的相关情境进行自学体悟，再根据探究资源包用 iPad 进行实验操作，小组内对实验操作的感悟进行互动交流，对实验操作的结果进行尝试性归纳，大胆地对规律进行猜想，再用合情推理或演绎推理进行验证，最后建构数学模型。在这个过程中要学会发现问题、提出问题、分析问题和解决问题，并以此来培养自己的表述能力，学会科学性地思考，提升建构模型的能力。

其二，教师行为分析。

创设适宜的问题情境让学生进行自觉体悟，在学生实验操作的过程中要对学困生进行个别化的指导，在学生的小组互动中要关注学生的归纳情况并适时进行引领，在学生的尝试归纳中关注其科学性，在学生的规律猜想中要关注表述的严谨性，在学生的推断验证中要关注方法策略的优化性，最后在学生自主建构模型的过程中要关注知识结构和方法结构的建构过程。

②"iPad 操作，自觉建构"课型的操作要点。

其一，情境与问题。创设情境是数学实验教学过程的前提和条件，创设合适的问题情境，应注意以下几方面内容：一是激趣。要精心设计问题情境，要合理运用文字与动画的组合，激发学生的学习兴趣，唤醒起学生积极思考问题。二是明晰。实验问题情境的呈现要清晰、准确，这是最基本的要求。三是方便。要具有可操作性，要便于学生观察、思考，进而让学生从问题情境中发现规律，提出猜想，进行探索、研究。四是挑战性。探索性问题的难度要适中，能产生悬念，从而激发学生去思考。五是简明扼要。创设的情境不宜过多，不要过于展开，用时也不要太长，以免冲淡主题，甚至画蛇添足。

其二，实验与活动。我们要根据具体学情来组织适当的活动和实验；活动形式可根据具体情况而定，我们是以 6 人一组的小组形式来开展实验的，也可以是个人探索，或全班一起探索。这里教师的主导作用仍然是必要的，教师给学生提出实验要求，学生按照教师的要求，在 iPad 上完成相应的实验，收集、整理相关数据，进行分析、研究，对实验的结果给出清楚的描述。在教师的指导下，学生通过观察、实验获得感性认识，有利于学生以一个研究者的姿态，在"实验空间"中观察现象、发现问题、解决问题，进而培养学生的想象力、解决实际问题的能力及严谨的科学态度和数学情感。

其三，交流与互动。在实验过程中，我们要让学生积极主动地参与到数学实验活动中去，促进学生掌握知识，发展思维能力。在小组或全班交流互动的过程中，通过发言、提问和总结等多种机会培养学生数学思维的条理性，鼓励学生对自己的数学思维活动进行整理，并明确地表述出来，这是培养学生逻辑思维能力和语言表达能力的一个重要途径。数学交流是现代数学教学中的一个新课题，把实验与交流结合起来凸显了数学知识的形成过程，我们提倡学生使用 iPad，借助 iPad 可以为学生学习数学提供便捷的实验环节，并且学生使用 iPad 做数学实验的过程也是一个很好的数学交流途径。

其四，归纳与猜想。猜想是一种灵感，要产生灵感，除了必须具有一定的数学修养外，还应该对面对的问题有比较深刻的理解。归纳与猜想这一环节和活动与实验、讨论与交流密不可分，常常相互交融在一起，有时甚至是先提出猜想，再通过实验验证。提出猜想是数学实验过程中的重要环节，是实验的高潮阶段。在实验教学中，我们要引导学生大胆地进行归纳与猜想，因为这是数学实验的教学目标实现程度的一种体现，是实验能否成功的关键环节。

其五，验证与数学化。我们要让学生知道提出猜想、得出结论并不代表实验结束，还需要进行数学化的验证，通常有实验法、演绎法和反例法。提出猜想是科学发现的一个重要步骤，但数学不能仅靠猜想来行事，验证猜想是科学精神、思想以及方法中不可或缺的关键程序，是对数学实验成功与否的"鉴定"。我们必要引导学生证明猜想或举反例否定猜想，让学生明白，数学中只有经过理论证明而得出的结论才是可信的和有生命力的。

(3)典型案例与分析。

在"iPad操作，自觉建构"课型中，学生在实验情境中进行"做"中学，体验知识的形成过程，对问题的发现、解决、引申、变换等过程进行实验模拟和探索，这种实验式的教与学拓宽了学生的思维活动空间，使他们的思维更具深刻性和批判性。同时，它不仅仅关心学生"知道了多少"，更关心学生"知道了什么""是怎样知道的"。它追求的不仅仅是解决数学问题，它更看重的是学生的理解、发现和创造，是解决问题的数学精神和乐趣。这体现的是一种新的求实精神，因而它更多的是对传统数学教学的矫正，也是一种有益的补充。伴随着教育技术的日新月异，数学实验的教学内容将逐渐增加，实验素材库将不断壮大，实验技术将更为先进与精巧，因而数学实验的教学思想和模式将具有更为广阔的天地、更为重大的作为。

【案例与分析】

货比三家①
——基于"e"教学背景下"构建自觉数学课堂"的教学与感悟

一、基本情况

(一)学情分析

本节课前，学生已经了解了数据统计的相关知识，掌握了数据收集的方法，会

---

① 选自江苏省第六届初中校长论坛观摩课，有删改。

用相关的统计图处理、分析数据，并会用这些分析结果解决一些简单问题。

（二）教材分析

1. 所授内容主旨

学习本课内容是为了使学生树立数据分析的观念，运用必要的知识和方法体会数据中蕴含的信息，了解在现实生活中有许多问题应当先做调查研究，收集数据，再通过分析做出判断；了解对于数据可以有多种分析方法，需要根据问题背景选择合适的方法，体会统计的核心是数据分析。

2. 学习目标

（1）知识与技能：

①经历收集数据、分析数据、做出决策的过程；

②提高运用网络收集信息及运用相关软件处理信息的能力；

③体会统计的核心是数据分析。

（2）数学思考：

体会"货比三家"的全过程，学会从数据中发现信息。

（3）问题解决：

亲身体验收集数据、分析数据、做出决策的全过程，学会用数学方法解决生活中的实际问题。

（4）情感态度：

在学习过程中，勇于阐述自己独特的见解，学会尊重和倾听，在共同探究中提高自己发现问题、提出问题、分析问题和解决问题的能力。

3. 学习重点和难点

重点：对收集的数据进行归纳整理，将整理后的数据运用统计图表的方式直观表示出来，并加以适当的分析，为人们做出决策和推断提供依据。

难点：客观、全面、多角度地分析数据。

二、教学过程

（一）自觉体悟

师：本学期学校立体操场建成后同学们都非常高兴，大家有了更充足的空间进行各项活动，老师也非常高兴，因为我又能和同学们一起进行课间锻炼了，老师也很珍惜这个锻炼机会，但同学们有没有发现老师跑步时不协调的地方？

生1：老师穿着雪地靴跑步。

师：是啊，老师缺双跑步鞋。其实老师也想买一双好的跑步鞋，就是不知上哪里买好，同学们能告诉老师你们通常在哪里买鞋吗？

生2：商场、专卖店、超市、网上……

师：好多选择啊！说实话，老师被这么多选择迷了眼，卖家都说自己的鞋最好，老师很纠结啊，同学们认为老师怎样才能选到一双满意的鞋呢？

生3：要货比三家。

师：为什么要货比三家？

生4：想要买到物美价廉、称心的货物。

师：那今天老师就想请同学们帮个忙，帮老师在网上选一双你们认为最适合老师的鞋，好吗？

生：好。

师：首先同学们认为货比三家要比什么？

生5：销量、价格、好评、服务、发货速度、质量……

师：这么多需要比较的对象，你认为哪个最重要？

生5：质量。

师：如何比较？

生5：先比较销量和好评，因为质量好的商品销量才会高，好评度也会最高。

师：比较出质量后应该继续比较哪些对象？

生6：价格，然后是服务态度和发货速度。

启示：这一环节的作用在于让学生进入真实的生活情境中，体会货比三家的必要性和可行性，选择比较的内容，为后面的数据收集和分析做好铺垫。

（二）收集数据

师：现在请同学们，打开iPad，请每个小组收集你们认为需要的数据。

学生先小组讨论，确定收集方案，然后进行操作。

师：我发现大家都收集了有关销量和好评的数据，这些数据是如何收集的呢？

小组4：我们可以打开淘宝网，输入"跑步鞋男"，点搜索，就可以找到我们要买的商品了，再按销量排序，发现有几个品牌的销量比较高，然后我们就合作收集了有关这些品牌的鞋子的销量数据，并选出了其中销量较高的几个品牌，收集了它们的好评度数据。

师：收集了多少数据？

生：三百多个。

师：非常多了。

师：其他小组有没有不同的数据收集方法？

小组 3：我们组一开始是这样收集的，点击 A 品牌，按销量排序，将第一页的数据收集起来，再点击 B 品牌，按销量排序，也将第一页的数据收集起来……这样按品牌收集数据比较方便。

师：这位同学收集数据的方法的确比第一种方法方便，这样得到的销量表数据是否能客观反映实际销售情况呢？

生 7：不能，因为有的品牌，比如 C 品牌，据我们统计，它的销量排在前 350 位的只有 10 家，而 D 品牌有 32 家。但如果按品牌搜索，一页每个品牌都有 40 个，把它们都记录进去，不能反映实际的销售情况。

师：那能不能对这样的收集方法进行改进，让它反映实际销售情况呢？

小组 3：我们发现最后一行销量最高的品牌的销量为 25 双，就可以将它定为最低标准，将其他销量低于 25 的数据删除。

师：这组同学对自己收集的数据进行了改进，从而让它更具有代表性，非常好。其他小组还有没有什么方法可以更全面地收集数据？

小组 2：我们认为要收集几个网站的数据一起分析，这样数据更全面。

师：通过同学们的展示，同学们认为收集数据要注意哪些方面？

生 8：收集的数据要有代表性，要全面。

体验感悟：收集数据要有广泛性、代表性。

启示：这一环节的作用是让学生亲身投入数据收集的过程中，面对网上海量的数据，思考如何收集数据才更具有广泛性和代表性。

（三）整理数据

师：同学们收集了这么多数据，看得老师眼花缭乱的，有没有什么办法能让老师更清楚直观地知道这些品牌的销售和好评情况呢？

小组 1：对于销量数据我们应该求和，对于好评数据应该求平均值（学生利用电脑软件操作）。

师：可是这样的数据我觉得还不够直观，怎么办？

小组 1：我们可以将这些数据制作成图表？

师：怎么制作？

小组 1：将销量数据制作成扇形统计图，因为可以看出各个品牌的市场占有率。将好评度数据制作成条形统计图，可以直接看出各品牌的好评度的高低（学生利用电脑软件操作）。

观察图表注意好评条形统计图。

师：这些品牌的好评度的高低一目了然了，很直观，但 C 品牌的好评度怎么这么低啊，我一直认为该品牌的质量不错啊。

生 9：这是因为这个统计图做得不好。

师：哪里不好？

生 9：它的最大值和最小值设置得太接近了，造成误解了。

师：那怎么办？

生 9：我可以改，将最小值改为 4。这样就好了。

师：同学们认为哪个图更能反映实际情况？

生：后面一个。

师：我们有的同学在自己画条形统计图时，为了方便，也会把条形统计图的纵轴刻度从靠近最小值的数开始取值，有时，这样制作出来的统计图就会让人产生错觉，要注意，我们自己画图时不能图方便，画出容易引起错觉的图，在看别人画的统计图时也不能只看条形的高低就认为谁是谁的几倍，还要看每个条形对应的数据。

启示：这一环节的作用是让学生经历数据的整理分析过程，选择适当的图表，让杂乱无章的数据直观地展示在我们眼前，从而为后面做出决策和推断提供依据。

（四）分析数据

师：每个小组都有了自己的数据分析结果，根据你们的分析，你认为哪个品牌最有竞争力？请说明理由。

小组 1：我们选择 D 品牌，虽然它的市场占有率不是最高的，但它的好评度最高。

小组 2：我们支持 E 品牌，因为我们组的数据显示，E 品牌的销量最高，而好评度几个品牌差不多，因此应该选 E 品牌。

小组3：我们支持B品牌，虽然E品牌的销量最高，但我们发现其中有一个极端数据"6 214"，引起这个极端数据的原因可能是这段时间这个商家举办了特殊的活动，去掉这个数据，它的销量就低于其他品牌的了。而且B品牌在运动品牌排名中世界排名第一，我们觉得应该选择它。

师：但我发现B品牌的好评度并不高啊？

小组3：这可能是因为网上购物质量不能保证，如果买家买到的不是正品就会给出差评，影响它的好评度。

师：也就是说，你们组认为收集的数据不能反映这些品牌的实际质量，还应该考虑这些品牌的世界排名？

小组3：是的。

小组4：我们支持F品牌，"天猫"上的数据显示，F品牌的市场占有率最高，好评度也最好，而且F品牌制造的是专业跑步鞋，B品牌生产的是综合体育用品，在跑步鞋这一项上，F品牌比B品牌更值得信赖，另外我们也采访了校园里的很多同学，从他们的穿着感受上来看F品牌的支持率也是最高的。

体验感悟：分析数据要全面、客观、全方位、多角度。

（五）做出决策

师：看来同学们根据从不同网站收集的数据分析出来了不同的结果，也有小组结合了品牌优势和身边的数据做出了选择。但选好品牌只是第一步，要买到一双鞋，我们还要比较什么？如何比？

生：价格、评价、服务、发货速度。

师：请每个小组将自己的最终决策和大家分享。

小组1：我们选择的是D品牌这款鞋，这个店铺的价格最低，销量最高，好评度也最高。

小组2：我们选择E品牌的这款鞋，款式好，价格低，信誉度高。

小组3：我们选择B品牌的这款鞋，在三个店铺中价格相差很大，最低为299元，最高为499元。我们最终选择了299元的这一双。

师：那会不会是假货啊？

生：不会，因为虽然499元这一双是B品牌官方旗舰店的，销量也很高，但我们发现其实在12月初到12月12日这段时间，它的售价也是299元，而且主要的销量都是在这个时间段产生的，也就是说这双鞋 299 元就可以买到正品，老师如果现在在这家买，平白就多花了 200 元。而且 299 元的这双鞋价格这么低也是有原因的，老师需要的 43 码的鞋他们家只有一双了，很多颜色都没有了，也就是属于断码打折，从买家的评价来看，也都认为是正品，可以放心购买，就算万一收到的鞋有质量问题，这家店铺也可以无条件退货，所以我们选择这家店铺。

小组 4：我们小组比较了 F 品牌的这三家店铺。同一款鞋的价格分别是 399 元、259 元、256 元。最终我们选择了 399 元的这双鞋。因为这双鞋虽然最贵，但它的卖家是官方旗舰店，销量最高，评价也最高，绝对正品。其他两家虽然便宜，但销量不高，颜色尺码都不全，评价中有几个提到了鞋子有瑕疵、颜色有问题、疑似为假货等，虽然可以无条件退货，但也会给老师带来麻烦，多一百多元买个放心还是值得的。

各小组展开了激烈的辩论……

师：同学们都从不同角度为自己支持的商品进行了热情的推荐，听着都很有道理，现在到了最终决策的时刻了，请同学们根据大家的发言，自由做出自己的选择。

最终 F 品牌的鞋获得了最高支持率。

体验感悟：做出决策要综合考虑、理性对待。

启示：这一环节的作用是让学生深入分析自己收集的数据，体会到对于同样的数据可以有多种分析方法，媒体提供的数据不一定可靠，要学会全方位、多角度、客观理性地进行分析再做出最后决策。

（六）自觉建模

师：这节课同学们用 iPad 操作，进行了自主探究和合作交流学习，初步培养了借助现代化信息工具收集和分析数据的能力。通过这节课，你们构建了怎样的数学知识和方法模型？

生："货比三家"从方法结构上，要分为六个步骤。(1)判断"货比三家"的必要性和可行性；(2)选择比较的内容和标准；(3)收集数据时要注意数据的广泛性和代表性；(4)整理数据时要学会用适当的图表来进行直观表示；(5)分析数据时要注意全方位和多角度；(6)做决策时要进行综合、客观和理性的考虑。所构建的数学知识和方法模型如图 3-39。

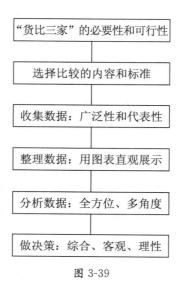

"货比三家"的必要性和可行性

选择比较的内容和标准

收集数据：广泛性和代表性

整理数据：用图表直观展示

分析数据：全方位、多角度

做决策：综合、客观、理性

图 3-39

（七）扩开思域

播放微视频，让学生感悟到大数据时代对数据分析处理能力的要求日益提高，我们要学会运用所学的数学知识和方法，尽可能多地从数据中提取有用的信息，并能根据问题的背景选择合适的方法，而不是单纯地学习名词、计算方法等。

三、教后感悟

随着新技术在教学中的日益推广，如何在数学课堂中进行"e"教学，成为我们每个数学老师必须思考的问题。苏科版数学九年级下册"货比三家"这节课需要学生综合运用初中数学中的统计知识来解决实际问题，传统课堂往往是给出不同的情境、数据，学生根据条件做出决策。而运用"e"教学，我认为就可以把生活中的数学完全地展现在学生面前，让学生自己收集数据，极大地拉近了数学与生活的距离。学生在上网面对海量数据的同时，就可从"货比三家"为什么要比？比什么？怎么比？三个层次自觉体悟到数据收集要有广泛性、代表性；分析数据要客观、全方位、多角度；做出决策时要综合考虑、理性对待。对于同学们来说，现代数据终端"近在咫尺、随手可得"。同时学生还学会了如何运用相关软件帮助我们分析数据，做出合理决策，这也是21世纪"大数据时代"对学生的一项基本要求，运用"e"教学手段，我们也可以让学生这方面的能力得到更快的提高。对于教师来说"e技之长"如何体现，也是一个"近在咫尺"的问题，相信随着我们的不断探索，"e 技之长"一定会让我们的课堂更精彩。

5."模块整合，立体架构"课型

数学的知识内容具有抽象性的特点与学生认识事物具有形象性的特点是学生认识过程中的一对矛盾体。教育技术具有高超的图形演示功能，能变静态为动态，化枯燥为主动，启迪学生思维。我们要善于运用教育技术手段，创设逼真的教学情境，激发学生探索知识的欲望，优化数学课堂教学，提高学生的理解能力和逻辑思维能力，提升课堂效率。

复习，从字面上简单地说是"重复的学习"，但不应是"无聊的重复"。复又有"又"的意思。是"又一次学习"的意思。我们应该知道，数学单元或专题复习是对数学知识再认识、数学方法再提炼、数学思想再升华、数学能力再提高的过程。因此，必须树立正确的复习目标，以夯实知识基础、提高学习能力为基本原则，通过复习力求达到使模糊的知识清晰化、缺漏的知识完整化、零散的知识系统化的效果。如果说平时的教学是"只见树木不见森林"，那么复习课必须做到"既见树木，又见森林"，让学生感到通过复习头脑更加清醒、思路更加清晰、方法更加灵活，能够举一反三、融会贯通、游刃有余。

围绕这样的复习目标，对知识点的复习就不应再是简单的回忆，而是应该把平时相对独立的知识以再现、整理、归纳的方式串联起来，形成知识网络，让学生加深对知识的理解与内化，形成自己的学习能力。围绕这样的复习目标，习题的练习就不能盲目进行，不再是多多益善，而必须有选择性、有针对性地精心筛选，通过练习使各个层次的学生在不同方面都有所思、有所悟、有所获，从而不断提高学生分析问题、解决问题的能力。

在"模块整合，立体架构"课型中，在线上课程资源包的引领下学生进行自主的复习模块的知识归类整合，整理出思维导图，精选典型的例题，在小组内进行互动交流，再利用网络教学平台，进行全班展示性反思学习。把所学知识分门别类地进行归纳整理，或把相关概念，如定义、定律、法则，放在一起加以对比，帮助学生弄清知识之间的区别及联系，让知识掌握得更牢固，实现知识结构的立体化架构；再通过典型例题引领，和同学们的资源推送，促进学生能力和方法的立体架构。要由浅入深、循序渐进地组织教学，让学生的认知结构逐步完善。通过教育技术组织大量练习题，展示各种练习形式，提高练习密度，让学生练得主动，并取得较好效果。

（1）课型特征。

专题复习课是促进知识网络形成的重要课型。在"模块整合，立体架构"课型中，专题复习常常有两大类型。第一，是由知识本身的逻辑系统引申出来的，为了强化和构建该类知识的体系，在复习该专题时，要唤醒学生所学知识，引导学生发现前后知识之间的逻辑关系或联系，要关注知识之间的层次性、题目之间的系列化等，让学生进行分析和整理是主要的。第二，是对所学知识的查缺补漏，要仔细研究学生在前面学习过程中所出现的问题，将其集中起来进行重点突破，这些题目最好前后衔接，形成序列，尤其要引导学生发现和分析错误的原因，强化正确思路，还要让学生学会变式应用，学会举一反三。

①结构性。

其一，知识结构要明确。我们在引领学生进行专题复习时发现，学生常常会存在概念不清、知识结构不明确等问题，如知识点凌乱、知识结构散漫、记忆理解不深刻、题目容易混淆等。我们要通过教学平台进行学前检测，得到第一手数据，为处于不同层次的学生制订个性化的专题复习方案，因人而异地确定学习目标、步骤和解决问题的方案，并且帮助学生有效地进行目标时间管理、建立知识结构体系。要特别注意引导学生对知识结构进行自我梳理，对知识系统进行自我建构，让学生逐步学会自查自纠、自我反馈、自我修复。

其二，能力结构要完整。能力结构是一个人所具备的能力类型及各类能力的有机组合，能力不是某种单一的特性，而是具有复杂结构的多种心理特征的总和。学生在平时的学习中，解决问题时常常是依葫芦画瓢，没有真正掌握每一种题型的解题思路或技巧；或处理问题的方式过于死板，虽然知道该题涉及的知识点，但是却不知从哪里开始下手，缺乏对解题思路的完整的探索过程。在教学中我们要引导学生掌握解题的一般思路和通性通法，并加强变式拓展训练，增强学生解题的灵活性与变通力，帮学生建构完整的能力结构，要有效地培养和训练学生的发散思维能力、观察能力和逆向思维能力，特别是要提升学生的分析问题和解决问题的能力。

其三，方法结构要全面。在平时的学习中，学生对知识点的理解常常会较为浅薄或单一，知其然不知其所以然，也不知道该知识点和其他知识点的联系。把曾经解答过的题变换某些条件，移植到另一种情境中后，就找不到解决问题的方法了。究其原因主要还是对解决问题的方法缺乏本质性的理解，没有学会灵活运用，不能融会贯通。教学中我们要多做针对例题和典型题的解题分析，多做一题多解和多题一解的分析研究，使学生的方法结构不断趋于完整，不断提升学生的解题策略的运用水平。

②拓展性。专题复习的拓展性是指教师要结合教学内容，让学生对所学知识和技能进行适度延伸，可以是对一个知识点的拓展延伸，也可以是对模块内容的拓展延伸，旨在促进学生对核心知识加深理解，了解知识间的关系，拥有举一反三的能力。让学生利用知识和技能的迁移性进行思考、解答后，教师要进行适度的点拨和补充，以帮助学生建立知识结构，形成技能体系。

其一，对核心知识点的拓展。在专题复习过程中，筛选例题和习题时，一定要关注典型性、代表性和层次性，应选择那些能较好地涵盖相关知识、技能、数学思想方法的题目，或是学生容易出错的、与生活联系密切的、应用较广的题目，既要注重基础性，还要注重提高性和综合性，应该说这样的例题是该复习内容的核心知识点。在教学中要由浅入深、循序渐进，逐步引导学生把问题深化，揭示出解题规律。此外，我们要在学生都做题时多发现问题，不要看到多数学生都做错同一道题了，就去讲解这道题。而不去研究学生做错题的原因。学生的有些错误比较典型、普遍，而有些错误的解题过程中很可能体现着某些积极因素和重要的思考方向，具有一定的讨论价值。如果把这样的错误展示在学生面前，引导学生对错误展开深入剖析，揭示错误根源，这不仅能使做错题的学生茅塞顿开，而且还可以引发其他学生的再思考，使不同层次的学生都能有所启发和提高，这也是从反面对核心知识点的拓展。同时，也要注重开放性和探索性，应该选择一些开放性习题，让学生通过对开放性习题的探索，学会思考，提高发现问题、分析问题、解决问题的能力。

其二，知识组块之间的拓展。教师通过对类似的、相近的问题进行比较、分析和整理，使知识点中某些性质相同的内容在思维中表现出一致性，使某些性质相反的内容在思维中表现出鲜明的对比性。这种一致性和对比性相统一的思维材料组成的集合体叫作知识组块。知识组块有下面一些特点和功能：知识组块有"专题"研究的含义；知识组块随着学习者认知活动的不断深入，可以不断地修改、扩充；学习者掌握知识组块的数量与质量直接影响学习者解决问题的能力，学习者头脑中的知识组块数量越多，质量越好，其解决问题的思维过程就越清晰、简单，有时甚至会出现"顿悟"现象；知识组块的形成必须以足够的知识点为基础，知识组块是学习者掌握的知识不断深化的结果。教学中可以通过题目的分类归纳和有效组合，集中力量解决同类题中的本质问题，总结解析这类题目的方法和规律，让学生有所体会和感悟，从而触类旁通，逐渐养成善于总结、勤于思考的数学品质。在专题复习中，我们要让学生看到树木，也看到森林，就必须将知识组成知识组块，这样也便于学生建立知识结构图谱。

其三，迁移性思考。根据迁移的内在心理机制，我们可把迁移分为同化性迁移、顺应性迁移与结构重组性迁移，前文已经有介绍。同化性迁移是指不改变原有的认知结构，直接将原有的认知经验应用到本质特征相同的一类事物中去，以揭示新事物的意义与作用或将新事物纳入原有的经验结构中。这里的迁移性思考主要是指同化性迁移。

策略的选择成功与否，直接制约着教学目标的达成程度，直接关系到课堂教学效益的高低。在进行知识组块复习时，教师要精心选题，注重揭示同类知识、交叉知识的内在联系和相互之间的影响，让学生在形成知识体系结构的过程中，提高思维能力。要优化设计，打造出形式清新同时又符合学生认知规律的问题系列，让学生通过思考发现自己知识上的漏洞或能力上的不足，然后教师再借题发挥，可以进行诸如母题与衍生题之类的练习，演绎出相关的知识、规律、解题方法、技巧等，从而使复习效果最大化。这与传统的教师先讲知识，再通过问题进行强化巩固的复习方法相比，其优势十分明显。解决了每道例题后，根据学生学习情况，及时给出1~2道变式训练题，引导学生学会对此类题目举一反三，将解决问题的方法迁移到不同的问题中，达到熟练、巩固和提升的目的。只有这样，学生参与多了，领悟也就透彻了，分析问题、解决问题的能力自然而然也就提高了。

（2）课型流程与实施要点。

在数学专题复习课中，从学生发展的角度来说，让学生获得梳理知识、建构知识网络的能力，形成建构的意识显得尤为重要。这种能力和意识是在自主整理、主动建构的过程中获得的。此外，还要让学生通过交流、精讲点拨等，完善知识结构，沟通新、旧知识的联系，形成完整的知识体系。

数学复习活动是对已学内容的再回顾、再组织、再应用、再反思。设计复习课时，既不能在学生原有的水平上打转，也不能使学生因内容难以理解而一头雾水。复习的主要任务是对先前学习过的知识进行更高层次的概括、更大范围的系统化，并对数学思想方法与解决问题的策略进行集中的提炼，从而发展学生的数学思维和数学意识，让学生进一步感悟数学。

①"模块整合，立体架构"课型的教学流程如下。（图 3-40）

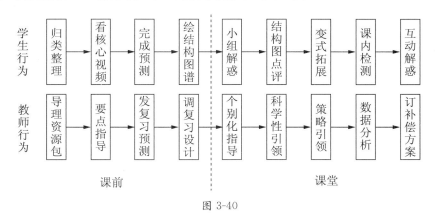

图 3-40

其一，教师行为分析。

课前行为：首先教师要创设导理资源包，其中包括单元或专题导读、文本资源、视频资源、导理活动单等，在导读材料中对单元或专题的核心要点要给出人指导性的学习建议，然后发放复习预测卷，根据学生学习的数据分析学生的薄弱点，调整复习课的教学设计。

课堂行为：在学生小组交流相互解惑的时候，教师要根据课前学情数据，对学困生给予个别化指导。在全班交流知识结构的思维导图时，要关注其科学性、正确性和合理性。在综合运用知识进行变式拓展例题研究中，应体现学路优先，尽量让学生来讲解，教师主要关注策略与方法的点拨，根据课内检测中学生的学情数据制订补偿教学的方案。

其二，学生行为分析。

课前行为：根据教师所提供的导理资源包，对本单元或本专题的知识进行归类整理，对每一个数学概念、定理、法则等都自主复习到位，再根据教师的指点观看本单元或本专题的相关视频（核心视频一定要看，还有一些澄清概念等的视频也要看），完成教师发放的复习预测卷，最后绘出本单元或本专题的知识结构和方法结构的思维导图。

课堂行为：小组内交流预复习过程中的收获、困惑，相互交流、评价所绘出的思维导图，各组选一幅有代表性的思维导图进行全班交流展示，对教师提供的变式拓展例题进行积极思考和辨析，创造性地开发不同的思路，认真细心地完成课内检测，最后进行互动交流解惑。

②"模块整合，立体架构"课型的实施要点如下。

其一，知识梳理要突出自主性。在知识梳理的过程中，应该给予学生充分的时间和空间。在对已学知识进行梳理时，应根据不同的内容采用不同的方法，可以完全由学生自己梳理，再让学生互相交流补充，也可以利用填表、填框图、完成知识树等方式引导学生通过填充回忆、整理复习内容。在整理知识框架的基础上，使学生带着问题预习，所设计的问题一定要体现知识的整体性，要设计一些相互对比、系统归类、承上启下的问题，加深学生对重点知识的记忆与理解，构建知识结构思维导图。要让学生亲身经历知识梳理的过程，带着困惑、疑问去交流。

其二，典例剖析要突出规律性。针对所复习的相关内容，精选一定数量的典型题目供学生尝试探索，在教学过程中，要用一些技术手段，有目的、有针对性地选择一些典型例题，可以让学生板演或实物投影，以充分展示学生的思维过程、解题障碍或典型解法。我们要引领学生对重点、难点、疑点、知识的交汇点进行分析、总结和归纳，帮助学生厘清解决问题的思路，找出解决问题的方法和规律，促使学生在知识的理解与掌握，方法、规律的运用等方面能力得到提升。学生的解答过程，在小组里可由教学助理批阅或同位之间相互批阅，最后再将其解答过程推送到教学平台上，在展评时对典型问题可让学生进行再评，教师应指出错误之处及改正的方法、出错原因、有无其他解法等。教师要适时评价学生的批阅是否恰当、合理以及如何避免错误等。通过学生的推送展示、批阅、交换批改、错误分析，引导学生比较各种解法的优劣，总结求解典型例题的通性通法，归纳解题规律、解题步骤等。教师要提炼、总结出解决问题的注意事项和主要思路，并进行强调。

其三，指导学法要突出反思性。我们的教学过程旨在开启和增强学生的主体意识和创新能力，培养和发展学生的主体能力，塑造学生的主体人格。只有使学生成为教育活动和自身发展的真正主体，才能让学生在未来的竞争中取胜；只有增强学生之间的相互学习，才能使学生在共同提高中自由驾驭知识。学生若能够养成质疑、反思的习惯，就具备了养成良好的数学素养的基础，就具备了创新意识和能力发展的基础。如果学生对题目只会做，不会反思，就不会有进步，更不会有创新。因此，我们在复习课教学中尤其要注重学法指导。授之以鱼，饱食三餐；授之以渔，受用终身。我们不但要交给学生"钥匙"，还要交给学生制造"钥匙"的方法，达到讲一题、会一类、通一串的目的。绝对不能讲一题丢一题，而要留给学生足够的思考时间，让学生主动地去质疑反思，归纳解题通则，学会把握数学的思维规律和数学思想方法，从而使学生享受学习数学的乐趣，养成勇于质疑、善于创新的思维品质。

其四，资源整合要突出共享性。与传统的教学方式相比，"模块整合，立体架构"课型可以用教学平台中的技术手段让学生拥有更大的自由度，为他们提供自由探索、尝试和创造的条件。我们可结合专题内容，引导学生运用各种方法进行自主学习，如引导学生上网查找相关资料，特别是近几年的中考试题，一些典型题的解题思路和方法。通过互动平台让学生交流学习心得，开展研究性学习，并让学生把在网上学到的知识上传到学习社区平台上，实现资源共享。在这样的学习环境中，学生的学习有了动力，学生发挥了创新精神，实现了学习的自我反馈。在教学中体现自主学习，让学生在合作中学习，在实践中学，使课堂教学能充分地面向全体学生。广大学生在合作学习中互相关心、增进友爱，不仅学会了知识，而且学会了做人，也使教师在课堂上成为学生的合作伙伴、讨论的对手、交心的朋友。

（3）案例与分析。

复习课要唤起学生对旧知识的回忆，让遗忘的知识重现，把中断的思维线索重新联系起来。但并不是对新授内容简单地重复，也不是对旧知识的快速回放，复习重在对所学知识进行延伸与升华。教学有法，但无定法，贵在得法。不同类型的复习课采用的教学方法也不尽相同，但无论采用什么样的教学方法，调动学生主动参与复习过程的积极性，激发学生主动探究的热情都是永恒不变的主题。

【案例与分析】

彰显学生主体地位，追求稳定有效教学
——"一元二次方程的应用"教学实践与感悟

一、教材分析

1. 所授内容在教材中的位置

方程是刻画现实世界的有效数学模型。学生已经学习了一元一次方程、二元一次方程组、可化为一元一次方程的分式方程等知识，感受了方程模型的作用和价值，

积累了一些利用方程解决问题的经验。但方程模型是丰富多彩的，一元二次方程是以前学过的方程知识的延续和深化，它在解决一些有关几何图形面积的问题时有非常重要的作用，这种应用也为其他数学知识的应用打下了基础。

2. 学习目标

①用一元二次方程解决有关几何图形面积的问题，学会分析实际问题；②通过对实际问题的分析，找到解决实际问题的关键因素——寻找蕴含在实际问题中的等量关系，并能用一元二次方程表示这种等量关系；③通过问题的解决，更进一步掌握解方程的技能；④通过自主探索研究，培养分析问题、解决问题的能力；⑤通过解决实际问题，获得更多的解决问题的方法和经验，更好地体会数学的价值。

3. 学习重点和难点

学习重点：学会用列方程的方法解决有关几何图形面积的问题。

学习难点：找出问题中的等量关系。

二、教学过程(部分)

1. 预学成果展示

师：前几节课我们学习了利用一元二次方程解决实际问题，请同学们回忆一下利用一元二次方程解决实际问题的一般步骤有哪些？

生1：利用一元二次方程解决实际问题的一般步骤有：

(1)分析题意，找等量关系；

(2)根据题意，设未知数；

(3)用一元二次方程表示等量关系；

(4)解这个一元二次方程，得到方程的解；

(5)检验所得到的解是否符合题意；

(6)写出答案。

师：还有谁有要补充的意见吗？

生2：列方程最关键的是找等量关系；最容易忽略的是要将方程所得到的解代入题中进行检验。

师：课前同学们已经对一元二次方程的应用问题进行了复习和归类整理，也知道利用一元二次方程解决实际问题的一般步骤了，那么这些步骤之间有什么逻辑关系呢？同学们已经尝试绘出了解法步骤关系的思维导图，现在请大家针对各自画出的思维导图进行小组交流，并请各组的教学助理将修正后的思维导图推送到平台上。

学生小组合作交流，修改后上传。全班学生交流、点评、补充和修改后，最终结果如图 3-41 所示。

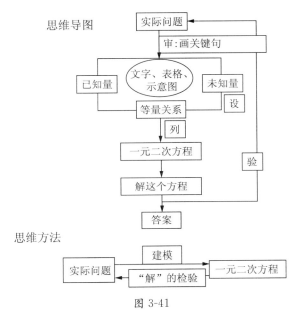

图 3-41

启示：这个教学环节很重要。第一，让学生归纳，有利于学生类比地总结出解决现实生活中常见问题的一般策略。第二，虽然这节课学生的活动很丰富，但学生脑海中的智能结构还不是很完整，思维导图能有效地帮助学生建立关系性理解，同时，借助思维导图，学生对应用所学知识解题的一般步骤也会了然于胸。

2. 辨析思辨

例 1　一根长 22 cm 的铁丝，(1)能否围成面积是 30 cm² 的矩形？(2)能否围成面积是 32 cm² 的矩形？说明理由。

教师先让学生思考，然后请同学尝试进行分析，再引领学生进行有条理地表述。

师：这题与之前学的长方形公园问题是否是同一类型的？

生：虽然都是求矩形的长和宽，但在长方形公园问题中，要求的量——长和宽非常明确，而本题中却是问是否存在矩形，隐含着要求矩形的长和宽。

生：本题与长方形公园问题还有区别，本题中问的是能否围成，所以等量关系——矩形的长×矩形的宽＝矩形面积就不能像在长方形公园问题中那样直接应用，而一定要在假设存在的前提下才能使用。

师：同学们对本题分析得非常到位。如何将这道题有条理地表述出来呢？

（过程表述略。）

启示：第一，引导学生进行反馈辨析，进一步加强学生的探究力。整合教材，拓展了教材的外延。第二，只有让学生进行深入的思考和探索，课上才会产生思维碰撞的火花，也可以为后续的深入学习打下基础。这个自我尝试、探索的过程，能使学生初步体验用一元二次方程解决面积问题的一般过程，同时，让学生体会到数学思维的严密性，养成有条理地表述的习惯。

3. 变式引领

师：请同学们认真阅读这题，仔细分析。

如图 3-42，在矩形 $ABCD$ 中，$AB＝6$ cm，$BC＝12$ cm，点 P 从点 A 出发沿边 AB 向点 B 以 1 cm/s 的速度移动。同时，点 Q 从点 B 出发沿边 BC 向点 C 以 2 cm/s 的速度移动，几秒后△PBQ 的面积等于 8 cm² ？

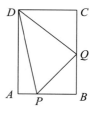

图 3-42

（针对此题，教师组织学生进行分析，各小组成员分别书写解题过程，每组小组长的解题过程由教师批阅，各组小组长批改其他成员的解题过程，并将错误之处及时反馈给教师，教师集中处理。最后教师展示完整的解题过程。）

启示：本环节有四个作用。第一，对已学内容及时巩固；第二，关注学生的书面表达；第三，进一步让学生体验用一元二次方程解决面积问题的注意事项，再次让学生体会到数学思维的严密性；第四，开发学生资源，实现学生差异性的"良性互动"，以学习为中心，把核心学习还给学生。

4. 自主探究

如图 3-43，在矩形 $ABCD$ 中，$AB＝6$ cm，$BC＝6$ cm，点 P 从点 A 出发沿边 AB 向点 B 以 1 cm/s 的速度移动，同时，点 Q 从点 B 出发沿边 BC 向点 D 以 2 cm/s 的速度移动：（1）求 t 秒后△PDQ 的面积；（2）几秒后△PDQ 的面积等于 16 cm² ？

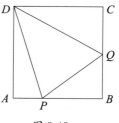

图 3-43

（全班思考后，进行小组讨论。要求：①叙述本题与上题的区别与联系；②写出解题过程；③整理解题过程中的注意事项。各小组完成后，分别上传本小组讨论的结果，由小组代表负责讲解。）

启示：第一，这个环节主要是通过课堂的跟踪反馈，来达到巩固提高的目的，同时也遵循了巩固与发展相结合的原则；第二，让学生自觉地运用所学的数学思想方法——分类讨论的思想、函数思想、方程思想来解决问题，提升了学生的独立学习能力和小组合作学习能力，并在合作学习中，促进了同质互动和异质交流，使每位学生都能在小组内充分发挥其作用。

5. 自觉生成

教师给出任务资源包，情境：如图 3-44，A，B，C，D 为矩形的四个顶点，$AB=16$ cm，$BC=6$ cm，动点 P，Q 分别从点 A，C 出发，点 P 以 3 cm/s 的速度向点 B 移动，一直到到达点 B 为止，点 Q 以 2 cm/s 的速度向点 D 移动。请每个小组成员设置适当的问题，小组间相互解答，相互交流。

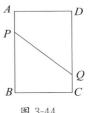

图 3-44

启示：本任务资源包将教材内容与本节课所学内容进行了同类迁移，既巩固了所学内容，又让学生看到了问题本质。本任务资源包意在激发学生的创造潜能，引导学生在问题的设计和互动交流中，自觉利用一元二次方程解决实际问题，自觉运用分类讨论的思想、函数思想，以及方程思想来解决问题。

6. 课内检测

……

三、回顾与反思

1. 教学设计策略

本节课在充分了解学生学情的基础上，分析学生的个体差异，根据《课程标准》的要求、教材价值和学生的数学发展需要，有针对性的设计教学活动，做到了因材循导，用变式引领学生充分展示思维过程，促进了学生的自觉体悟和个体发展。

本节课，我通过学情调查，调整了预设的教学内容和教学策略，加强了教学的针对性，做到了以学定教。通过学生的组内互动和全班交流，把学习的主动权和核心学习过程还给了学生，变教为导，变听为学，突出了学生的主体地位，发挥了学生的主观能动性，增强了学生学习的自组织能力。

2. 教后感悟

(1)列一元二次方程解决实际问题的步骤与以前列方程解应用题一样，其中审题是解决问题的基础，找等量关系列方程是关键。同时，方程的解必须要进行检验。

(2)通过对本节课内容的比较、鉴别、分析、综合，进一步提高学生分析问题、解决问题的能力，让学生深刻体会到方程的思想方法在解决实际问题中的用途。

(3)只有让学生有效参与，才能提升学生学习的自组织水平。

(4)只有以问题为先导，充分促进学生深入思考，才能提高学生的思维素养。

(5)只有在教学中始终凸显学生的主体地位，唤醒学生的自我责任意识，才能让学生变"被动"接受为"主动"学习。

6."资源推送，优化思辨"课型

"资源推送，优化思辨"课型在教学中的特点是，要抓住主要矛盾，精心点拨重点问题，精心设计(或引导学生设计)有典型性和代表性的例题，并将其推送到教学平台上，引导学生分析思辨、提升解决问题的能力，让课堂成为学生智慧生成的场所。数学习题是数学知识、方法和信息的载体，数学的概念、定理、公式和法则都需要通过习题才能得到巩固，学生才能进一步掌握。习题教学是巩固基础知识、深化概念理解，培养学生分析问题和解决问题的能力，实现知识飞跃的主要途径，因此应该将习题教学改革作为整个数学教学改革的一个重要环节。好的习题课能激活学生的认知内驱力，提高学生的认知水平，让学生体验探究数学问题的过程，促进学生良好认知结构的形成，培养学生的探究习惯和思维品质，培养学生的创新思维，提高创新素质，还能有效提高学生学习数学的兴趣和自信，促进智力因素与非智力因素的协同发展等。

当前的习题教学现状不容乐观，主要问题有：①习题教学中只讲清了答案的来源，缺少灵活性；②对学情了解不深刻，对薄弱环节不能进行深入讲解，缺乏针对性；③教学中超前提示多，等待思考少，使学生的思考不够深入；④教师承包多，学生的有效参与少，加重了学生的依赖心理；⑤直线讲解多，发散分析少，不利于提升学生的分析能力；⑥着眼结果多，突出过程少，不利于培养学生的探究能力；⑦就题论题多，方法指导少，不利于提高学生解决问题的能力；等等。

高效的习题教学在提高学生思维品质、帮助教师了解教学效果等方面有着不可替代的作用。①深化与活化作用。通过习题教学，学生可以进一步深化、活化基本知识与基本技能，达到牢固地掌握概念，深刻地理解数学规律的目的。②反馈与补偿作用。通过习题教学教师可以更好地分析学情，查漏补缺，调整教学内容、方法和进程。此外，习题课还可以对学生未达到灵活运用水平的知识和能力进行补偿教学。③巩固与提高作用。数学知识需要通过习题教学来巩固，习题教学还可以帮助学生提高运用知识的能力，提高分析问题和解决问题能力。现代教育技术的发展极大地拓展了数学教学的空间，使得教学方法丰富多彩、新颖有趣。

我工作室在现代教育技术背景下，加强了教育技术与习题教学的整合，典型例题或习题的变式题的选择由师生共同完成，提升了学生的学习积极性和选择资源的能力，充分发挥了现代教育技术的优势，为学生的学习和发展提供了丰富多彩的教育环境和有力的学习工具。我们创设的"资源推送，优化思辨"课型，在呈现方式上借助于教学平台的功能进行了平等的资源推送，通过展示、辨析、交流和再变式等过程促进了学生的学习方式、教师的教学方式和师生互动方式的变革。

(1)课型特征。

数学教学离不开例题，例题教学是数学教学的中心环节，例题既为学生提供了解决数学问题的范例，又为其数学方法体系的构建提供了结点，能起到体现数学思想，揭示数学方法，规范思考过程的作用。数学课堂教学无论如何改革，都要重视课堂例题的教学。习题课教学的基本目的是通过解题来培养学生的数学技能，培养学生的数学应用意识和能力，使学生加深对基本概念的理解，增强学生的理性认识，提高学生的辨别能力。在本课型中，我们常常通过问题创设一种适合学生思考的情境，并在教学平台上推送具有一定的挑战性的学生喜欢的题目，通过观察、分析、思辨、变式和优化等环节，多方面、多角度地培养学生的观察、归纳、类比等技能，这个过程也是一种让学生进行创造性活动的过程，有利于学生思维品质的提升。

①精要性。

其一，例题选择的精要性。教师推送的例题一定要经过精心筛选（或编制），应具有典型性、示范性，要体现数学思想方法。还要加强例题的发展性，使用例题时，可以改造和深化，通过丰富例题的变化，沟通例题间的联系，挖掘例题的潜能，充分凸显例题的典型性。在"资源推送，优化思辨"课型中，学生也可以进行例题的推送，学生推送后，教师要进行判断，选择哪个题作为例题，要针对教学目标和学情而定，这里考量的是教师的阅题水平和教学智慧，因此，平时对题目的研究是必不可少的。

其二，例题讲解的精要性。只有精讲精练，才能构建自主有效地数学课堂。精，不是为了节省时间而减少量，而是针对不同程度的对象和难易不同的教学内容，有的放矢，恰如其分地用形象、生动、精练、准确的语言突出重点，指出难点，说明实质。数学教学要关注学生兴趣的培养和良好习惯的养成。只有对知识进行有效合理的筛选，做到精讲，才能在短时间内高质量地完成教学任务，才能留出充足的时间在课堂上对学生进行能力训练，把知识彻底转化为技能或能力。在"资源推送，优化思辨"课型中，教学要学路优先，要让学生去讲，如何让学生做到精讲？这又是一个新的课题。精讲不等于讲得越少越好，教师的讲要讲到点子上，要充分展现解题的思路、方法和规律，要解惑、释疑，对学生在思考和解决问题中碰到的疑难要进行疏导，要讲清解题的规范要求。教材已有详尽叙述的简单运算过程，教师可以略讲甚至不讲，让学生看书或自行解决。有时要提出与学生的认识会产生矛盾的问题，引发认知冲突，促使学生产生认知需求，从而对例题的学习产生浓厚的兴趣。有时有些数学例题的解法并不唯一，甚至有些方法是通法，基本而且实用，通过讲解例题，讲清这类例题的本质，从解题过程中提炼通法，总结解题规律，使学生逐渐掌握数学通法。总之，教师的讲解要讲在关键处。

其三，针对练习的精要性。有诀窍说"听一遍不如看一遍，看一遍不如做一遍，做一遍不如讲一遍，讲一遍不如辩一辩"。学生除了听老师讲，看老师做以外，要自己多做习题，而且要把自己的体会主动、大胆地讲给大家听，暴露思维受阻的原因，遇到问题要和同学、老师辩一辩，坚持真理，改正错误。精练要求我们教师在备课中要准确把握教学内容的重点、难点，针对学生的实际水平，用心设计最具典型意义的练习，力求让学生对所讲知识能做到举一反三、灵活运用。在选择习题时，教师还要注意内容要精要，方法要精巧，语言要精练。另外，要把握好适度的习题量，以免学生在过多的习题下对学习产生厌烦心理。在精练之后，教师还要注意针对学生在练习中集中出现的错误进行合理及时的纠正和反馈。

②合理性。

其一，例题组梯度的合理性。例题类型一般有基础知识型、基本方法型、综合提高型、创新应用型等，在难度上有低、中、高三级题型。有时我们不能靠单一的一个例题讲解就达成教学目标，要设计例题组去进行教学，这时我们要关注例题组设计的合理性，要有利于学生在"最近发展区"内解题，要有利于学生"步步登高"，要有利于学生树立解题的必胜信心。当然适当安排综合提高型和创新应用型习题，有利于程度较好的学生的学习和提高。需要注意的是，教学不仅要要求学生得到正确的计算结果，更要重视计算过程，注重思维训练，让学生学有所"悟"。

其二，例题组关联的合理性。例题组的教学，可以是同一个知识点的层层深化，也可以是一个知识点与不同知识在不同背景下的组合。如果我们灵活地改变题目的条件或结论，巧妙地把一个题目化成一组要求不同或难度不断变化的题组，不仅可以使学生掌握应用的要领，也可使学生能从前一个较简单的问题的解答中领悟到解决后一个较复杂的问题的方法，从而达到举一反三的目的。故而课堂教学要常新、善变，通过原题目延伸出更多具有相关性、相似性、相反性的新问题，深刻挖掘例题、习题的教育功能，培养学生创新能力。

其三，例题组数量的合理性。在例题教学过程中，我们不要搞题海战术，但巩固基本知识和方法，进行技能培养的必要的题目还是要有的，要让每个题目具有代表性、典型性、示范性，并注意体现方法和规律，这样才能达到举一反三、事半功倍之效。对例题数量的控制也是精讲的内容之一，只有让学生从题海战术中解脱出来，学得灵活，学得扎实，优化学习过程，提高效率，我们的数学教学才能更上一层楼。

③生成性。

其一，知识的生成性。数学知识的生成性是指学生对数学知识的提炼和概括，体现的是对自身已有数学知识的新认识、新体验和新见解，关注的是借助于自身的数学理解力、判断力、批判力和洞察力所创造出来的个性化的数学知识。数学知识的生成性具有个体性、创造性、动态性和层次性等特点。数学知识的生成性对于揭示数学问题的本质，简缩思维过程，提高记忆效果，以及培养学生的创造性思维能力都有着极其重要的意义。数学知识的生成性类型丰富多样，从解题学习的方面来说，知识生成性可以是关于某个特定问题的解题知识块，也可以是在解题过程中产生的有价值的元认知信息。因此，在例题、习题的教学中我们要让学生学会对知识进行概括和整理，对数学对象的表征进行转换，对元认知信息进行捕捉等，让学生解决一个个具体的问题，使其获得成功的体验，从而收获学好数学的信心。

其二，能力的生成性。数学能力主要是指数学学习能力，数学学习能力是完成数学学习的必要条件，同时它在数学学习过程中还会得到发展与提高。让学生有目的、有计划地培养自己的数学能力是提高数学学习水平的重要任务。数学能力是多种能力的复合体，对于初中学生而言，不仅有数学的三大能力，运算能力、思维能力和空间想象能力，为了学生的终身发展，还应该有观察能力、记忆能力，以及发现问题、提出问题、分析问题和解决问题的能力等。创新性思维是思维的最高形式，在数学学习中学生不但要提高逻辑思维能力、非逻辑思维能力，培养问题解决能力，还有必要培养创造性思维能力。这些能力虽各自独立，但它们又相互联系、相互影响。因此，学生培养、提高能力的过程不是孤立的，而是相互联系的。因此，在数学的例题和习题的教学过程中，不仅要让学生掌握丰富的数学知识，而且还要使学生具有开拓性、独创性、探索性，要重视创造性思维能力的培养。

其三，智慧的生成性。智慧与创造是一对孪生兄弟，智慧是创造的内在动因和条件，创造是有智慧的表现和结果的。智慧与知识有很大的差异性，虽然知识可以生成智慧，智慧需要知识，但是知识不等同于智慧，正像数学家丘成桐所指出的那样，我们所追捧的奥赛，赛的是知识，是解题的技巧，而不是智慧，更不是发现和创新。智慧是一种整体品质，它在情境中诞生和表现，以美德和创造为方向，以能力为核心，以敏感和顿悟为特征，以机智为主要表现形式，科学素养与人文素养的结合赋予了它底蕴和张力。因此，在例题、习题的教学过程中，不能只关注学生解答了多少数学题，学生懂得了多少规则，重要的是知识背后的东西，那就是学生的好奇心、想象力、理解力、创造力，是他们心智的觉醒、智慧的生长。

习题课的结束肯定不能代表教学任务的完成，学生对这节课的知识掌握了多少，掌握得怎么样，应该得到及时的反馈，因而检测和反馈练习是必不可少的内容。学生的巩固练习，在强调目的性、针对性、差异性的同时，更要注重重现性。有代表性和典型性的关键的习题不要认为老师讲过了、学生做过了就过关了，必须有目的、有计划地安排一定程度的重现性作业，这样才能保证学生获得牢固的知识和熟练的技能，但要注意重现并不等同于机械地重复。另外，还必须体现一定的开放性，要让学生有自我发挥的余地，引导鼓励学生提出问题，寻找伙伴完成研究性作业。只有这样，才能真正地达到习题课的目的。

在习题教学中，我们要时时注意渗透数学中的转化思想和构造思想，不露痕迹地帮助学生，有效地启发学生的思维，让学生收获的不仅仅是数学知识，还有"数学思考"的意识和"问题解决"的艺术。让学生能从数学的角度提出问题、理解问题和思考问题，并能初步形成解决问题的一些基本策略。

（2）课型流程与实施要点。

"资源推送，优化思辨"课型是要借助网络教学平台的功能，从学生的思维角度去剖析问题，将例题中的有关内容以可视化的方式呈现，将直与曲、静与动、抽象与直观进行有效的结合，帮助学生理解疑难问题。同时还要运用设疑、讨论、启发、诱导等方式，给他们充分的时间去思考、表现、体会和消化；允许学生反驳质疑，鼓励学生各抒己见，高度评价并推广学生创造的优秀解法和好的思路，提高学生的学习热情，使他们由被动的接受变为自觉的参与。习题课的教学方法没有固定的模式，要根据学情、教学目标和教学内容而定。在习题课中，要让学生自练、自悟、自得，教师只是在适当的时机点评，要让学生自悟出数学规律、数学思想方法，自得出解题技能。要实现上述目标，就要灵活选择师生互动性强、学生参与度高的教学方法。

①"资源推送，优化思辨"课型的教学流程如下。（图3-45）

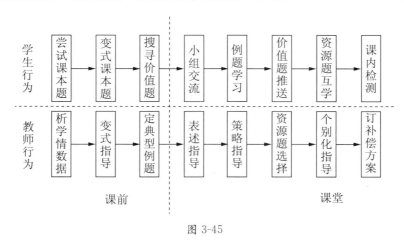

图 3-45

其一，教师行为分析。

课前行为：针对学生尝试解决课本例题或习题的学习行为数据进行学情分析，在学生对例题或习题进行变式的过程中，要对其变式的策略进行指导（重在平时训练），在综合学情、教学内容等基础上确定上课要讲的典型例题（以教材例题为底色）。

课堂行为：在学生进行小组交流的过程中，对教材中典型例题的表述要进行解读；在例题的教学过程中，注重对解题策略和数学思想方法的引领；在学生推送价值题的过程中，教师要去掉重复或价值不大的题目，选择精要的价值题作为平台学习资源题，在学生对平台学习资源题进行学习与交流的过程中，教师要进行个性化的指导，让学困生针对基础题进行强化，依据课内检测的学情反馈，制订补偿教学的方案。

其二，学生行为分析。

课前行为：学生自主尝试完成课本例题和习题（不能完成的课内交流或在老师的辅导下解决），将一道自认为有价值的例题或习题进行变式，可将变式题或自己搜寻到的自己欣赏的题作为价值题，在课堂上上传到平台上，供同学们学习使用。

课堂行为：小组交流尝试学习中的困惑或收获，交流关于例题或习题变式的感悟，在例题教学中，积极地思考，总结解题思路，规范书面表述，将自己所选的价值题推送到平台上，自主学习平台上的资源题，有问题可与推送题目的同学进行互动交流，在进行变式和学习资源题的时候，学会如何优化思想，提高批判性思辨能力。

②"资源推送，优化思辨"课型的教学要点。

习题课教学知识密度大、题型多，学生容易疲劳，如果教学组织形式过于单一，学生会感到枯燥、乏味，这样容易丧失学习的积极性。为了克服这一问题，在教学中一定要体现出教师的教与学生的学的双边、双向活动。出示问题后，根据问题的难易程度给学生适当的思考时间，然后启发并鼓励学生发言，让学生讲出思路或提出疑问，教师应避免讲自己的思路而抹杀了学生的思路，应避免因讲正确的思路而掩盖了学生错误点的暴露机会，需要演算或作图的地方应让学生操作，教师多走走、多看看，从而发现问题。将讲、练、思三者有机地结合起来，采取"疑点启发、重点讲授、难点讨论"的方式，创造条件让学生多动口、多动手、多动脑，激发学生全方位"参与"问题的解决，有效地减轻学生的"疲劳"，提高课堂教学的效率和质量。

其一，数学思想是数学思维的核心，是数学知识与方法的抽象与概括，是数学的灵魂。习题课教学是培养学生数学思想方法的最佳时机。许多同学进入初中后还仍然不具备任何数学逻辑思维，对问题的理解仍然停留在直观的、形象的理解上。《课程标准》中明确提出在初中阶段要培养学生从说一点儿理到说理再到推理的基本逻辑思维能力。教师在习题课教学中应注意提炼数学思想及方法，强化学生对数学思想、方法的应用，这有利于学生优化认知结构，活化所学知识，深化思维层次，从而提高数学解题能力。

　　其二，课堂小结是课堂教学中必不可少的环节，在习题课教学中同样如此。一节习题课中可能安排有几个问题，习题课中对每一个问题的讨论都是一个完整的单元，在每个问题讨论完成后教师都应及时进行总结归纳。在总结中应引导学生对解题中所运用的知识点、分析问题时使用的思想方法以及一些特殊的技巧进行概括，促进学生对问题的理解由具体经验的水平过渡到抽象概括的水平。注意总结不仅要总结结论，更要概括问题的分析过程。如此，才能使学生的知识构建有序，才能使学生明确知识的适用情境及其来龙去脉，也才能使知识迅速顺利地"迁移"。另外，根据习题的情况，要抓住共性的问题，让学生有针对性地对知识内容、解题策略、思想方法进行归纳，把数学知识与技能以"同化""顺应"或"平衡"的形式纳入认知结构中，从而使学生对所学知识更好地理解、记忆和应用。

　　其三，对所选的习题，课前要认真研究，把习题归类，同类型的题目一起讲，这样能让学生在脑海中对知识结构有一个系统的认识。根据不同的教学内容，采用不同的教学方法，在讲解时要详略得当，注意启发学生积极思考，使其思维随着层层剖析而逐步深入。在对学情有深刻了解的基础上，题目应精选精编，难易适度，有层次性、针对性、典型性和灵活性。即针对教学的重点、难点和考点，能起到示范引路、方法指导的作用，还应便于从情境、设问、立意等方面进行多种变化，从不同角度使学生对知识与方法有更深的理解。尤其要注意对课本例题与习题的挖掘，对其进行适当的拓深、演变，编制一题多解、一题多变、一题多用、多题一法的习题，提高学生灵活运用知识的能力，使其源于教材而又高于教材，做到教学创新。

　　其四，学生是学习的主体，习题课的主人应该是学生，要还课堂给学生，在展示习题后，要沉得住气，要给学生时间审题思考，要充分展示学生的思维过程，引导学生自己来分析问题，得出结论，甚至要让学生来教学生，鼓励学生打破常规、锐意创新，使学生在多思多变中提高思维的灵活性和创造性，要让习题教学达到培养学生创新意识的目的。提问时要善于把题目分解为一系列环环相扣的问题，按思维的进程面向全体学生依次提出，并分别让不同的学生作答，由审题寻找突破口，依次展开过程分析，要鼓励学生发表自己的见解，既讲正确解法也讲误区，既讲常规方法也讲技巧捷径，要让习题教学达到激发学生学习兴趣的目的。在引导学生学会分析时，要让他们知道怎样利用条件，怎样剖析结论，怎样连接条件与结论，体验思维深入的过程，领悟问题探索的方法，让学生不仅能从分析的过程中，学会怎么解，而且能从中学会怎么想，要让习题教学达到提升学生分析问题的能力的目的。

其五，有时学生对习题虽然有思路和方法，但并不代表他们能合理规范地表达出来，因此在习题教学中，要引导学生关注教师的板书过程，时刻将严谨、富有逻辑性（或合情推理）的解题思路清晰地展现在学生面前，使学生从解题思路、方法和规范要求等方面受到熏陶，从中把握解题过程的规范性、推理的严谨性、演算的准确性，要让习题教学达到提升学生严谨的治学态度的目的。很多习题都是命题人在原有习题的题设条件、问题情境和设问方式上进行适当变换而得到的，这样的题可以给学生一种似曾相识而又不落窠臼的感觉，很多学生由于思维定势而没有思路，因此当一道题教授完后，应引导学生进一步深化习题，挖掘试题内涵，把原题加以变化，进行"变式拓宽"，如可改变题设部分的某一条件，变换问题情境，变换设问方式，还可以把几个题目进行重组综合，这实际上是给学生创造了一个"再练习""再提高"的机会，如此对某知识点多角度、多侧面、多层次地进行合理的发散思维训练，可以充分调动学生解题的积极性，拓展他们的思维，加强他们的思维变通性，提高他们的思维品质，可以让习题教学达到"教是为了不教"的境界。

其六，学会总结，融会贯通。在教学过程中不仅要讲清习题的解题过程和方法，更要让学生学会做"有心人"，要注意解题后的小结、点评和反思，让学生从中强化相关知识，把握规律，体会数学思想方法。同时要引导学生总结寻找突破口的方法，总结易混易错处，归纳同类习题的共性与异类习题的联系区别，达到举一反三的目的，达到教一道题会一类、通一片的目的。通过习题课可以使学生加深对基本概念的理解，其目的是让学生巩固知识，学会解题，发展思维，使学生掌握的概念完整化、具体化，让学生牢固掌握所学知识，逐步形成完善合理的认知结构。习题课的目标之一是使学生学会解题，学生在解题中容易出现审题入手难、解题遗漏多等问题，解题准确与否与解题习惯密切相关，如能给予学生一定的解题思维程序，对学生学习如何解题有一定帮助。习题课的教学是对所学过的、所解决的习题进行回顾，不仅可以巩固、应用所学知识，还可以使知识得到升华、能力得到提高。这个过程也是对方法的提炼与总结，对数学思想方法、思维能力的培养与训练，同时也可以培养学生良好的解题习惯。

其七，在强化课内当堂训练、提高反馈矫正实效性的同时，要注重课后作业训练的有效性。要充分了解学情，布置有针对性的作业，既要切实杜绝布置大量的重复性作业的现象，防止学生淹没在题海之中，也不能让学生只是简单的抄写。进行书本知识的搬家，要让学生在作业训练中思考问题、解决问题。要科学地安排学生的练习时间，做到适时、适量、适度。还要做到有效训练的"六有六必"，即有练教师必先做、有练必选、有发必收、有收必批、有批必评、有错必纠。坚持做到精选精练，把握难度，删除繁、难、偏、旧的题目，提高训练效度；坚持做到全批全改，及时批改，精批细改；坚持做到讲评之前先做统计归纳，切实提高讲评的针对性。

（3）案例与分析。

从宏观上看，数学习题课要敢于突破，不要程式化，可以从讲授顺序、讲授的深度和广度、讲授的时间和空间等方面进行调整和反思。尤其要重过程、重复习、重纠错，进一步从讲解上缩短时间，留足学生练习和反思的时间。从微观上看，既要关注教师课堂语言的准确性，也要关注题型研究的技术和艺术，做到两个"对"（题型设计"对"位，即选题要精，练习要准，点拨要狠，纠错要细；题目讲授"对"路，即讲授节奏要当，思路要清，分析要实，效率要高），把握三个"点"（教材内外打通的"制高点"，挑战思维的"聚焦点"，变式训练的"创新点"）。

【案例与分析】

让数学课堂从"有道"走向"自觉"

——以"与行程问题有关的一次函数图象应用专题复习"为例

自觉数学教学思想的内涵是在尊重差异和了解学生数学发展需要的基础上，发挥教师主导性主体作用，精心策划数学学习活动，进行因材循导；通过帮扶式引领，促进学生自觉体悟；再通过变式引领和自主创新等环节，使学生达到对认识对象的本质理解和自觉运用，促进学生的数学素养、学习品质和学习策略运用水平全面提高，在平等对话的基础上，构建和谐民主的教学生态，促进学生自信、热情、互爱等阳光品质的形成和人格健全成长。本节课基于自觉数学教学的理念，让学生在研究"与行程问题有关的一次函数图象应用问题"时逐步变得"有道"，再通过变式引领，使学生的这种"有道"逐步上升为一种"自觉"的行为。

部分教学实录与点评

1. 教师平台推送例题

师：同学们，今天这堂课要讲的内容昨天老师已推送到虚拟数学学习社区的平台上了，从同学们学习过程的反馈数据来看，老师很高兴，同学们已将教材上的相关内容都个性化地学习完了，并将例题和习题都进行了变式，又收集了一些价值题，下面先看老师的价值题。（出示问题1）

问题1：如图3-46，你能根据图中的信息求出哪些线段的函数解析式？

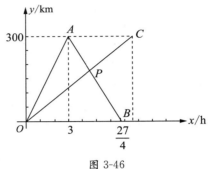

图 3-46

生1：我能求出线段OA，AB的解析式，求线段OA时，设$y = k_1 x (k_1 \neq 0)$，把点$A(3, 300)$代入解析式中求出k_1的值，即可得到线段OA的解析式。求线段AB的解析式时，设AB的解析式为$y = k_2 x + b (k_2 \neq 0)$，把点$A(3, 300)$，$B\left(\frac{27}{4}, 0\right)$代入解析式中求出$k_2$和$b$的值，即可得到线段$AB$的解析式。

师：能求出线段OC的解析式吗？

生2：不能，因为线段OC上除了原点外，找不到其他的点的坐标。

师：（出示问题2）现在能求出线段OC的解析式吗？

问题2：若点P的横坐标为$\frac{9}{2}$，你能求出线段OC的解析式吗？

生3：能，将点P的横坐标代入线段AB的解析式中，即可得到点P的坐标，然后设线段OC的解析式为$y = k_3 x (k_3 \neq 0)$，将点P的坐标代入，求出k_3的值，即可得到线段OC的解析式。

启示：借助学生已有的认知经验让学生先对"核心知识"的"本质问题"进行深入的思考，这是促进学生"真学"的基础，有利于学生对新知进行"顺应"和"同化"。"学前先思"的设计意图是唤醒学生已有的认知经验，回顾两点"核心知识"——①已知直线上两点坐标，可以用待定系数法求一次函数的解析式；②已知一次函数的解析式可以用代入法求该函数图象上点的坐标。

2. 问题初探　积累经验

师：如果将老师的这道题作为母题，你们小组是如何对老师的题进行变式的？

小组3：老师，我们赋予了这张图一些实际问题情境，这样的题也是十分有价值的。（学生用 iPad 拍照上传。）

价值题　A，B 两城相距 300 km，甲、乙两车同时从 A 城出发各自匀速驶向 B 城，甲车到达 B 城后立即返回，图 3-47 是他们离 A 城的距离 y（km）与行驶时间 x（h）之间的函数图象。

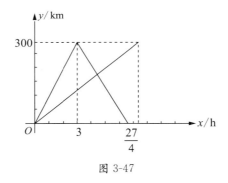

图 3-47

(1) 求甲车行驶过程中 y 与 x 之间的函数关系式，并写出自变量 x 的取值范围。

(2) 当它们行驶 $\dfrac{9}{2}$ h 时，两车相遇，求乙车的速度。

师：我们来看第 3 小组的价值题，我们先看题干和函数图象，暂时不看问题 1 和问题 2，在审题干的过程中，你们觉得有要注意的地方吗？

生 4：我觉得应该注意甲、乙两车运动的方式，本题中两车是同时出发同向而行的，且甲车到达 B 城后还立即返回。

生 5：我觉得应该注意 y 轴和 x 轴所代表的实际意义，本题中 y 轴表示他们离 A 城的距离，x 轴表示行驶时间。

（板书：审题干。①弄清物体运动的方式；②弄清横、纵坐标轴代表的意义。）

师：下面请同学们审图，在审图过程中你觉得有要注意的地方吗？

生 6：我觉得应该注意图象的归属，也就是说要弄清哪段图象是甲的，哪段图象是乙的。

生7： 我觉得应该注意图象中关键点所代表的实际意义。

（板书：审图。①弄清图象的归属；②弄清关键点所代表的实际意义。）

师： 那么本题中有哪些关键点呢，谁能上来标出这些关键点，并说出它们的坐标，解释它们所代表的实际意义？请同学上来讲！

生8：（上台标出关键点 A、点 B、点 C、点 P，如图 3-48 所示并说明）点 $A(3,300)$ 表示甲车行驶 3 h 离 A 城 300 km，也就是到达 A 城；点 $B\left(\dfrac{27}{4}, 0\right)$ 表示甲车行驶 $\dfrac{27}{4}$ h 返回到 A 城；点 $P\left(\dfrac{9}{2}, 180\right)$ 表示甲、乙两车行驶 $\dfrac{9}{2}$ h 后两车在离 A 城 180 km 处相遇；点 $C\left(\dfrac{15}{2}, 300\right)$ 表示乙车行驶 $\dfrac{15}{2}$ h 到达 B 城。

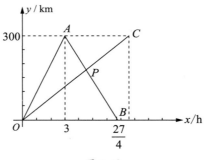

图 3-48

师： 说得很好，你是怎么知道点 P 和点 C 的坐标的呢？

生8： 求出线段 AB 的解析式，然后令 $x=\dfrac{9}{2}$ 代入解析式中，求出 y 的值即可得到点 P 的坐标，求出点 P 的坐标后可求出线段 OC 的解析式，令 $y=300$ 代入解析式，可求出 x 的值，即可得到点 C 的坐标。

师： 了解了题意、图象中关键点所代表的实际意义，我们再来求解这个问题中的 2 个小问题，你能解决吗？请同学们自行完成，教学助理批阅后，进行互动交流，最后将解题中的典型错误进行拍照并上传。

学生完成后，教学助理批阅，之后小组互动交流，发现典型错误并拍照上传。

师生共同点评学生的典型错误和相关注意点。

师：在求解函数解析式和一些未知点的坐标时，有没有什么经验可以总结呢？

生9：在求解函数解析式时可以先利用一些已知的关键点求函数解析式，再利用求出的解析式来求一些未知点的坐标和未知的函数解析式。

（板书：求解。①由已知关键点求解析式；②用解析式求未知关键点的坐标并求未知解析式。）

启示：将数学知识与生活中的"知识背景"紧密联系，便于学生将知识内化和建立关系性理解，可以丰富学生头脑中的数学世界图景，让学生在头脑中形成有效的有关知能掌握的"图式结构"。本教学环节的设计意图是让学生将在"学前先思"环节中获得的认知经验在实际生活背景中进行"顺应"和"同化"，并形成解决此类问题的初步的"图式结构"：(1)审题干，弄清物体运动的方式，弄清横、纵坐标轴代表的意义；(2)审图，弄清图象的归属，弄清关键点所代表的实际意义；(3)求解，利用关键点(已知)求解析式，用解析式求未知关键点的坐标并求未知解析式。

3. 变式拓展，提升经验

师：同学们，对第3小组的价值题还有什么思考？

第5小组：我们可以将它进行变式，我们的变式题是这样的。（推送到平台上）

变式1：A，B 两城相距 300 km，甲、乙两车分别从 A 城出发驶向 B 城，乙车先出发 1 h，甲车再出发，甲到达 B 城后立即返回，图3-49是他们离 A 城的距离 y (km)与行驶时间 x(h)之间的函数图象。

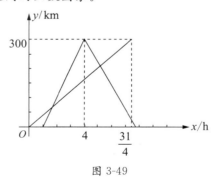

图 3-49

(1)求甲车行驶过程中 y 与 x 之间的函数关系式，并写出自变量 x 的取值范围。

(2)当乙行驶 $\frac{5}{3}$ h 后，甲与乙相遇，求乙车的速度。

(3) 求甲、乙第二次相遇时，离 A 城的距离，离 B 城的距离。

师：在上一题审题干过程中所关注的两点，在本题中有没有发生变化？

生 10：运动方式发生了一点变化，本题中甲、乙两车不是同时出发了。

生 11：横轴所代表的意义也发生了一点变化，横轴的数值从甲的角度来看，并不是甲行驶的时间，甲行驶的时间要用这个数值减去 1 h。

师：很好，这里 x 的值要减去 1 h 才能代表甲行驶的时间。

师：在上一题审图过程中所关注的两点，在本题中有没有发生变化呢？

生 12：图象的归属没有发生变化。

生 13：关键点多了一个，上一题中甲、乙在行驶过程中只有一次相遇，而本题中甲、乙在行驶过程中有两次相遇，一次相遇是甲在由 A 城去 B 城的路上，另一次相遇是甲在由 B 城返回 A 城的路上。

师：问题(1)同学们应该能很快解决，请同学们求解一下。

生 14：甲车行驶过程中 y 与 x 之间的函数关系式是 $y_{甲} = \begin{cases} 100x - 100 & (1 \leqslant x \leqslant 4), \\ -80x + 620 & \left(4 < x \leqslant \dfrac{31}{4}\right). \end{cases}$

师：问题(2)中当乙行驶 $\dfrac{5}{3}$ h 后，甲与乙相遇，这里的是哪个关键点的横坐标呢？谁上讲台来指给大家看看。

生 15：(指出横坐标是 $\dfrac{5}{3}$ 的点) $\dfrac{5}{3}$ 是甲、乙两车第一次相遇的点的横坐标。

师：你怎么确定它是第一次相遇的点的横坐标的？

生 15：因为从图可知甲车要行驶 4 h 才能返回，这里的 $\dfrac{5}{3}$ h 小于 4 h，所以是第一次相遇的点的坐标。

师：分析得非常好，那么这个点的坐标能求出来吗？怎么求？

生 16：能求，令 $x = \dfrac{5}{3}$ 代入 $y_{甲} = 100x - 100$ 中，可求的点的坐标为 $\left(\dfrac{5}{3}, \dfrac{200}{3}\right)$。

师：乙车的速度可以求了吗？

生 17：可以求了，拿路程 $\dfrac{300}{3}$ km 除以 $\dfrac{5}{3}$ h，可得乙车的速度为 40 km/h。

师：如果把(2)中的"当乙行驶$\frac{5}{3}$小时，甲与乙相遇"改成"当甲行驶$\frac{2}{3}$小时，甲与乙相遇"，你会解决吗？

生 18：解法基本不变，只是不能直接令$x=\frac{2}{3}$，而应令$x=\frac{2}{3}+1=\frac{5}{3}$。

师：要解决(3)，你觉得需要知道什么？

生 19：求出这两个函数的解析式，再求出第二次相遇的点的坐标，就能解决(3)了。

师：第 5 小组变式做得很好，其他小组还有什么想法吗？

第 2 小组：老师，我们还可以这样变式。（推送到平台上）

变式 2：A，B两城相距 300 km，甲、乙两车分别从A，B两城同时出发，相向而行，其中甲到B城后立即返回，图 3-50 是它们离各自出发地的距离 y(km)与行驶时间 x(km)之间的函数图象。

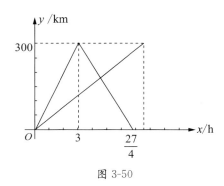

图 3-50

(1)求甲车离出发地的距离 y(km)与行驶时间 x(h)之间的函数关系式，并写出自变量的取值范围。

(2)当它们行驶到离各自出发地的距离相等时，用了$\frac{9}{2}$ h，求乙车离出发地的距离 y(km)与行驶时间 x(h)之间的函数关系式，并写出自变量的取值范围。

(3)在(2)的条件下，求它们在行驶过程中相遇所用的时间。

师：通过价值题和变式 1 同学们已经体会到了解决此类问题的基本步骤，下面请同学们按这个步骤来分析此题，然后告诉我，你每一个步骤所得到的答案。

生 20：在审题干的过程中，我发现本题中的运动的方式变成了"甲、乙两车分

别从 A，B 两城同时出发，相向而行，其中甲到 B 城后立即返回"；横、纵坐标轴代表的意义变成了"y 轴表示它们离各自出发地的距离"，也就是说 $y_甲$ 表示甲离 A 城的距离，$y_乙$ 表示乙离 B 城的距离，x 轴还是表示它们行驶的时间。

生 21：如图 3-51，在审图过程中，我发现本题中图象的归属没有发生变化，但有些关键点所代表的实际意义发生了变化——点 C 表示乙车行驶了一段时间到达了 A 城，此时离 B 城 300 km，交点 P 不再表示两车相遇而表示两车离各自出发地的距离相等。

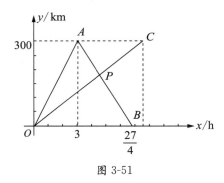

图 3-51

师：审清了本题的题干和图，同学们应该可以轻松的解决（1）（2）了，下面请同学们自行求解。

学生自主解决（1），得 $y_甲=\begin{cases}100x\ (0\leqslant x\leqslant3),\\ -80x+450\left(3<x\leqslant\dfrac{27}{4}\right).\end{cases}$

解（2）得：$y_乙=40x\ \left(0\leqslant x\leqslant\dfrac{15}{2}\right)$。

师：下面我们来研究问题（3），此图中，两个函数图象只有一个交点，是不是就表示两车在行驶过程中只相遇了一次？

生 22：不是，相遇了两次。一次是甲从 A 城去 B 城的途中与乙相遇；一次是甲从 B 城返回 A 城的途中追上乙，与乙相遇，因为从图中可以看出甲比乙先到 A 城。

师：很好，怎样求出这两次的相遇所用的时间呢？你能不能借助画线段图来表示一下两车两次相遇的过程？

生 23：（在黑板上画出两次相遇的线段图，如图 3-52，并解释）两车第一次相遇时，线段 DE 代表甲离 A 城的距离，用 $y_甲$ 表示，线段 EC 代表乙离 B 城的距离，用 $y_乙$ 表示；两车第二次相遇时，线段 FH 代表甲离 A 城的距离，用 $y_甲$ 表示，线段 HC 代表乙离 B 城的距离，用 $y_乙$ 表示。

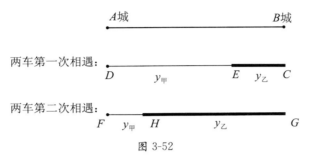

图 3-52

师：这位同学的图象画得很清晰，解释得也很到位，那我们根据这个线段图来分析，如何求出两车两次相遇所用的时间呢？

生 24：从刚才这位同学的线段图来分析，我们不难发现当两车第一次相遇时 $y_甲 + y_乙 = 300$，即 $100x + 40x = 300$，求得 $x = \dfrac{15}{7}$；当两车第二次相遇时 $y_甲 + y_乙 = 300$，即 $-80x + 540 + 40x = 300$，求得 $x = 6$。所以综上所述，当两车行驶 $\dfrac{15}{7}$ h 或 6 h 后两车相遇。

师：刚才这个问题的解决能给我们什么启发呢？

生 25：我发现图象的交点并不一定代表他们相遇，我以前经常这样认为，我现在不这样认为了。

生 26：我发现综合分析此类问题时有时我们需要画线段图来分析，它能帮助我们轻松地找到问题的答案。

教师板书：综合分析。结合具体问题分析答案（有时需借助画线段图等方法辅助思考）。

师：通过本节课的学习你对"行程问题中的一次函数图象应用问题"的解决方法有了哪些认识呢？

生 27：通过本节课的学习我知道了解决"行程问题中的一次函数图象应用问题"可以按下列四个步骤来分析思考。①审题干，弄清物体运动的方式，弄清横、纵坐标轴代表的意义。②审图，弄清图象的归属，弄清关键点所代表的实际意义。③求解，利用关键点（已知）求解析式，用解析式求未知关键点的坐标并求未知解析式。④综合分析，结合具体问题分析答案（有时需借助画线段图等方法辅助思考）。

师：同学们表现得都很棒，老师希望同学们记住这个方法，这种方法有时也适用于解决其他一次函数图象的应用问题，希望同学们牢记。

师：下面老师将其他小组推送上来的价值题上传到平台上图书馆功能区，请同学们自主学习和交流，有问题的同学可请教老师和其他同学。

……

启示："暴露问题"是"真教"的基础，本教学环节的设计意图是通过两道变式题，来暴露学生认知上的差异以及理解上的误区，这样有助于增强教学的"精准针对性"，也有助于将学生体验到的数学思想方法凸显出来，丰富学生的认知经验，提升学生的"思维品质"，使学生逐步从"有道"走向"自觉"。

数学学习需要学生在学习的过程中不断地体验、领悟、感悟。因此，数学教学应由"知识给出"转向"引起活动"，一切教学活动都要围绕"学生学习"这一中心来组织，应让数学学习变得生动有趣、有活力、有挑战性，但不是杂乱无章的，而应是缜密"有道"的。学生在缜密"有道"的基础上，才能逐步实现自主建构知识、增长能力，从而在多维互动中释放出"本质力量"，实现"自觉成长"。

三、课例实录

（一）微视频"嵌套"在初中数学常态课堂中的探索和思考

在信息高速发展的当今社会，教育教学向网络化发展已成为必然趋势。2013年年初，常州市初中自觉数学教育潘建明名师工作室在常州市教育局的推荐下，成为常州市初中数学网络课程开发的主创团队和先行者，我和我的团队有幸参与了该项目的开发，和其他成员一起开发和设计了大量的案例和基本素材，并进行了一定的实验和尝试。

"微视频"的开发和应用是我们网络课程开发的重点项目之一。所谓"微视频"目前学术界尚没有一个统一的定义，我们界定的"微视频"指的是时长在 10 分钟以内的，根据一定的教学内容设计的，供施教者辅助教学或为学习者自主探究、自主思考充当脚手架的能在各类终端浏览和交互的视频片段。我们初中数学微视频的制作工具主要是 Camtasia Studio 7、PowerPoint 和几何画板等。目前我们研究的课题是"如何将'微视频'有机地渗透于课堂教学中"，从而更好地为日常的数学课堂教学服务。本文以我在盐城大丰执教的苏科版数学七年级上册"解一元一次方程"①中的探索"等式的性质"的片段为例，阐述微视频"嵌套"在初中数学常态课堂教学中的应用尝试。

1. 教学过程（有删节）

片段 1

师： 如图 3-53（投影），在天平左托盘内放了五个红色小球，在右托盘内加了一个质量是 5 g 的砝码，此时天平正好平衡，由此我们可以知道这五个小球的质量共为多少？

图 3-53

生 1： 5 g。

师： 如果这里的每个小球的质量都相等，设其中 1 个小球的质量为 x g，则可得到怎样的等式？

生 2： $5x=5$。

师： 如果在天平的两边添加或减少相同质量的砝码，天平还能平衡吗？请你先猜想一下，然后我们来观看视频中的实验，同时将实验中观察到的数据和现象记录到表 1 中。

学生先猜想，"天平能平衡"，接着播放视频（图 3-54 是视频截图，下同），学生认真观看视频（视频全长 51 秒，第一次加 20 g 的砝码，第二次再加 60 g，两次共加 80 g），同时记录各自观察到的数据，视频结束后师生共同完成表格（图 3-55）。

---

① 本课是 2013 年 10 月 25 日，在江苏省教育厅组织的"名师送教"到盐城大丰项目培训活动中，笔者在大丰实验中学开设的示范课。

增加的砝码质量(g)	天平状态 (平衡/不平衡)	左托盘内物体 质量(g) $5x$	右托盘内物体 质量(g) 5
第一次增加 20 g	平衡	$5x$ + 20	5 + 20
两次共增加 80 g	平衡	$5x$ + 80	5 + 80

图 3-54　　　　　　　　　　　　　　图 3-55

师：当天平平衡时，左、右托盘内物体质量相等，所以我们可以用等号将左、右表达式连起来。

……

师：根据我们探究的这些等式的变形情况，你发现等式具有怎样的性质？

（学生先独立思考，然后同伴交流，教师补充完善学生的归纳结果，得出"等式两边都加上同一个数，所得结果仍是等式"这一结论。）

师：如果等式两边都减去同一个数呢？

生 3：根据减去一个数等于加上这个数的相反数，我猜想等式两边都减去同一个数可以转化成加同一个数的情况，所以成立。

生 4：我想也应该是成立的，在刚才的试验中，我如果将增加的 80 g 砝码都去掉，天平两边回到了最初的状态，天平保持平衡，所以我猜成立。

师：我们将生 4 的思考过程用等式表示出来，即 $5x+80=5+80$ 两边同时减去 80 后，得到的等式 $5x+80-80=5+80-80$，即 $5x=5$，等式仍然成立。所以，等式两边都减去同一个数，所得结果仍是等式。

生 5（举手示意要回答）：我有个疑问，刚才在天平实验中老师放的是知道克数的砝码，如果我放质量相同但不知道克数的笔，我猜天平也应是平衡的。（用有点疑惑的眼神看着我）

师：同学们，你们同意他的猜想吗？（学生示意赞同。）由前面的学习可知，这支不知道克数的笔我们能怎样表示它的质量呢？

生 6：可以用字母 n 来表示。

师：此时左托盘内的质量为 $5x+n$，右托盘内的质量是 $5+n$，由天平平衡可知 $5x+n=5+n$，如果我在等式两边同时加一个 $2n$，等式还成立吗？如果同时加上 $n+1$

呢？如果同时减一个式子呢？

[学生积极参与思考，回答问题和交流，最终完善了等式的性质1，即等式两边都加上（或减去）同一个数或同一个整式，所得结果仍是等式。]

启示：此处播放的视频，是我在课前根据本课需要准备和录制的，这段视频打开了学生的思维，激发了学生研究的热情和积极性，顺利地让学生在自主思考的情境中理解了新知。这里借助"微视频"来解决新知的探究问题，是基于如下几点来思考的。

①为什么不进行现场实验？如果进行现场分组实验，学生可以较直观地获得直接的体悟，但借班上课在准备上有困难，再加上实验中不可避免会有误差（往往在非专业的实验情境下误差较大）存在，若在这方面纠结便偏离了本课的主题；如果进行现场演示实验，往往教师在讲台上操作，受条件的限制，很多同学看不清楚，那实验就成了摆设或走过场，而不是为探究服务了。

②如果不进行实验，那就只有猜想而无验证了，学生存在疑惑，需要教师解释。尤其在探究等式性质2时，学生对于"扩大或缩小"的问题是难以理解的，需要给学生直观的体验。

③数学课堂上的探究不能完全等同于物理实验室里的研究，但学科间的渗透给学生提供了参与探究的机会，是学生探究的很好的素材，需要给学生这样一个机会。

本课中"微视频"的应用正是基于这样几点思考而引入的。在探究等式性质1的过程中，极大地调动了学生学习的兴趣（这种新技术在课堂中的运用对大部分学生来说都是陌生的），为学生主动思考搭建了平台，尤其生5围绕视频实验的提问，自然地帮老师导入了研究等式两边同时加上或减去同一个整式的问题，突破了教师的预设，引发了集体的思考，也使学生真正获得了课堂探究学习的主动权。

片段2

师：如图3-56（投影），在天平左、右两边各放一个质量相同的红、蓝小球，天平保持平衡。接下来我们进行扩大和缩小的实验，请仔细观看视频，并将观察到的数据和现象记录到表2中。

图3-56

多媒体播放第二段视频（图3-57），学生认真观看视频
（视频全长2分30秒，首先分别将天平左、右两托盘内小球的质量都扩大2倍、5

倍、12 倍，接着以前面实验中左、右托盘内各有 12 个小球为基础，分别减少为原来的 $\frac{1}{2}$、$\frac{1}{4}$、$\frac{1}{6}$)，同时记录各自观察到的数据，视频结束后师生共同完成表 2（图 3-58）。

……

	天平状态（平衡/不平衡）	左托盘小球质量(g) 右托盘小球质量(g)
原有小球的质量(g)	平衡	$a = b$
扩大为原来的 2 倍后的小球质量(g)	平衡	$a \times 2 = b \times 2$
扩大为原来的 5 倍后的小球质量(g)	平衡	$a \times 5 = b \times 5$
扩大为原来的 12 倍后的小球质量(g)	平衡	$a \times 12 = b \times 12$
现有小球的质量(g)	平衡	$12a = 12b$
缩小为原来的 二 分之一后质量(g)	平衡	$12a \div 2 = 12b \div 2$
缩小为原来的 四 分之一后质量(g)	平衡	$12a \div 4 = 12b \div 4$
缩小为原来的 六 分之一后质量(g)	平衡	$12a \div 6 = 12b \div 6$

图 3-57   图 3-58

师： 由此你发现等式还具有怎样的性质？

生7： 等式两边都乘一个数，所得结果仍是等式。

生8： 我觉得生7的回答要改一下，应该是"等式两边都乘同一个数，所得结果仍是等式"。

师： 大家同意生8的回答吗？（学生表示赞同。）我们的数学是一门严谨的学科，生8正是一位严谨的同学，你还有其他发现吗？

生8： 我发现等式两边都除以同一个数，所得结果也仍是等式。

生9： 应该是除以同一个不为 0 的数，因为 0 不能作为除数。（学生附和表示赞同。）

……

由此师生共同归纳出了等式的性质，即：

①等式两边同时加上（或减去）同一个数或同一个整式，所得结果仍是等式。

①等式两边同时乘（或除以）同一个不为 0 的数，所得结果仍是等式。

启示： 此处再次借助微视频进行观察和思考，带领学生经历了等式第二条基本性质的探究过程，将性质中的"等式两边同时乘或除以同一个不为 0 的数"进行了形象化的展示，化解了学生的思维障碍，突破了教学的难点，同时培养了学生细心观察、积极思考的学习习惯。

　　此处的微视频是本课中的第二个，也是本课中的最后一个。事实上，在最初设计时，就等式的性质1我就设计了三段微视频，即天平两边同时增加砝码实验、天平两边同时减少砝码实验和天平两边同时增加和减少相同质量的乒乓球实验(是为了说明同时加上或减去同一个整式)，但在实际运用时发现，过多的视频会让师生都"手忙脚乱"，让学生的思维不容易跟上节奏，既浪费了大量的时间，同时也剥夺了学生思考的空间，再加上人的审美疲劳，再有兴趣的东西，一旦多了也就无所谓感兴趣了，所以探究等式性质1的微视频最后浓缩成了只有51秒的视频。因此，整节课也只提供了两段微视频。事实发现，这样处理还是比较合理的，既保持住了学生的兴趣，也给学生留下了大量的自主思考的时间，视频只是充当了"配角"，在本课中，我真正找到了"微视频"的定位。

2. 教后感悟

　　本课中，通过两段"微视频"，恰到好处地引发了学生的自觉思考，为学生自主探究等式的性质提供了必要的素材和台阶，解决了学生心中的疑惑，巧妙地突破了本课的教学重点和难点，基本达到了预期的目标。但具体实施时，其实还是存在一定的问题的，如个别学生由于"新鲜"，角色转换不到位，达不到边看、边思、边记录的要求。再如，由于条件限制，只能在课上统一观看"微视频"，没能体现差异和交互等。再结合平时我们的实践，归纳起来，亟待解决的问题还有很多。

　　(1)微视频在教学中的呈现时机值得探讨，如是在课前呈现好，还是在课中呈现好，如何才能实现最优化？目前看来，根据不同的课型、不同的教学内容、不同的教学需求来灵活运用是比较好的方法，但具体标准和界定方法还需要进一步实践和研究。

　　(2)根据具体内容设定的微视频，在数量上是否有标准？本文中有所涉及和思考，但不是唯一的标准，需要与同人探讨。

　　(3)新技术，带给我们新思考，同时学生也产生了较大的学习数学的兴趣和热情，但这种兴趣和热情如何优化，才不至于产生负影响，我们需要再思考。

　　(4)"微视频"在设计时本来应有交互的功能(本课例中没有展示)，但具体实施时，受到学校硬件条件的限制，一般很难实现，这就抹掉了"微视频"本来具有的交互、自主和个性化的功能，更为推广带来了一定的难度。

　　(5)若要推广，还涉及"微视频"的制作和整改，虽然我们已经针对苏科版数学三年的知识点都制作了相应的"微视频"，但学生间的差异是客观存在的，不同的学生有不同的特点，因此，教师需要自己制作和整合，这就涉及培训和应用的问题了。

因此，"微视频"在课堂教学中的运用作为当前教学改革的一个前沿课题，要实现与常态数学课堂的有机整合，还是任重而道远的，我们的尝试只是先行探路，但愿能为同人的探究和实践提供一些参考。

（二）运用"BYOD"教学，促进"自觉"生成①
—— 以"做菱形"一课为例

随着信息技术与社会经济的发展，"互联网＋"的应用无所不在，越来越多的师生能够拥有诸如移动电话、iPad 等各种智能终端设备。BYOD(Bring Your Own Device，"自带设备")教学模式就是学生自己带着笔记本电脑、平板电脑或智能手机来到学校，并把这些设备和技术用于学习中。BYOD 教学方式具有学习驱动性、信息设备多样性和情境整合性等特点，能够将学习情境与生活情境进行有机融合，有利于创造丰富的个性化教学环境，让教师与学生建立信任关系，并赋予学生利用他们自己喜爱的学习工具进行学习的自由。在 BYOD 教学环境和数字资源支持下，教学活动的组织方式、课堂活动的参与方式、教学资源的呈现方式都发生了变化，使得师生在教与学的过程中可以个性化地利用自己的信息设备获取教学资源，实现教学交互，达到优化教学效果的目的。我校在开展全国教育科学规划办"十三五"教育部重点课题"翻转教学形态的变革与创新研究"的基础上，对江苏省的前瞻性项目"'自带设备(BYOD)'促进个性化学习的课堂实践研究"也展开了研究，取得了丰硕的成果，我校各学科的老师都进行了BYOD 的教学实践研究，现已将其运用于常态教学之中，其中数学组的沈秋萍老师面向全省讲了一节公开示范课"做菱形"，很具有典型性，下面以苏科版数学八年级下册"9.4(2)做菱形"的教学现实为例进行介绍，供同行们参考。

1. 教学内容重点、难点分析与教学方法选择

本教学内容是学完菱形的判定和性质后对菱形相关知识的综合应用。四边形对学生来说无论是进一步学习还是实际应用都是很重要的，通过探索和证明它们的特殊性质和判定方法可以进一步丰富学生对图形的认识和感受。菱形是继"四边形""平行四边

---

① 此文发表在《教育研究与评论(中学教育教学)》2018 年第 4 期中，引用时有改动。

形"和"矩形"之后的一个学习内容，它不仅是三角形、四边形知识的延伸，更为探索正方形的性质与判定方法指明了方向，是学习正方形等知识的基础，起着承前启后的作用。"做菱形"是在学生掌握了平行四边形和矩形的性质与判定方法后，具备了初步的观察、操作等活动经验的基础上进行学习的，利用矩形来"做菱形"，对学生来说是综合了矩形、菱形的性质与判定方法考量动手能力的一个新的挑战课题。

　　本节课通过操作、探究、论证等学习过程，使学生掌握并能熟练运用菱形的判定定理，帮助他们提高"四基"和"四能"；让学生在观察、实验、猜想、证明、综合实践等数学活动中，根据不同的条件熟练运用菱形的判定定理，学会数学思考，发展合情推理和演绎推理能力，清晰地表达自己的想法；让学生在不同的操作活动中，经历菱形的判定过程，培养学生解决问题的能力，使其获得分析问题和解决问题的一些基本方法，体验解决问题方法的多样性，发展创新意识；让学生养成认真勤奋、独立思考、合作交流、反思质疑等学习习惯，形成实事求是的科学态度；让学生在运用菱形的判定定理的过程中获得成功的体验、建立自信心，进一步认识数学与生活的密切联系，学会欣赏数学美，培育数学核心素养。本节课的教学重点是利用矩形折出菱形，并选择合适的判定方法说明得到的图形是菱形；其教学难点是证明用矩形纸片叠出的四边形是菱形。

　　针对本节课的特点，我们选择了"BYOD"环境和数字资源支持下的教学活动的组织方式，采用以"任务驱动→个性探究→成果推送→交流论证→总结归纳→检测反馈→个性补偿"为主线的教学模式，观察、分析、讨论相结合，在课前学习内容创生的过程中，体现教师的"启发引导"，突出学生的"探索发现"；在课堂的多维互动、展示、交流、论证过程中让学生自己去观察、去发现、去创造；在合作、交流的气氛下进行师生互动，同时让学生借助自带智能终端开展自主学习，以增加课堂容量和教学的直观性，让学生更好地理解菱形的性质和判定方法，通过多维交流互动突破教学难点。教学中特别是要引导学生通过操作、观察、思考、探索、交流获得知识，形成技能，感受数学思想。还要培养学生的自组织学习能力和创新意识，让学生在老师的指导下自始至终处于一种积极思维、主动探究的学习状态。"做菱形"这节课重点要关注探索过程，让学生动手操作、观察、猜测、验证，进而获得知识，培养主动探究的能力，促进学生知能的"自觉"建构。

2. 课前任务驱动性学习与学习资源创生

学习是一个主动建构的过程，学生在学习的过程中经历了对知识进行"主动加工"的建构过程，所获得的知识会在大脑中形成深刻的印象；同时，教学也是一个具有生成性的"主动加工式"的活动，因此任务驱动式学习是通过让学生合作解决具有真实性的一系列相关的问题，来学习隐含于问题背后的数学知识，形成解决问题的技能，并形成自主学习的能力。BYOD作为一种教学辅助手段，本身并不能提供丰富的生成性内容，但BYOD能够从丰富教学资源的获取途径、提供个性化学习环境和记录生成性内容三个方面来促进知识的生成性内容的建构与创生。

我校学生所处的"互联网＋"环境主要包括多媒体网络教室环境、校园网环境和互联网环境等。BYOD教学环境下的数学教学有着它独特的一面：具有自主性、探究性、合作性、效果评价、能力提高五个创造性特点。因此，我们在课前让学生进行了任务驱动性学习与学习资源的创生，使学生开展自主性学习，让学生自主唤醒和激发自己主动参与的意识，掌握认知策略，使其发挥选择性、能动性、积极性和创造性。

为了让学生真实地经历菱形判定方法的形成过程，课前我们设计了一个动手实验活动，让学生用矩形纸片尝试折菱形，并用视频拍下折纸过程(图3-59)，这样不仅让学生在动手的活动中直观感受到了数学与生活实际的紧密联系，发展了学生的数学思维能力，而且让学生用视频记录自己的探究过程也很有意义，也是自主创生学习资源的有效途径。

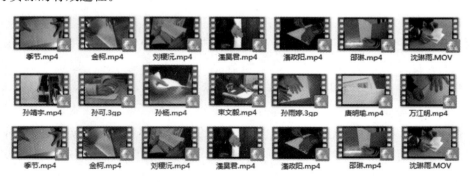

图 3-59

　　我校的多媒体和网络技术能提供界面良好、形象直观的交互式学习环境，这有利于激发学生的自主学习兴趣。同时，它还能形成图、文、声、像并茂的作用于多种感官的综合刺激，更有利于情境创设和大量知识的获取，为学生营造快乐的学习环境提供了理想的条件。学生在做的过程中掌握了知识、训练了技能、了解了方法、培养了情感。我们把不同的折法整理了出来并生成了二维码，便于学生课前、课上和课后学习。二维码的生成延伸了学生学习的时间、地点，让学生的学习与交流更高效。

　　在我校"BYOD"的常态教学中，学生已能熟练使用智能终端，会利用微视频等学习资源进行创生。在教师的指导和启发下，学生尝试动手操作，提高了实践操作水平，培养了动手能力，养成了勤动手、勤钻研的习惯。但学生在学习和动手操作上存在一些问题，我们引导学生，学会了观察、分析、比较、归纳、概括等方法，让他们掌握了在动手操作中发现问题、提出问题、分析问题和解决问题的方法，使学习知识与能力造就融为了一体，使学生不仅学到了科学的探究方法，而且体验到探究的乐趣和成功的喜悦。

3. 课中多维交互性学习与知能结构建构

　　课堂教学的核心是多维促进，学生在课堂中的多维互动行为对知能建构有着较大的影响。在 BYOD 环境和数字资源的支持下，教学活动的组织方式、课堂活动的参与方式、教学资源的呈现方式都发生了变化，特别是师生和生生互动方式也发生了变化，我们在原来的师生和生生之间单一的言语交互基础上增加了学生与智能设备、教师与智能设备等人与技术的互动，在此过程中激发了学生的学习动机，使学生能获得较高的自我发展期望。这节课中我们以递进性的学习活动为载体，将学生的知能"自觉建构"逐步引向深入。

活动一：预学成果展示与分享

　　学生运用智能终端设备自带的 airplay 功能可以很方便地将自己设备里的照片和最好的视频通过班级的投影分享给所有同学和老师。通过 airplay 功能，先请一个学生播放课前折菱形的过程，之后再请其他三位学生展示不同的折法。然后，分小组根据展示同学的折法进行思考：这样折出来的是菱形吗？动手折纸与交流，用尽可能多的方法制作菱形。老师通过自己的设备拍下学生的折纸过程，并展示在屏幕上。

【设计意图】BYOD 能够提高学生的课堂参与度、活跃课堂气氛。学生和老师在使用 BYOD 的过程中学会了自制微视频，这有利于学生的个性化发展，教师不再只是去网上下载一些现成的学习资源，我们根据自己上课的内容和需要可以创生出最符合实际的教与学资源，进而培养学生的思考能力、动手能力和信息化能力等。

活动二：深度思考、推理证明

用两张等宽的矩形纸片"做菱形"的探究活动

师：刚才有同学展示，将两张等宽的矩形纸片的重叠部分表示成四边形 AB-CD，你能证明四边形 $ABCD$ 是菱形吗？

师：首先，你们能确定四边形 $ABCD$ 是什么图形？

生 1：它是平行四边形。

师：要证明它是菱形，还需要什么条件？

生 2：一组邻边相等。

师：你们有什么想法？

生 3：因为两张纸条等宽，根据平行线之间距离处处相等，可以构造全等三角形来解决。

师：具体说说你的思路。

生 3：如图 3-60，过点 B 作 $BM \perp DC$ 于点 M，过点 D 作 $DN \perp BC$ 于点 N。

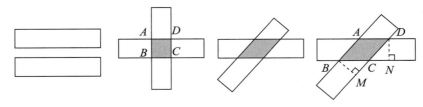

图 3-60

∵根据题意是长方形纸条，∴$AD /\!/ BC$，$AB /\!/ CD$。∴四边形 $ABCD$ 是平行四边形。

从点 B 作 $BM \perp DC$ 交于点 M，过点 D 作 $DN \perp BC$ 交于点 N，∵是两张等宽的纸，∴$BM = DN$。

又∵$BM \perp DC$，$DN \perp BC$，$BM = DN$，∴$\angle BMC = 90°$，$\angle DNC = 90°$，∴$\angle BMC = \angle DNC$。

∴△BCM≌△DCN，则 BC＝DC，∵四边形 ABCD 是平行四边形，∴四边形 ABCD 是菱形。

师：你们还有其他的方法证明四边形 ABCD 是菱形吗？

生4：首先，我们已说明了四边形 ABCD 是平行四边形，而平行四边形的面积＝边×高，即平行四边形 ABCD 的面积＝BC×DN＝CD×BM，因为两个矩形的宽相等，DN＝BM，所以 BC＝CD，所以四边形 ABCD 是菱形。

【设计意图】利用 2 张等宽的矩形纸片叠菱形，这种叠法最为简单直观，却让人意想不到，放在第一个让学生眼前一亮，一下激起了学生探究的欲望。这个问题的证明方法多样，学生从正向思维到逆向思维，提高了分析能力和综合运用知识的能力，让学生灵活选择恰当的判定方法来说明四边形 ABCD 为菱形，也可以巩固其所学。

用一张矩形纸片来"做菱形"的探究活动一

师：你们能否证明某同学用一张矩形纸片折出的这个四边形（图 3-61）是菱形？

（用几何画板演示翻折过程。）

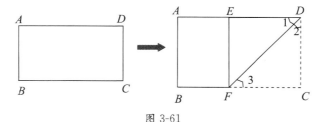

图 3-61

学生独立思考后将过程推送到智能终端，现将学生的证明思路整理如下。

证法一：∵△EDF 是由△CDF 翻折得到的，∴DE＝DC，EF＝CF，∠1＝∠2。

又∵AD // BC，∴∠1＝∠3，∴∠2＝∠3，∴CD＝CF，∴ED＝EF＝FC＝CD。

∴四边形 EFCD 是菱形。

证法二：∵四边形 ABCD 是矩形，∴∠C＝∠CDE＝90°。

又∵△EDF 是由△CDF 翻折得到的，∴DE＝DC，∠DEF＝∠C＝90°，

∴∠DEF＝∠C＝∠CDE＝90°。

∴四边形 EFCD 是矩形，∵DE＝DC，∴四边形 EFCD 是菱形（正方形）。

【设计意图】通过先折再说理的方式，让学生提高动手操作能力，并发展有条理地思考的能力。再通过学生的变图引领，不断推送新的资源，优化思辨，发展学生有条理地思考的能力和表达能力，让课堂成为学生智慧生成的摇篮。

用一张矩形纸片来"做菱形"的探究活动二

师：有几位同学是这样折叠的（图 3-62），他们这样折出的四边形是菱形吗？

（用几何画板演示翻折过程，让学生思考，并让学生书写证明过程，然后上传到白板平台的展示 1 区。）

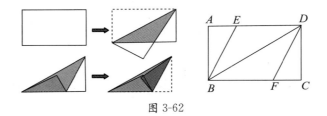

图 3-62

展示学生的证明：如图 3-62，在矩形 $ABCD$ 中，BD，BE，DF 为折叠过程中产生的折痕。

∵△BDF 是由△BDE 翻折得到的，∴$DE=DF$，$BE=BF$，$\angle ADB=\angle BDF$，又∵四边形 $ABCD$ 是矩形，∴$AD\parallel BC$。

∵$\angle ADB=\angle DBC$，∴$\angle DBC=\angle BDF$，∴$BF=DF$，∴$DE=DF=BE=BF$。

∴四边形 $EBFD$ 为菱形。

【设计意图】使用几何画板对复杂的折叠进行了"原理性"展示，信息技术的恰当整合，帮助学生突破了学习难点。折叠的类型要安排得有梯度，要有利于学生步步登高，树立解题的必胜心，几种折叠方法应具有代表性、典型性和示范性。

用一张矩形纸片来"做菱形"的探究活动三

师：如图 3-63，有几位同学是这样折叠的，这样折叠出来的四边形是菱形吗？

学生利用对角线互相垂直平分来进行证明。

师：同学们，菱形的美是对称的、和谐的、简约的美，数学思维的美好，就在于探索、发现的过程，因为这蕴含着付出与收获的喜悦。

【设计意图】学生可能会有多种不同的折法，但是都可以归结为两种方法，一种是先折出等腰三角形，另一种是先折出直角。先折出等腰三角形利用的是四边相等

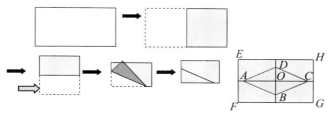

图 3-63

的四边形是菱形，先折出直角可以利用对角线互相平分的四边相等的四边形是菱形，或对角线互相垂直的平行四边形是菱形来证明。重点让学生理解折叠中产生的对角线互相平分且垂直的四边形可以证明是菱形。

基于 BYOD 环境的课堂互动教学模式在课程教学中不仅营造了良好的学习氛围，使学生在轻松的环境中全身心地投入学习中，还能够通过过程性评价和即时反馈帮助学生进行更加有效的知识建构，形成更加完善的知识体系。但在具体的实践中亦不能过分强调教学环境和辅助设备的作用，因为技术本身并不能够改变教学，只有教师学会适当地利用技术才能发挥其充分作用，所以必须坚持以课堂教学为主、技术手段为辅的原则。

4. 当堂检测及时反馈与补偿强化学习

基于 BYOD 环境的课堂互动教学模式包含学习活动、学习评价、学习成果展示三个层次，以及支持学习活动开展的辅助功能。BYOD 环境下学习活动的顺利开展是有效课堂互动的基础，是提高学生参与度的关键，同时良好的课堂互动能够通过教学评价使学生进行有效的自我监控，进而使学生能更好地进行知识建构，从而达成理想的教学成果，激发学生对学习的期待。BYOD 辅助下的课堂教学能够通过对当前知识内容学习情况的测验，获得学生对问题的即时反馈，在此教学模式下，学生便于对自己的知识水平进行反思，查漏补缺；教师也便于了解全班学生的学情，并给予必要的指导。在下课前的 8 分钟内我们利用"智学网"进行了课堂学习的反馈性检测，反馈情况如下（图 3-64）。

【设计意图】"智学网"的在线选择组卷、一键布置功能十分好。告别了印刷、分发、回收作业，学生用手机或平板登录自己的账号马上在线答题，教师及时查看学生的完成进度，清晰地了解学生的作答情况，客观题可自动批阅生成统计报告（图 3-65）。

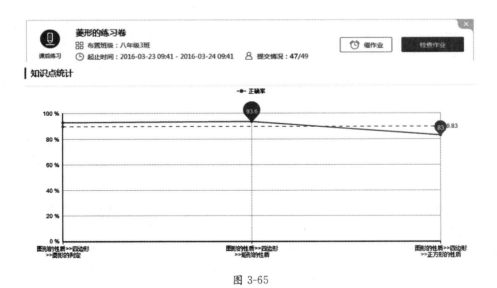

图 3-64

图 3-65

　　结课的时候，我们利用微信弹幕功能，让学生将自己总结的这节课的感悟与收获通过自己的终端发送到大屏幕上，不再像以前一样让几个同学做简短的小结，这样也有利于教师全面了解学情。

【**设计意图**】学生是学习的主人，要让每位学生做完课堂检测后熟练地掌握获取题库资源的能力和自我纠错的能力，只有让学生学会主动学习，才能夯实基础，实现分层教学。"授人以鱼不如授人以渔"，让学生站在新的高度提炼数学思想及方法，有利于学生优化认知结构，提升数学核心素养。

随着现代教育技术与学科融合地不断深入，现代教育技术的发展对教育教学产生了诸多的推动作用，对传统教学模式形成了强力的冲击，同时也展现了现代教育技术对教育教学强大的改造力。使用 BYOD 教学是在新技术条件下教学方式的一种创新，教师和学生能利用新技术改变自己教与学的过程。BYOD 也使得学生的学习动机得到了更好地激发，让学生学会规划学程，自主选择学习方式；也使得教师开始关注对先学后教、以学定教的新教学方式的探索，以便满足学生的个性化学习需求，培养学生的自主学习能力。使用 BYOD 教学将为我们提供一个更加开放的、共享的、个性化的、多维交互的教与学的智慧空间，促进教与学品质的不断提升。

(三)学习活动优效，翻转才有活力①

——以苏科版数学八年级下册"9.5 三角形的中位线"翻转教学现实为例

数学核心素养背景下的教学不仅仅是知识掌握的教学，教师还应关注学生的数学学习。学生的新知能是通过学生的学习活动来建构的，而认知能力是与情感、意志及个性心理倾向相互促进、协同发展的，同时，学生的认知活动总是遵循从具体到抽象，再到具体的顺序的，是螺旋式上升的。翻转教学的核心是将浅层次学习(理解、识记、简单应用)放在课前，将深层次学习(分析、评价、创建)放在课内，这会激发学生对新知的探究兴趣，培养学生学会学习的能力和乐于学习的热情。因此，我们要改变教学策略，设计出既符合数学学习规律又符合学生身心发展特点的递进性学习活动，激活学生的主体意识，最大限度地调动学生参与学习活动的主动性、积极性与创造性；激活数学知识形态，让学生充分感受与理解知识的发生、发展过程；激活学生思维，不断提高学生的创造性思维能力，满足学生个性化学习和个性

---

① 此文发表在《江苏教育》2018 年第 7 期中。是全国教育科学"十三五"规则教育部重点课题"翻转教学形态的变革与创新研究"(批准号：DHA160378)阶段成果之一，引用时有改动。

化发展的要求。我培育站①在近两年的翻转教学实践中取得了丰硕的成果，获得2017年江苏省教学成果一等奖，老师们都进行了翻转教学的教学实践研究，相关成果已运用于常态教学之中，其中常州市武进区礼嘉中学的高如玉老师面向全省讲了一节公开示范课"9.5 三角形的中位线"（苏科版数学八年级下册）很有代表性，现以此教学现实为例进行介绍，供同行们参考。

1. 预学体悟生惑，促进以学定教

本节教学内容是对学生已学过的平行线、全等三角形、平行四边形等知识内容的应用和深化，在三角形中位线定理的证明及应用中，渗透了化归等数学思想与方法，这对提升学生的数学核心素养和拓展学生的思维有着积极的意义。数学的学习是学生自为思辨的活动，本节课将学习过程分成了建模学习活动、深化学习活动、运用学习活动三个递进式的阶段。本节课的教学指导思想是从学生实际认知水平及知识结构出发，经过有效精进的数学活动让学生自主获取新知能，我们利用翻转教学中的优势，创设了有效精进的学习活动，拉近了数学知识与学生知能现实之间的距离，有利于学生提取和利用生活经验。我们先让学生经过实验、观察、猜想、归纳，得出结论，然后再推理论证得到定理，最后进行相关应用，学生以"暖认知"的方式得到的知识是具有亲和力的，更容易让学生接受和认可。

学习活动一：课前预学与问题思考

（1）课前动手完成将三角形剪一次（直线段）后拼成平行四边形的任务，你有什么发现？（2）预习书本后观看微视频。（3）掌握三角形中位线的定义，并完成导学单（进阶训练单）。（4）思考：猜想三角形的中位线有怎样的特性？你能通过哪些方法证明？

学习活动二：预学成果展示与分享

（1）课前学习成果交流。

师： 同学们会画三角形的中位线了吗？任何一个三角形都有几条中位线？

生1： 取三角形两边的中点，然后连成线段，就是这个三角形的一条中位线。

生2： 任何一个三角形都有三条中位线。

师： 我们选其中一条三角形的中位线来研究它的特性，同学们知道哪些关于三

---

① 江苏省第三届乡村初中数学骨干教师培育站。

角形中位线的知识？

生3：三角形的中位线在位置关系上平行于它所对的第三边。

生4：三角形的中位线在数量关系上等于它所对的第三边长的一半。

师：同学们学得很好！三角形中位线的特性你们是怎么发现的？

生5：将三角形剪一次（直线段）拼成平行四边形后发现的。

生6：通过添加辅助线证明得出的。

（2）课前学习质疑和提出问题。

师：若是没有书上的提示，我们碰到这样的问题该如何思考？

生1：要找一条线段的特性，一般从位置和数量两个方面去思考。

生2：我可以借助工具测量一下。

生3：测量的结果一般有误差，所以只能借鉴这个结果，说明结论的正确性还是要通过严格的证明。

生4：看书后，我能理解这种方法的正确性了。但是我怎样才会想到书上这样添加辅助线的方法呢？

师：同学们的疑惑就在这里。下面我们就围绕"巧用辅助线证明三角形中位线定理"进行研究。

【设计意图】数学教学不仅要使学生掌握数学知识和技能，还要让学生学会数学方法和思维，体悟数学的价值。学生通过动手操作和微视频学习后能较好地掌握概念，但知其所以然比知其然更为重要，所以要根据学生的困惑，提出问题，这样更能激发学生的求知欲，这也是翻转课堂的首要任务，让学生能发现问题，并带着问题参与课堂学习，提高课堂教学的目标性和实效性。

学生在课前进行"知识获取"，在课上重在进行"知识内化"。根据本节课的教学目标及学生的学情，教师制作了时间短、信息明确的教学视频，介绍三角形中位线的概念和三角形中位线的性质，供学生课前观看学习，学生根据自己的实际情况确定自己观看的次数和时间，并完成相应的基础练习。通过数据分析，教师在上课前已初步了解了学生观看微视频后的学习情况，并获取了学生学习的"盲点区"，然后确定自己上课应创设怎样的情境，设置怎样的问题串来帮助学生实现对知识的深入理解和灵活应用。

2. 借助认知冲突，促进自觉生成

数学核心素养的培养重在提升学生的关键能力和必备品质，这些能力和品质的培育离不开在学生的自主、合作、探究学习基础上引发其深度学习的优效学习活动。有效、优效的学习离不开学生的合作与交流，它可以集聚学习信息，让学生相互启发。在课堂教学中，应让学生自主学习、探究学习，激发他们的学习兴趣和动力，同时通过小组讨论、多媒体演示、学生展示等以学生为主体的活动形式，发挥学生的积极性和主动性，让课堂"活"起来，让学生"动"起来。

学习活动三：在认知冲突中突破疑点

师：我们通过观察图形或者测量，可以先猜想一下三角形中位线与第三边的关系。你在没有观看微视频或书本的前提下会如何思考？

生1：用同位角相等、内错角相等、同旁内角互补证平行，这里条件都不够。

生2：刚学过的平行四边形也有平行线，可构造平行四边形。

生3：我由第二个结论 $DE=\frac{1}{2}BC$ 得出灵感（图3-66），可以把短线段延长，也可以把长线段分割。

师：同学们真棒，下面我们就以小组为单位，探索一下"加倍法"和"折半法"，看是否能通过构造平行四边形来证明结论？（教师巡视）

小组交流成果。

生4：我们小组用"加倍法"，把短线段 DE 延长了一倍，可以构造出平行四边形，并且证明了上述两个结论。（图3-67）

生5：我们小组也是用的"加倍法"，通过过点 C 作 $CF /\!/ AB$，同样构造出了平行四边形，并且证明了上述两个结论。（图3-67）

生6：我们小组采取的是"折半法"，取线段 BC 的中点，虽然也构造了平行四边形，但我们没法证明它。（图3-68）

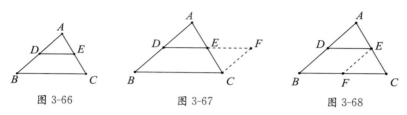

图3-66　　　　　图3-67　　　　　图3-68

生7：我们小组也是用的"折半法"，过 E 点作 $EF /\!/ AB$，与 BC 相交于点 F，也

是构造出了平行四边形，但却没有条件证明。（图 3-68）

师："折半法"看着很简单，为什么证明不了平行四边形？观察哪个条件起不到作用？有什么办法弥补吗？

生 8：只能用到一个中点，另一个中点没有用到。

【设计意图】设计优效学习活动时要把学生当作学习的主人，设计有效的活动，要提出恰当的问题，给学生提示进行学习和探究的线索，下放学习的权利。不仅要让学生知道数学知识，更要关注学生是如何知道的，只有让学生在不断地探索过程中产生认知冲突，才能引导学生追根溯源，寻找答案。课堂要成为他们探求知识的场所，激发学生的好奇心，充分激发出学生的潜能，最大程度地满足他们成功的愿望和要求，帮助学生形成积极、主动、灵活、独特的思考问题和解决问题的能力，培养学生勇于探索的精神，让学生从课堂中获得成就感、满足感，在心理上产生一种愉悦感。

学习活动四：合作探究促进思维发散

师：那不妨作两条辅助线，把另一个中点也利用起来。同学们一起帮这两组同学思考一下。

生 9：我们小组尝试出来了，先过点 E 作 $FE \parallel AB$，与 BC 交于点 F，再过点 A 作 $AG \parallel BC$，与 FE 的延长线交于点 G，这样两个中点都能用到，并且构造出了平行四边形，并可证明结论。（图 3-69）

师：同学们集思广益，想出了这么多证明的方法，老师也提供一种供大家借鉴。

分别过点 A、点 B、点 C 作 DE 这条直线的垂线，垂足分别为点 N、点 M、点 G，构造矩形，结论得证。（图 3-70）

请同学们挑选一种证明方法，写下完整的证明过程。

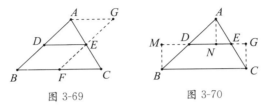

图 3-69　　　　　　　图 3-70

【设计意图】问题是数学的心脏！通过问题串组织学生交流，让学生结合自己在课前的"先知""先学""先研"中遇到的"不知""半知""疑问"等展开讨论与研究，把学生的"被学"

变成"主学"，让学生快乐地体验学习、发现学习和合作学习。很多小组想到了"折半法"，可就是证不出平行四边形，在这个关卡，教师进行了适时点拨，翻转课堂不是让教师退出课堂阵地，而是让教师适时抓住学生问题的本质给予指导，通过小组合作讨论，带动整个班级的研讨氛围，让学生一起分享找到答案后的喜悦，感受辅助线的奥秘和神奇。

通过交流活动，让学生感受问题解决策略的多样化，比较多样化策略中各种方法的特点，学会优化方法。在本节课的翻转教学过程中，三角形中位线的定义和定理的学习不再是课堂中的重点，在课前学生进行微视频学习时就能掌握，课堂上主要解决的是定理证明的方法归纳、定理的应用以及辅助线的构造问题。

3. 在变式引领中拓宽应用视野

为了增强学生对三角形中位线定理的应用意识，提升学生应用能力，我们选取了两道经典的例题来拓宽学生对三角形中位线定理的应用视野，在教学过程中，采用倒序预设悬念的方法，将学生的思维引向深入，先让学生看变式题，引导学生提出问题，并尝试寻找问题解决策略和相关依据，形成自我尝试解决问题的思想方法。当学生遇到困难时，我们给出了引例，启迪学生构建三角形中位线来解决问题，再让学生通过策略迁移和类比来解决变式题，通过多维促进式互动交流，让学生提出疑问，正确解决相关问题，为学生的再学习、再发现和再研究奠定基础，提高其自组织学习水平。

学习活动五：合作探究促进思维发散

变式：如图 3-71，在四边形 $ABCD$ 中，点 E、点 F 分别是 AD，BC 的中点，且 $AB=CD$，求证 $\angle BGF=\angle CHF$。

引例：四边形 $ABCD$ 中，点 E、点 F 分别是 AD，BC 的中点，连接 EF，求证 $EF\leqslant\dfrac{AB+CD}{2}$。（图 3-72）

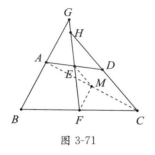

图 3-71

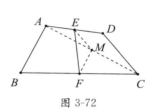

图 3-72

【**设计意图**】对上面的变式题，学生可能一时找不到求证的方向，两角既在位置上没有特殊性，又找不到相对应的全等的三角形，为此教师设计了一道引例。

师：我们先来看引例，当题目中有多个中点，也有 $\frac{1}{2}$ 这样的关键词时，你们会联想到什么？

生：联想到构造三角形中位线，利用中位线的性质解决问题。

师：现在这道题的中点在四边形的边上，我们怎样往下思考？

生 1：我们可以通过作辅助线来构造三角形。

生 2：可以延长 BA，CD 构造三角形，也可连接 AC 或 BD 构造三角形。

生 3：第一种方法不可行，因为中点 E 不在三角形的边上。我认为第二种可行，就是两个中点分别在不同的三角形内了，这要如何解决？

师：这位同学观察得非常细致，并提出了自己的问题，辅助线的添加要在充分利用已有条件的基础上进行。

生 4：既然要构造三角形的中位线，可取 AC 的中点 M，连接 EM，FM，这样就构造了两个三角形的中位线。（图 3-72）

师：我相信添加辅助线后的题对大家来说就容易解决了。请同桌互相说一说解题方法。

……

师：我们再回到变式题，大家能找到引例中的图形吗？

生 5：用刚才的方法（图 3-71），构造两条中位线就能解决了。

解题过程……

【**设计意图**】优效教学，需要教师充分把握学情，去设计和组织富有个性化的、切合学生实情的学习活动。本题的探讨重点是添加辅助线的探索过程，要让学生成为活动的主体，让学生感受"中位线"的产生过程，中位线并非是无中生有、从天而降的，而是自然生成、有理有据的，在探寻辅助线的过程中，培养学生的学习能力，同时让学生积累基本活动经验，以达到翻转教学、促进学生深度学习的目标。

在翻转教学中课堂是知识内化的主阵地，学生最大的困惑就是怎样想到作如此的辅助线，因此，老师对方法的提炼和指导就尤为重要。由于学生课前进行了自主学习，课上的问题就更加有目的性了，并且在探究问题的过程中，学生通过自主探索，培养、提高了独立学习的能力，通过小组合作，在相互借鉴和学习的过程中拓展了对知识的理解深度。在三角形中位线定理的应用中如何构造中位线，是本节课要突破的难点，在整个探索活动中，教师让学生多角度、快节奏地去认识了教学内容，达到事半功倍的教学效果。通过变式引领，学生很容易发现解决问题的规律，并可以找出解决方法，学生学得轻松，兴趣浓厚，精神状态极佳。本节课虽然容量较大，但由于采用了翻转教学，教师精心策划了五个递进性的学习活动，并加强了活动过程的展示，达到了良好的教学效果，让我们也深刻体会到了只有学习活动优效，翻转教学才会具有活力。

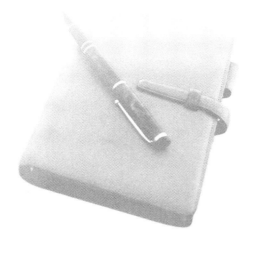

众家评说

一、名家点评

（一）用"自觉"力量，找到教育进步的"可靠起点"[①]

无论是学科的素养，还是教育的素质，都有其坚定的"价值内核"。潘建明老师提出，只有把数学课堂彻底地变成以学生的"自觉学习"为中心的课堂，我们才有可能使适合每个学生的数学素质教育变成课堂现实。这是很有道理的。良好的素质教育都是以人为本的，数学教育中总有一些不容游离和削弱的东西，比如现实性、伦理性和人本发展及其阶段性。蕴含这些内核的数学教育无可争辩地是一项没有终点的专业长跑。

学生数学考高分和学生喜欢数学并不是一回事。潘建明老师认为，数学教育要有学生的立场，我们要关注学生在课堂上生活得怎么样，学得好不好、会不会、实不实，更要关注他们学得累不累。而且，数学教育对不同的学生来说，个性差别尤为明显，基础、需求各不相同。因此，数学教育首先要了解和理解学生，调动其积极性，激发不同的自我效能感，唤醒适当的发展期望，让他们的身心获得解放，并释放其多方面的潜能。

数学研究客观事物数与形的抽象及其规律，基本方法是逻辑推理；教育则要通过不断的设计和改进，以达到特定的人为目标（如应用、探究等）。一个是科学，一个是专业，两件事合在一起才叫作数学教育。可是，两件事本身研究对象不同，解决问题的思路各异，要说难，也许就难在这里。当然，要突破也是从这里入手。当前，人们常常选择课堂作为切入点。第一，着力于对学生如何学数学进行研究。第二，把数学教学的出发点和着力点从教师如何教转变为学生如何学。第三，教育观念朝着以学生的学习为中心这一核心内容转变。这样的课堂改革转型其实就是回归课堂教学的本真。如果我们审视一下近年来的课堂教学改革，会发现首先是有了更

[①]　作者为上海市教育科学研究院副院长、研究员、博士生导师顾泠沅。

加全面的考虑，不但关心认知，还关心情感和价值；不但要抓差异和针对性，还要抓学生的动机和学习独立性问题。同样重要的是，基础教育发展可能已进入组合性突破的阶段，而学生独立学习和老师帮助发展的正确组合，已逐步成为课堂改革转型的关键。

潘建明老师是个有思想的实践者。他在数学教育的园地辛勤耕耘已近四十年。几十年来他善于积累，以体现"主导自觉、主体自觉和支持自觉"的自觉数学教育思想为基础进行了系统研究和总结，近年间又完成了对江苏省教育科学规划课题"自觉数学课堂教学研究"和全国教育科学规划办的教育部重点课题"翻转教学形态的变革与创新研究"的研究，这都是名师加强自身"行为文化自觉"的一次次"深度试水"。这本《潘建明与自觉数学教育》，其实就是这种"试水"的成果。这样的"试水"是可贵的，从中可以看到深度了解学情的特殊重要意义，该书强调了在认真分析学生差异的基础上有针对性地进行引导和帮助，透过多种途径的"因材循导"，促进学生独立学习、自觉体悟，充分体现了"以学生学习为中心"的教育理念。我们热情期待广大中小学教师像潘建明老师那样，在课堂拼搏中学会教学、学会思考，在此基础上不断地进行教育教学行为的转型与创新。

自觉数学教育思想是非常有价值的。教育教学就应由"给出知识"转向"引起活动"，一切活动都要围绕"学生学习"这一中心来组织，让学生的学习变得生动有趣、有活力、有挑战性；使学生从自我经验出发，在学习活动中对新知能进行自主自觉建构，进而理解知识本质，在多维互动中释放出本质力量，实现自觉成长。自觉数学教育思想给予了我们很多的启迪，让我们获得了一种对教育教学的本真理解，并学着用"自觉"的力量，找到教育教学行为健康进步的"可靠起点"。

（二）人因思想而睿智[①]

潘建明老师是一位平凡朴实而又热血感性的数学老师。他从事教育工作三十多年，一直站在教育教学的第一线，坚持教育反思、坚守教育信仰。为此，他获得了"全国模范教师""江苏省教授级中学高级教师""江苏省数学特级教师"等荣誉称号，

---

① 作者为江苏省金坛区教育研究中心主任、江苏省"333 高层次人才培养工程"培养对象、江苏省特级教师曹少华。

被江苏省教育厅确定为"江苏省人民教育家培养工程"首批培养对象，他教书育人的感人事迹多次在省市级新闻媒体上被人们报道。潘建明老师既是一名有理想、有追求的师者，也是一名有思想、有个性的渡者，这本《潘建明与自觉数学教育》解读了他的专业成长经历和心路历程，让我们触摸到了他的"成长基因"和"专业细胞"，也许我们能从中探寻到促进自己再次出发的动力。

2016 年在北京上全国性的引领示范课

专业基因：信念、探索、创新

从这本《潘建明与自觉数学教育》中可以看出，潘建明老师的专业成长体现在两个重要方面上：首先，有着强烈的专业自觉信念，领悟学科教学的真谛，洞悉课程内容的教育教学价值，在学科教学的"专业制高点"上，以自身的"学术魅力"、丰富的实践智慧和学科教学的本体能力去营造高效、灵动和有意义的课堂，并渗透学科文化使学生受益终身。其次，在教育教学实践的积极探索中，不断创新，把课堂作为研究的临床，把活动作为思考的载体，在问题的寻找与解决中，重新认识自己的教育取向、建构自己的课堂教学智慧，勉力自己做到：(1)将传统教学精髓与新课程理念有机整合，使改革创新能与时俱进。(2)基础教学求"实"，讲解练习求"精"，知识运用求"活"。(3)注重讲解分析，善于启发思维；精于基础训练，长于培养能力；潜心教学设计，讲究教学艺术；注意灵活多变，关注高效生成。

心灵基因：坚守、律己、关爱

从这本《潘建明与自觉数学教育》中可以看出，潘建明老师的精神成长源于以下三点：第一，他思想素质过硬，工作作风严谨，热爱事业，忠于操守。即便是处在物欲横流的年代，他也能用宗教般的情怀去做理想的教育，时刻践行着"做一个以学问观照学问，以人格影响人格的好老师"的理念。第二，他育人先育己，要求学生做到的自己先做到，在与学生、家长的交往过程中，十分注意自身的师德形象，坚持做到廉洁从教、严于律己、为人师表。第三，他在三十多年如一日的平凡工作中，认真负责、勤恳踏实，时常以"渡者"的身份，关心爱护每一位学生的成长，资助贫困生和特殊家庭的学生，并对学生"全人格塑造"有着"本质理解"；对使学生的身心全面发展，有着自己独到的"教育主张"，以自身的"人格魅力"促进与学生的情感交流和人格融汇，对学生进行人文关怀、价值关怀和意义关怀，这也使他和学生的"生命成色"不断丰富。

品位基因：学习、视野、自觉

从这本《潘建明与自觉数学教育》中可以看出，潘建明老师的学理素养成长源于以下两点：其一，善于发现自身专业发展的"盲区"，有较强的自我发展的"导航能力"，常以大师、书本为鉴，又以同伴和学生为镜，在别人的故事中，汲取自己成长的智慧。其二，他时常对教育教学实践进行深刻省察、不懈探索和理性评判；对自己的教育教学行为不断做出专业的解读，用专业自觉的眼光、智慧和毅力自我激励，并不断追求、探索、反思、调整和提升。

从这本《潘建明与自觉数学教育》中，我们读出了教育工作所蕴含的美丽，读出了教育生命所焕发的光芒；感受到了他的三重魅力(学术的、人格的、思想的)所带来的影响，品悟到了三种基因(专业的、心灵的、品位的)所编织的福音。

潘建明老师，不但是一名孜孜以求、勤勉踏实的师者，也是一名热血感性、无私奉献的渡者。行走在"行者""渡者"之间，他成就了他们，你们，还有我们。

二、媒体报道

（一）谢谢您，给了我一双腾飞的翅膀①

"通过看你的项目研究阶段成果报告和听你刚才的论述，我感到很高兴，你的这个'自觉数学教育思想实践研究'成果很有推广价值，我给你总结了六大亮点，但要提出两点建设性的建议……"我国数学教育前辈顾泠沅在江苏省"人民教育家培养工程"首批培养对象的五年发展规划论证会上对我这样说。

我的天资并不聪慧，但我是一个善于放飞思想和会执着追求的人。

1981年，我被分配到金坛市指前中学（农村初级中学）工作，刚开始走上讲台时，信奉"要给学生一碗水，自己要有一桶水"，为了"站稳"讲台，我将教材、教参、中考题和数学竞赛题全部都做了，而且还不时地进行"复习"，没想到工夫没有白费，在做题的过程中，我似乎发现了题与题之间的"某种关联"，在教学过程中，不知不觉地会采用"一题多变，多题一法"的方法，学生对我最佩服的是我常常将教材上的例题、习题变为新颖有趣的新题来呈现，几年下来，对"变式教学"我有了一些"感悟"。一直坚持做题的好习惯成就了我的教学特点"有一道题，会精要地讲出一类题"，这在中考复习和数学竞赛辅导中是非常省时而有效的方法。我的学生在中考和数学竞赛中的不菲成绩，使我在1994年被"选优"调入数学家华罗庚先生的母校——江苏省华罗庚中学。

调入华罗庚中学后，我带一个初二年级的"差班"，和学生相处两个星期后，我发现学生非常可爱，我很喜欢他们，唯一遗憾的是他们的数学考试成绩不佳，原因是"基础差"，但他们开展各项活动很有创造性，一个问题立即闪现在我的面前：我们教学和考试的"双基"是否是人发展的"双基"？经过深入了解，我还发现，他们不仅基础差，习惯也差，更谈不上有学习方法。面对这样的学情我决定

---

① 此文发表在《中国教育报》2010年9月8日第三版上，引用时有改动。

改变我的教学行为，课堂上讲慢一点，帮助学生学会阅读和分析，并在核心概念的教学中注意"以旧引新"和"引新带旧"。由于放慢了教学节奏，课堂上的例题不可能多讲，怎样才能发挥仅有的例题的教学功能呢？凭着我"厚实的基本功"，我将例题的条件变一下，或结论变一下，或背景变一下等，再问学生变完了这道题有什么感悟等。一段时间后，我发现学生的基础加强了，学会分析了，应变能力也提高了，在第一学期的期中考试中已经摘掉了"差班"的帽子。我一直保持这种教学方式直到他们初中毕业，他们参加中考的数学成绩的各项指标都在我市名列前茅。这让我明白了一些道理：教育的逻辑并不是知识的逻辑，学生的身上"天生"就有"本质潜能"，教学就是用科学的方法唤醒他们让他们将这种"潜能"释放出来。

在之后的几年中我一直保持着这样的教学风格，学生非常喜欢上我的课，因为"作业不多，新颖有趣，灵活多变"，校长也号召老师们学习我的"教师下题海，让学生荡轻舟"做法，我所教的学生的分析能力、应变能力和思辨能力都很棒，中考数学成绩的各项指标也都十分优异，全教研组同事也尝试运用我的这种教学策略，他们也取得了良好的教学效果，同事们帮我提炼出了我的教学特色，"先思后导、变式拓宽"，2007年，我以"先思后导、变式拓宽教学策略研究"申报了江苏省教育规划课题，2008年年初，该课题被确立为江苏省教育科学"十一五"规划课题，我也在国家核心期刊上发表了论文十余篇，成长为全国模范教师、江苏省特级教师、江苏省教授级中学高级教师。

2009年9月，我被江苏省教育厅确定为江苏省"人民教育家培养工程"培养对象，站在省厅为我们构筑的这个新的成长平台上，我得到了茁壮成长。10月份，我参加了省厅组织的"构建高效课堂"研讨会，会上很多学校对学习名校经验提出了许多正面和负面的问题，这些问题都带有普遍性，这使我认识到再好的教学模式和经验实际上都有它的局限性，模式和经验的形式并不重要，重要的是它的精神内核，并且学生的素养和能力的提升是综合的、立体的、多元的，在学生学习的活动中我们要给学生一个完整的、有效的学习过程，不应该为了突出一个经验或模仿一所名校的做法，而武断地将应该给学生的完整的学习过程割裂或让学生没有完整的体验，这是违背教育伦理的。11月份，省教育厅又推荐我参加了教育部主办上海华东师范大学承办的全国初中数学培训者培训班，让我聆听了许多大师的教诲，使我懂得了高效课堂离不开学生的高效学习。也感谢上海华东师范大学给了我在培训班上讲课的机会，我向全国的同行们介绍了我的"先思后导、变式拓宽教学策略研究"的成果，得到了同行们的高度赞赏，华东师范大学的老师也给我提出了建议："在先思教学部分，在核心概念教学中若能突出'做中学'，效果会更好些。"12月份，省教育厅又让我在江苏教师教育网的演播室中通过网络平台室开展"专家在线"活动，解答江苏省初中数学远程教育学员们提出的疑难问题，全省学员提出的上千个不同的问题，让我拓宽了数学教育的视野，也明白了什么是数学教育发展的需要。12月底，在省教育厅的组织下，我有了与数学教育前辈顾泠沅老师进行探讨的机会，在顾泠沅老师的指点下我的"先思后导、变式拓宽教学策略研究"又一次得到了完善：先思——思在学之前，目的是激发学生的好奇心，只有建筑在深入思考上的学才是"真正的学"，要"真正的学"，学生先要投入"自我"，数学教学首先要关注学生问题意识的养成和分析能力的提高。后导——讲在关键处，"质性数学教学"不只关注教学技术的"改良"，还要通过教师科学有效地引导使学生间产生积极而有效的互动，从而来实现学生"本质力量"的释放。变式——打破封闭性，一是对核心概念进行非标准变式；二是对例题的条件、结论和背景等进行二度课堂开发；三是对解决问题的策略进行求异思维等，通过变式学习活动使学生能更完美地建构"数学世界图景"。拓宽——唤醒创造力，数学教学的意义在于让学生在学习过程中学会科学地思考，最大限度地释放出他们的创造力。总之，要关注数学教育的全纳性(学生多向度潜能的开发)、全人性(学生本质力量的释放)和全面性(学生数学世界图景的建构)。

　　江苏省"人民教育家培养工程"不只是一个发展平台，也是普通教师向教育家发展的一条高速公路。近年来，在省厅的关心下我先后八次面向省内外推广我的研究成果，这让我得到了锻炼和提高。国家督学、江苏省教科所原所长成尚荣先生看到了我发表在国家核心期刊上的用"先思后导、变式拓宽教学策略"进行教学的课例和案例，对我说："《国家中长期教育改革和发展规划纲要(2010—2020年)》已经颁布，意味着教育将进一步走向'人本'。你的这个教学策略是遵循生命发展规律的，体现了教学中的生命关怀，这么好的经验，要注意宣传和推广，现在我们正在提炼苏派教学风格，你很有实力，应该在这方面多做点事。"

(二)数学情怀与自觉人生①

潘老师是省"人民教育家培养工程"培养对象、全国模范教师、教授级中学高级教师、省特级教师，他是朴实的行者，在教育沃地上默默地耕耘，时刻践行着他的"以人格观照人格，以学问影响学问"教育誓言；他是自觉的强者，他用高度负责的态度，进行"生本数学"教育教学的研究，不断地在继承性和创造性上进行突破，向着数学教学的智慧深处行走；他是执着的舞者，在教育帮扶的舞台上一路走来，一路花香，以最优美的舞姿演练着教育人生的多彩。

潘建明当选为"2009常州教育年度十大人物"时，其颁奖词是这样写的：

他忠诚教育事业，模范履行职责，廉洁从教，为人师表，用人格阳光观照学生的心灵成长；

他汲取众人之长，不断专业成长，心甘清贫，静守寂寞，以顽强毅力成就大师的渊博宽厚；

他继承传统精髓，独立教学主张，与时俱进，勇于实践，把经验提升形成独特的教学风格；

他善用趣味发酵，不断幽默催化，形象生动、视野宽阔，让精湛教艺造就国家的世纪英才；

他立足校本教研，打造学习团队，科研引路，课题带动，使科研成果转化课堂的生产动力；

他全省内外送教，传播先进经验，三万里路，寒暑雪雨，以实际行动促进教育的均衡发展。

潘建明，三十多年来一直站在教育教学第一线，在农村中学工作十五年，担任班主任工作二十年，他热爱事业、热爱学校、热爱学生，他的事迹多次被省市级新闻媒体报道。回顾潘建明三十多年的奋斗历程和成长心路，他专业成长的关键词是淡定名利、价值坚守、放飞思想、与时俱进、执着追求；他的专业成长册是以"每天"为纸，"岁月"成册，"言行"作笔，"爱心"当墨写成的。

---

① 此文为《常州日报》2014年10月18日专题报道新闻稿，引用时有改动。

潘建明对每个学生的爱心都是公正的，因为他知道学生对老师说的话和做的事是用"心"来"测量"的！学生在他的眼中没有"好"与"坏"、"贫"与"贵"之分，只有态度是否端正、习惯是否良好和学习方法是否合理等差异。三十多年来先后资助贫困生二十多人，资助金额达万元。潘老师资助学生从不对外声张，因为他认为贫穷和疾病都是别人的隐私，为了使每个学生有尊严，他都是用适当的方式来进行巧妙处理。有一次，他发现一位贫困生没有《现代汉语词典》，语文作业总做不到位，老是被批评，他就买了一本《现代汉语词典》，他想如果直接郑重其事地送给这位学生，这位学生会产生很大的压力，于是他悄悄地对这位学生说："这本词典是我女儿的姑姑买给她的，她还小暂时用不着，先借给你用吧。"这位学生怀着感激的心情高兴地接受了。中考结束后，这位学生来还词典，他又轻描淡写地说："我家里还有一本，这本词典你就留着吧，不过老师有个要求，到高一级学校一定要好好学习。"学生又一次感激地点点头，他总是这样"不留痕迹"地帮助别人。

潘建明的心胸很宽广，一位同事对他有很强的妒忌心，常在背后对他进行言行诋毁，有时使他很被动，后来这位同事的儿子成了潘老师班上的学生，这位同事很担心潘老师会对他的儿子不利，没想到潘老师对他的儿子非常关心。一个周末，这位同事回家了，让儿子一个人住在学校宿舍里，没想到他儿子半夜腹痛难忍，住在学校的潘老师知道后，一个人在漆黑的夜幕中冒着雨背着孩子走了三里多泥泞的小路，将孩子送到了医院，并在医院陪他输液，一直到早晨五点钟，之后又冒着雨踏着泥泞的小路把孩子背到了宿舍，并做早饭给他吃。这件事让所有人都很感动，让全校的教师也在无形中受到了一次教育，"文人相轻"的现象有了很大改善。校长表扬他时，他是这样说的："我只是尽一个老师应尽的职责，这件事发生在其他同事身上，他们也会这样做的。心胸狭窄的人是长不大，也走不远的。"

金坛西部的薛埠、罗村等地经济与教育欠发达，为提高这些地方的学校教学质量，上级将这些地方的一些学校划为华罗庚实验学校初中教研区，担任教导主任的潘建明自然当上了教研片的"片长"。他会同这些学校制订了周密的帮扶计划，并集结骨干力量为这些学校的教师来校"挂职进修"提供指导，并开展送培、送教工作，他自己带头多次送优质课到老区学校，并为其培训教师和做教学诊断，经常去帮助老师们解决实际问题。他总是"只喝水，不吃饭，不给对方添麻烦"，从不要任何报酬。有一年冬季在送教课上，他发现一位学生光脚穿着一双球鞋，回来后就发动师生为老区的贫困生捐款捐物，并以恰当的方式（对其自尊心的保护）送到这些学生的手中，为茅麓中学捐赠图书三千余册。潘建明常说："送人玫瑰手有余香，帮扶别人也会提高自己。教育帮扶要潜心、要扎根、要持续、要反复，不可蜻蜓点水式地用一些示范课和一些讲座去替代长期的、有效的、深刻的、递进的工作。"

　　从以上三个小故事中，我们看到的只是潘建明老师为人为学的一个横断面，但对这些断面的剖析，让我们看到了名师成长途中的斑斓色彩。

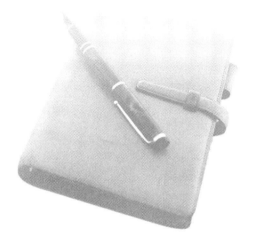

附　录

一、追寻自觉数学教育思想的奥秘[①]

以往的课堂往往强调教师"教的完整"，从而忽略，甚至会无视学生"学的完整"。学生的个人发展历程是一个不可逆的过程，如果把核心知识灌输给学生，那么这些知识能力只能形成浅淡的痕迹，不能给学生留下深刻的影响，没过多久，这些知识能力就"还给老师"了，这样的传统课堂势必会给学生的学习和发展造成阻碍和困扰。今天读了潘建明老师的《潘建明与自觉数学教育》，对我有很大的启迪。

自觉数学教育主张让学生经历"学会知识，提高基础学习能力，获得终身发展能力，增长智慧"的阶段。学生的学习是一个长期持续的过程，但是这个过程并不是简单地周而复始地机械重复，而是螺旋式上升逐渐发展的。教师是知识的传授者，但教师不能只传授科学文化知识，还要培养学生形成基本的学习能力，"授之以鱼，不如授之以渔"，要教会学生如何自觉主动学习，从而使之形成稳定的学习能力，为其终身发展服务，这是教师的使命所在。学生在自觉学习中本质力量会得到释放，可以积极生成成长的内在智慧。教师的教学行为会影响学生的一生，他们走出校园，会忘掉所有的数学公式、定理，但是他们会在学习和生活的交互中找到平衡点与契合点，此时留在脑海里的解决问题的痕迹就是教育的结果，这种影响会伴随他们的一生。对于数学学科而言，教师要密切关注对学生数学素养的培育，因为数学素养作为一种学习能力看不见、摸不着，我真诚地希望，教师能够春风化雨，留下积极的、阳光的、充满正能量的影响，而不是给学生留下某种不好的阴影。

自觉数学课堂提倡将核心学习过程还给学生。引导学生自主加入探索知识的发生和发展过程的活动中，通过观察、实验、操作、猜测、验证、反思等提升学生的数学核心素养。教师是学习活动的组织者、引导者和合作者，学生才是学习的主人，以学生的发展为本，处处为学生着想，引导学生进行自主探究性学习，用任务资源包等引领个性化学习。

[①]　作者为常州市新北区吕墅中学的郑金华，写于 2019 年 10 月。

自觉数学课堂主要体现为三个自觉主导自觉、主体自觉和支持自觉。

(1)主导自觉。教师是学习活动的引导者，要实现自觉数学教育教师必须身先士卒，做到自觉教学，以下几个方面是我对教师的自觉主导作用的理解。

导环境，物理环境和虚拟环境的创设都要为激发学生的思维服务，教师要充分发挥教育环境的作用，培养良好的班风、学风，用有形的环境对学生产生无形的积极影响，从而培育学生自主自觉学习的能力。

导课程，建立微课程体系，关注知识的"可视化、可闻化"，制作微视频放到网上，让学生能随时随地地进行学习，为学生提供"立体化"课程。

导兴趣，"兴趣是最好的老师"，学生一旦有了浓厚的学习兴趣，就能充分调动起学习的积极性，从而养成良好的学习习惯，形成优秀的学习品质。

导思维，通过引导、点拨、提示、启发等使学生的思维一直处于活跃的兴奋状态，培养学生多思多疑、多问多知的认知能力，提高学习的效率。

导互动，课堂上，教师要适度挑起良性矛盾，引发学生争议，让学生深入思考问题本质，探寻核心知识，在整个学习过程中，教师与学生、学生与学生之间的协作都有十分重要的作用。

导学法，注重学习策略的培养，注重对线上线下混合学习、个别化学习、互助反思性学习、游戏化学习等方法的指导，让学生在玩中学，学得更开心、更快乐。

导反馈，设计一些短小精悍且富有启发性、典型性、代表性的课堂检测练习，让学生将已有知识与实际问题迁移重组，加深对知识的理解，从而使学生能够举一反三、触类旁通。

导运用，将知识经验与具体练习结合起来，理论结合实际，让学生活学活用，熟练运用所学知识解决实际问题。

导创新，从知识本位出发，唤醒学生沉睡的创新潜能，促进学生创新思维品质的提升。

导建构，学生是认知的主体，是主动的意义建构者，教师要帮助学生建构事物内部的内在联系，达到深层次的理解。

(2)主体自觉，学生是学习活动的主体，因此，学生的自觉就非常重要，以下是本人对书中所写的一些内容的个人看法。

在独立探究中自悟：学生的学习活动应从自我思考开始，学生往往会永久地记住那些自己冥思苦想获得的答案，而别人告知的答案很快就会被抛到九霄云外，知识的获得越独立，那么此后的再认与再现就越容易，维持的时间就越长久。

在多维互动中领悟：首先，是师生间的互动，教师要引领学生逐步进行深入研究，获取知识的本源；其次，是生生间的互动，一题多解，看到不同的解题方法，听到不同的解题思路，拓宽思维的广度；最后，是人机互动，制作精美的微视频，量身定制进阶练习，让学生多维度地广泛地接受教育的洗礼。

在反思辨析中感悟：学习是一个不断改变原有认知结构，完善原有认知系统的过程，反思在学习过程中起着非常重要的作用，要促进学生认识自身的不足，并在今后的学习中更加关注自己的短板，既弥补不足，又精益求精。

在创新活动中顿悟：原有的课堂，教师讲解的比较多，学生知识的来源大多是教师所说的内容，但在自觉数学课堂上，学生有较为充足的时间自我感悟，这就意味着他们将有更多的时间和空间根据自己的直觉与灵感发现问题，进而分析问题、研究问题，最后解决问题。这种数学直觉，对数形感知的灵感，将为他们的创新能力和创造性思维的发展奠定厚实的基础。

在评价反馈中觉悟：教师不能只关注终极评价，还要关注学生的过程性评价，在评价后即时反馈，给学生挑明思路，指明发展的方向与前进的道路，学生就是在这样不断纠正、不断更新的过程中成长起来的。

（3）支持自觉，促进学生学习的支持环境与工具必须要与"主导自觉"和"主体自觉"一致。设想一下，如果在课堂上，所使用的音频、视频喧宾夺主，让学生无心学习，而是沉浸于一种低级趣味中，那么这无疑是一节失败的课。可想而知，要做到支持自觉，必须要适度使用多媒体教育手段，提供与学情匹配的学习载体和资源，将现代教育技术与教学内容紧密结合起来，为学生的自主自觉学习提供服务支持。

构建自觉数学课堂的主要教学策略是思、展、变、悟、归。我对"变"的感悟最深，变即变式强化，拓展延伸。在数学教学中，教师尤其要学会变式教学，数学的题目有千千万万个，难道要让学生搞题海战术？"变"让学生透过题目的表面，找到解决问题的本质；"变"要求教师具备深厚的教学功底，找到题与题之间内在的隐形联系；"变"培养了学生质疑思辨、创造创新的能力；"变"让课堂更加丰富有趣，环环相扣。"以不变应万变"，在变式再变式的过程中，学生透过现象看到了本质，有豁然开朗的痛快感，更有探求数学"万变不离其宗"的好奇心，在不变中寻找变化，在变化中寻找规律，克服思维定势，维持学习数学的热情。

　　自觉数学教育思想的真正奥秘在于学生的学习自觉。学习是学生自己的事，要让学生主动地自觉地承担起学习的责任，明白学习对自身终身发展的重要性。学习不仅是学生的一项责任，更是一项别人无法替代的义务，所以要找到一个方法，让学生有持之以恒的毅力去克服学习上遇到的种种困难，并坚持到底。事实上，在教学中我们遇到的往往是这样一些学生，他们的学习主动性很差，把学习当成是老师的要求，家长的逼迫。当学习不好时，他们会觉得是学校的原因，老师的原因，家长的原因，甚至是同学的原因，唯独不是他们自身的原因。而自觉数学教育就是要激发学生的主动性、自觉性，唤醒他们学习的动力，让学生从"被动"走向"主动"，从"他觉"走向"自觉"。

二、从自觉数学教育到生命自觉[①]

　　教育的真正价值是一种启蒙，一种唤醒，一种打开，一种点燃，一种开启，一种得道……就是把一个人从蒙昧状态带入理智状态，提高精神高度。唤醒人性、唤醒智慧是教育教学的最高境界。在第三次教育革命的影响下，传统的学校教育观念受到冲击，如重知识轻能力、重记忆轻思考、重理论轻实践、重说教轻体验、重纪律轻关爱等观念正在改变。而未来，人们将开启无边界、无固定场所的随时在线学习模式。学生主动获取信息、进行深度体验、自主探究等，将越来越普遍，随时随地开放式学习将成为常态。教育将向人本回归、向自然回归、向生活回归。学习不再是应试教育的代名词，学习是伴随一生的一种积极生活态度，就像我们的呼吸一样必不可少。这是读了潘建明老师的《潘建明与自觉数学教育》得到的感悟。

　　"自觉"是指唤醒学生的责任意识，实现自律和自主等。自觉数学教育中的自觉表现为：在教师的帮扶下逐步学会自主学习，走向自主成功；无须他人鞭策能主动地采取适当的行动达成学习目标；在无外界强压的情况下，追求目标达成；自己（向

----

① 作者为常州外国语学校的周琦，写于 2019 年 10 月。

优秀的同伴学习)不断超越原来的自己；培养自己的创新性动手能力；不断觉察反思，进行理论与实践的双向检视。

自觉数学教育基于立德树人的宗旨，努力让学生在面对成长中的各种困难、挫折、失败时，能够始终保持一种积极良好的心态，从而使自己的生命有一个明亮的底色，为一生乐观向上奠定基础。自觉数学教育是给学生一片自由成长的天空，不以得高分、升入高等级学校为学习目标，不让他们背着沉重的包袱前行，不让学生成为考分的奴隶。

课堂上，每个学生都是课堂的中心，每个学生都有自己对知识的理解，都有话可说。虽然对学科的本质理解的层次有差异，但老师都本着民主、尊重的原则，让每个学生在学科上都有发展，让他们学得愉快且有兴趣。兴趣是最好的老师，我们不得不承认每个学生智力水平不同，为什么一定要整齐划一地达到一个所谓"标准"，为了追求一个标准答案，多少学生由喜欢学习变为讨厌学习，甚至是恐惧学习。学生一把眼泪一把鼻涕地做着无感冰冷的题目，这样的场景我们并不少见。各学科不应该是魔鬼，而应是美丽的天使，它们的美、它们的好玩，应该被深度挖掘出来，应让学生爱上学习，通过学习越来越有能力、有智慧，这是"自觉数学教育"追求的目标。

自觉数学教育思想是良方，因为"自觉数学教育"专注有生命力的教育理念。从人的一生来看，短短的求学生涯只是生命中的一小部分内容。如果我们教育者仅作助力者帮助学生升入高等级学府，以学生考入重点学府为骄傲，那么这样的教育工作是无趣且功利的，一个无趣且功利的教育者会带出怎样的学生呢？答案是可想而知的。升入优质的学府不是最终目的，而是过程。当我们抛弃应试教育观，拥抱终身发展学习理念时，"自觉数学教育"就落地生根了，这是贴地而行的真教育。经得起时代和实践检验的教育思想才是好的教育思想，"自觉数学教育"思想正是唤醒生命，发展生命，创造生命力的教育理念。

自觉数学教育把教育提升到了生命层次，使学生的学习过程成为学生的生命被激活、被发现、被欣赏、被丰富、被尊重的过程，成为学生生命的自我发展、自我生成、自我超越、自我升华的过程，这也是自觉数学教育想要达成的一种境界。无论是核心素养，还是素质教育，都有其坚定的"价值内核"。良好的素质教育都是以人为本的，教育中总有一些不容游离和削弱的东西，比如现实性、伦理性和人本发展及其阶段性。蕴含这些内核的教育无可争辩地是一项没有终点的专业长跑，教育工作者应永无止境地探求教育真谛和挖掘生命存在的价值。

自觉数学教育不仅关注知识表面化的力量，也追求学生的本质理解，关注学生创新思维的培养；不仅关注学生"好胜心"的培养，还关注"好奇心"的养成；不仅关注学生的"答"，还关注学生的"问"。决不让新课程所倡导的自主学习、合作学习和探究学习形式化和空壳化，不是要培养高分低能的"考试机器"，而是要培养有思想、有学问、有能力、有智慧、有品格的全面发展的人。在教育教学过程中，教师充分发挥主导性主体的作用，在尊重学生的差异和学习发展需要的基础上，做到因需施教和因材循导；以学生发展为本，通过多元载体（包括线上线下），整合推送优效课程资源（对不同的人采用适合的方式推送适合的资源），满足个性化学习和发展需求。自觉数学教育培养出的学生具有自觉态度、责任意识、自信信念，自为能力，会自省检视，拥有自组织策略，会不断建构"再自觉"的智慧。

教学是实践性很强的智慧活动，灵动的课堂生成，需要教师快速辨别有价值的信息，巧妙地开发利用。有效的课堂教学体现了教师的基本功和创造力。真正的教学决不能停留在技术层面，需要教师动用自身的智慧，即教师的教学实践智慧和创造智慧。自觉数学教育不仅关注教学技术、媒介、手段的"改良"，还要求教师通过精心预设的、科学有效的引导提升学生的思维能力，要让学生在学习过程中学会科学地、本质地思考和最大限度地释放出自己的思考力和创造力。自觉数学教育从来都不追求浮夸的教学形式，哪怕就用简单的粉笔，教师也能通过精巧的设计和学生良好地互动，让课堂演绎出教学相长的图景。自觉数学教育就是让自己和别人在不断地再自觉过程中变得越来越美好，立足于"平凡"去创造"不平凡"。"自觉数学教育"的价值就在于唤醒、打开、点燃自觉生命，让每个生命尽情绽放！

三、未来的日子　以自觉促改变①

今年刚接手了一个班，九年级的，之前有听说学生基础不好，但是，现状比想象中更惨。课上不听、作业不做的学生相当多。我数次怀疑自己的教学是否出了问

---

① 作者为常州市北环中学的胡珏，写于 2019 年 10 月。

题，因为，反复强调的课堂重点，似乎学生表面听得很起劲，但自己独立做题时却仍不会。

　　我尝试从课堂听课效率出发了解学生，发现我讲课时，学生有很多时候状态是游离的。他们或者因为基础知识薄弱听不懂，或者因为还没有适应我上课的节奏。这一点是我迫切需要改变的。在与学生交流的过程中发现，他们大多是从小学四年级开始选择放弃学习数学的，有的甚至是小学二年级就开始了。所以，他们有部分人是不会背诵乘法口诀表的。这也从另一方面说明，想要他们学好数学，不是简单地说句"加油，你可以！"就行的。因为，对他们而言，现在更多的是自信心缺乏后的有心无力，这也是我迫切需要改变他们的。

　　这时，我不禁想到了《潘建明与自觉数学教育》中的相关理论与案例。通俗地说，我是否可以做一次大胆地尝试，在课堂上更多地使用"自觉数学教育"中的一些方法，以达到改变他们的学习方式的目的，让他们能在未来的日子里，有自觉学习数学的意识，能自觉学习数学知识。也许，这是一条艰难的道路，但是，如果能成功，对这些学生而言是好事，对自己的教学水平提升而言就更是好事了。

　　要想让他们能自觉学习数学，我想我首先要做的是让自己能明白、理解什么是真正的自觉数学教育。根据《潘建明与自觉数学教育》中的思想，自觉是指唤醒学生的责任意识，实现自律和自主等，让学生拥有内在自我发现、外在创新的自我解放意识，让学生自我实现、自我完成和实现自我。

　　关于唤醒学生的责任意识，如果是成绩较好的学生，这相对而言会容易些。因为他们在学习数学的过程中有成功感，所以更愿意主动学习。例如，主动看书完成自主学习的第一板块内容，或者回去认真思考总结本意所学内容并整理出思维导图等。但是，对于基础较差的学生而言，做这些事情，似乎是寸步难行的。我该如何做呢？我首先在班级中主动提出他们的作业会有分层，不同水平的学生完成不同的作业，不同水平的学生完成作业的要求也不相同。这一想法的提出，是希望能因材施教，让每个孩子都有机会对自己掌握的内容进行有针对性的练习。另外，也希望学生能在尽自己最大努力完成作业的状态下收获成功感。

　　之后，我在课堂上尝试以唤醒学生旧知的方式进行课前导入。例如，在学习用因式分解法解一元二次方程时，我让学生先回忆因式分解的基本方法，并选择适合的方法解题；学习用直接开方法解一元二次方程时，先和学生共同回顾了求一个数的平方根及分母有理化的知识点。当然，这只是我的初步尝试，简单地唤醒旧知。在以后的课堂中，我将尝试更多地以所学知识带动新知学习的方法，逐渐帮学生形成将新问题分解转化为已知知识的意识。尝试帮助学生在脑海中搭建所学知识的框架体系，从而将更多的新知纳入知识体系中，用类比的方法学习新知。

但是，这些点滴的改变，我觉得都是表面的，只是在套用"自觉数学教育"这个名目。因为，我感觉两个星期以来，无论是学习成绩还是学习状态，学生的改变并不明显。如何才能真正地让学生自觉思考？我再次学习潘老师的讲义，觉得要改变自身的教学习惯，提高教学水平，需要从以下这些方面入手。

（1）关于教材解读。我感觉所有的思考、改变、领悟、提升一定是建立在对教材深入解读的思想上的。记得潘老师讲过有关"正切"的教材分析，提到在某个内容中存在"类比生成的强度不够""例题类型覆盖不全"等问题。如果我能在每次备课时都这样分析教材，相信我的教学设计就能更有针对性了。对教材的解读能力、对教学过程的把控，不是一蹴而就的，需要精读《课程标准》，充分了解教材的编排体系，考查不同内容的重难点。反思发现自己在这些方面做得是不够的，以往面对基础较好的学生时并没有感到有压力，因为，无论怎么讲，他们都能接受，很多学生自身具有触类旁通的转化能力，知识点讲完后基本能感到他们是会的。但现在这些学生给了我很多压力，按以往的方式方法处理知识点，我发现讲完后的学习效率并不高。所以，我在未来的日子里还要好好摸索。

另外，关于教材的研读，我反思自己以往更多关注的是书本选择了哪道例题，我能否拿来直接用，而较少关注教材中的章前图、教材中两个小卡通人的对话等。现在想来，这样的设计肯定是有道理的，读懂教材编写者的用意，对于相关知识点和方法的教学是极为有用的。这也是我以后要重视的。

（2）关于作业设计。我联想到潘老师所说的要在每节课上课前，先明确学生今天的作业是什么，然后围绕作业去思考把握课堂，这样才能做到有的放矢，让教学更有针对性。如果可以这样，那么我就能落实之前提到的分层作业。以往总是在教学设计接近尾声时才会思考作业，但这样的一个后置就会出现作业与课堂教学内容脱节的现象。现在作业前置，就让我不得不思考为了解决作业中的习题，我在课堂中可以围绕该题所涉及的知识点设计哪些问题、讲解哪些方法，这样的教学就更有针对性了。

（3）关于教学语言设计。我的教学中语言是随性的，缺少准备，真有脚踩西瓜皮的感觉。潘老师曾经说过我的课堂语言有些啰唆。现在想来确实有这样的问题。例如，我总会不放心地重复一遍刚讲的知识点，或者问题阐述不够精练导致有学生没有听明白。对于潘老师提到的课堂语言要有丰富性、简洁性、条理性、形象性、趣味性，我想我迫切需要改变的是增强自身语言的简洁性、条理性。回忆潘老师的课堂，语言是一环套一环的，由一个问题到另一个问题，环环相扣，在这样高质量的提问下，学生能迅速地梳理好自己的思路找到答案。另外，我总感觉潘老师的问题给学生提示出了遇到这一类问题时的思考角度或解决方法，以后，学生如果再遇到类似问题就可以这样处理了，所以整个课堂就显得很大气。回头再思考自己，发现这方面的意识还是欠缺的，这就容易导致学生的思维是片段化的，以后遇到类似问题还是不懂得如何解决。

（4）关于课堂组织形式。自觉数学课堂一定需要以小组合作的形式为基本组织方式吗？如果没有小组合作可以开展吗？答案是肯定可以。但是，为什么还需要小组合作呢？我现在的班级适合小组合作吗？这是我想尝试自觉数学教育时问自己的几个问题。同样我回忆潘老师的课堂，每次都是有小组合作的，每次潘老师都手拿一支红笔走进小组中和学生交流、帮他们批改练习等。他们的小组是异质分组的，在每次小组讨论时，会有组长组织，这也是现在小组学习的常规模式。重点是他们的小组交流主要是在什么情况下展开的？当问题有一定难度，需要大家集思广益时；当某个知识点需要大家梳理清楚时；当一组练习完成后需要点评时。我要做的是在教学设计时思考好何时进行小组合作学习，如何能恰到好处地使用小组合作学习模式。当然，还有就是如何合理地将学生进行分组。虽然，这会给自己增加一些负担，但是，我想在未来的日子还是要尝试一下的。

自觉数学教育是一种理想的状态，是一种师生都在自觉地思考、领悟的状态。但是，首先开始的一定是教师，只有教师弄懂其内涵，将这个思想与自身骨肉相融，使其成为一种思维习惯，才能让学生学会在静止中看到变化，在变化中发现规律、找到本质，才能让学生意识到学习是自己的事情，自己要学会站起来感受沿路风景的美。今天赘述这些，是读了《潘建明与自觉数学教育》后的感悟，希望以后能在自觉数学教育这条路上一路走下去。让自己和学生一起领悟自觉的魅力，享受自觉的美好，将自觉变为一种思维方式、一种解决问题的习惯。

四、自觉数学教育思想引领，唤醒学生的学习自觉①

今天我参加了潘建明自觉数学教育工作室的活动，有幸读了《潘建明与自觉数学教育》，聆听了潘建明导师的讲座"自觉数学教育思想精要解读"。在整个讲座过程中，潘建明导师以昂扬的姿态、饱满的热情、渊博的知识、引领全程的睿智深深震撼着我们。原来讲座可以这么讲，枯燥无味、高深莫测的理论经过潘老师解释后，就不觉得知识难嚼了，切合实际的一个个鲜活实例潘老师随手拈来，那么用心的收集，那么专业的整合，让我们叹为观止。

自觉数学教育思想旨在增强学生的"自教"能力，激活教师的"他教"智慧。讲座中，潘老师围绕"导读"—"导思"—"导练"—"导方法"—"导策略"这条主线进行了详细阐述，既有系统的理论导航，又有丰富的实例支撑。特别是潘老师和听讲座老师间的互动，涉及初中多门学科的自觉数学教育思想的渗透，浅入深出，对我们的课堂教学有实质性的指导作用，我们将在以后的教学中，关注学生学习策略和思维策略的运用水平的提升，促使学生真正从"他觉"走向"自觉"。

自觉数学教育思想的本质效能是促进教师创造性和创新性的发展，在自觉数学教育思想的引领下，教师对教育教学有了本质的理解，关注适切性教学的创生，使教育内涵得到提升。在新课程改革的大背景下，中学生接触信息的速度加快，对知识的获知与学习的方式有了更高的要求，他们不再是一味接受知识，而是要求增加自己获取知识的主动性。在这样的时代呼声中，我们教师的教学理念必须不断更新。

自觉数学教育思想主张因材循导、自觉体悟、平等对话。（1）因材循导。反映的是教师基于"真"学情，给出与学生的经验、能力相适应的教学资源和教学方法，精心策划系列递进的学习活动，唤醒学生释放出创造（再创造）与创新的本质潜能。（2）自觉体悟。唤醒学生的自我责任意识、自我效能感和自组织学习力，让学生在独立

---

① 作者为常州市武进区礼嘉中学的高如玉，写于 2019 年 10 月。

探究中自悟，在多维互动中领悟，在学后反思中感悟。通过变式引领和自主创新等环节，使学生达到对认识对象的本质理解和自觉运用。(3)平等对话。构建和谐民主的教学生态，变"教"为"导"，变"牵着走"为"手拉手一起走"，做到教师是学生学习资源的提供者，学习的组织者、指导者、合作者、评判者。使数学教学活动中的师生关系、教学策略、教学品质和教学素养等得到优化。

自觉数学教育思想引导下的学习是指在教师的引导启发下，学生在学习的过程中发挥主动性，主动求知、探索、学习知识，提升自己探索知识的思维水平与能力，同时获得持续的学习动力，主动追求学习的价值。重点体现在"自主性"上，要通过学生自主性的提高来满足学生认知与学习的发展要求。

在现行教学中我们一线教师也遇到了形形色色的困难，我们在困难中摸索方法，边实践边前行。

困难一：形式大于内容。在现行的学习方式改革中，形式大于实质内容，在初中数学课堂中，引发学生自主学习还只是一种表面上的、程序化的探究试验。课前教师布置预习提纲，让学生自己预习，课上让学生分组合作学习，教师只管在教室来回巡视几分钟以后，各小组推选出"代表"进行小组发言。最后，教师笑问："同学们，这位同学说得怎么样？"全班同学异口同声："好！"教师回："嗯，非常好！"

例如，初中阶段的起始课，引入负数这一概念时，我是这样设计教学的：在小学学习了减法，总是大数减小数，若是"5－9"怎么办呢？这对于教师来说是一个十分简单的问题，但对学生来说，也许是个疑难问题。发现自己的数据库不够用了，急需补充新鲜血液，若是我通过预习作业或课堂讨论的方式直接将"负数"呈现给学生，学生也会很快知道，但学生不知道为什么要学习负数，这时候若是教师在学生没有翻开课本前在黑板上很醒目地写出这个式子，会使学生产生强烈的认知冲突，进而引导学生去发现生活中有很多具有相反意义的量，从而引入负数，形成有理数的体系，这样是不是更有意义？

困难二：牵引大于启发。现如今数学课堂中一些很明显、很简单的问题和无多大价值的问题也堂而皇之地成为自主学习的话题，这不禁令人产生某种担忧：我们的学生会不会出于某种"非自然"的心理而想当然地"发现"问题、"自主"学习？于是相应的那些自觉的学习心理、态度、情感就会逐渐缺席和退场。这在很大程度上背离了自觉数学教育思想的本义和初衷。无疑，没有具体的引导，学生的自主学习往往会成为"盲人摸象"。只有以教学为主渠道，从实践中反思，实施合作探究的"教"，自觉数学教育思想的"学"才能实现其功能目标。因此，除了事先要明确学习的规则外，教师需要对学生的自主学习进行外场观察与指导，以确保探究学习的方向，让"自主"与"学习"共同生长，学生有所收获。

例如，我在教学一元二次方程的解法——直接开平方法的时候，曾经尝试过几种不同的教学方法，也有不同的教学效果产生。第一次讲这个知识点的时候是完全按照书本框架来设计教学的，"呈现方程—观察特点—讲授方法—模仿练习—小结巩固"，其实这样按部就班地讲的教学效果一开始还是不错的，学生会做题，但学业就成了老师手中的木偶，线拉一拉就动一动。随着教学经验的积累，我尝试放开手脚，给同学们广阔的思考空间，过程改为"知识来源—方程类别—选择方法—了解本质—尝试解题—总结方法—举一反三—反思总结"。教育的意义在于唤醒、开启，在教学中，如何激发学生的潜能，是我们要思考的问题。在改变后的教学流程中，我更加相信我的学生，在每一位学生的内心深处都有强烈的求知欲望，我们要学会放手，在实践中，培养学生的自主学习力。

困难三：灌输大于创造。知识对于教师来说是熟悉的，知识体系对于教师来说是清晰的，而这些对于学生来说，则是陌生的、零碎的。教师就是要把学生带进这个陌生的宫殿，让他们去体会知识的形成、发生和发展过程，并体验发现知识的快乐。正如数学教育家波利亚所说的："如果我们没有让学生在学校里体会到学习过程的喜怒哀乐，那么我们就在教育的最关键处失败了！"自觉数学教育思想引导下的学习有助于发挥学生的主动性，使学生的数学学习过程成"再创造"过程。教师指导下的发现式学习，是让学生带着问题、怀着好奇心通过自主学习去寻找、去探索。在原有的教学模式中，结论是直接呈现给学生的，课堂上只不过是运用这些理论，至于在什么情况下提出这个知识，知识是怎样形成和发展的，学生则不清楚，这样容易造成知识再创造的缺失。

例如，我在教授"正切"一课时，多次尝到了灌输知识点留下的苦果。一开始我一直把这节课当作简单的概念课讲。正切的概念还要学生背诵和默写，就算这样，同学们对三角函数概念还是模棱两可，做题经常出错。后来听过很多大师的示范课和同行的研究课后，我慢慢琢磨，原来这样的知识点也可以引导学生自己创造出来，成为实验课、探究课。课堂上探究"是什么"不是重点，理解"为什么"才是源头。找到一些灵感后，我尝试这样设计："以疑激思，引发自觉认知冲突—猜想验证，启发自觉探究学习—强化概念，培养严谨的自觉思维—探究规律，拓展自觉学习的外延—回归生活，自觉领悟数学本质"。每一次在困难中挣扎，都能使自己有更深层次的思考。

自觉数学教育思想引导下的学习是新趋势下的新的学习方式，在实践过程中还属于发展阶段，势必会存在诸多问题，任何事物都需要在不断的反思中前进。我试着从教师的角色、学生的主体性地位、能力培养、交还核心学习过程、激励机制这些方面来初探培养学生学习能力的有效方式，从而在以后的教学中，运用这些方法进行数学课堂的教学实践，使学生成为学习的创造者。

五、自觉数学教育正在打开一扇窗[①]

在金秋九月，我乘着常州市优秀教师跟岗锻炼的东风，参加了江苏省著名特级教师潘建明老师的自觉数学教育工作室活动，读了《潘建明与自觉数学教育》，又有幸聆听了潘老师的"一元二次方程"一课，并听取了他关于"自觉数学教育思想解读"的讲座，本次活动，我领略到了名师大家的教学风范，走近了名师，让我受益匪浅。

潘老师的讲座，让我对义务教育阶段的教育教学有了全新的认识，有一种"听君一席话，胜读十年书"的感受。自己以往的教育教学往往只偏重课堂教学行为和课堂教学内容的传授，很少会考虑数学学科的育人功能，真正的教育应该像潘老师所讲的那样："教育的真正意义是一种启蒙，一种唤醒，一种点燃，一种开启，一种得道……就是把一个人从蒙昧状态带入理智状态，就是要唤醒其人性、德性、理性和创造性。"

虽说教无定法，但我觉得在自己的教学中，至少应做到以下几点。

---

①　作者为常州市新北区实验中学的何科俊，写于 2019 年 10 月。

1. 培养学生学习数学的兴趣

兴趣是最好的老师。知之者不如好之者，好之者不如乐之者。只有对数学产生学习兴趣，才能轻松、愉快地学好数学。在课堂教学中，教师应根据学生的兴趣特点，合理组织课堂教学，激发学生的学习兴趣，使他们真正在快乐中学习数学。回想曾经的课堂，有时只是一味地传授知识点，而忽略了学生对课堂的兴趣，尤其是在讲评练习时，有时学生听得昏昏欲睡，自己讲得也索然无味，这让自己的课堂效率很低。其实，在课堂上，教师的情绪对学生的学习热情和兴趣有很大的影响。教师良好的情绪能够感染到学生。这不仅有利于激发学生的学习热情，也有利于建立友好的师生关系，更有利于形成和谐的学习氛围。当然，老师可以组织丰富多彩的课堂活动，活跃课堂气氛，寓知识于娱乐中，进行愉快教学；也可以创设各种教学情境，激发学生的学习动机和好奇心，培养学生的求知欲，调动学生学习的积极性和主动性，引导学生形成良好的意识倾向，促使学生主动地参与，真正唤醒学生学习数学的热情。

2. 激发学生学习数学的自信心

纵观平时的数学课堂，部分学生缺乏良好的学习习惯，不能认真地、持续地听课，有意注意的时间相当短，缺乏正确的数学学习方法，仅仅是简单的模仿、识记。有的学生上课时反应慢，跟不上教师的思路，有不再思考、不再学习的倾向。有的学生在平时学习中对基础知识掌握欠佳（定理、定义、公式等），从而导致在解题时缺乏条理和依据，造成了解题思路的"乱"和"怪"，自己心理压力较大，不敢去请教，怕被人认为"笨"，日积月累，使数学学习产生困难。其实，学习困难的学生在数学学习上既有困难又有潜能，因此，教学的首要工作是转变观念，正确地对待学习困难的学生，认真分析他们学习困难的原因，有意识地"偏爱差生"，允许学生数学学习上的反复，从中来激发他们学习数学的自信心，并创造条件，让他们在学习上获得成功的喜悦。这些学生有的在过去数学学习中受到的肯定和鼓励相对较少，因此要积极创造条件充分地鼓励、肯定他们，促使他们对数学产生兴趣，让他们在数学学习上取得成功，使他们感到自己能学好数学。从学生的实际情况出发，降低和调整某些教学要求，以满足某一层次学生的需要，促使教与学相适应，教与学相促进，教与学相统一，从而点燃学生学习数学的激情。这正是潘老师所提倡的自觉数学教育要达成的一种境界：要把教育提升到生命层次上，使学生的学习过程成为学生的生命被激活、被发现、被欣赏、被丰富、被尊重的过程，成为学生生命的自我发展、自我生成、自我超越、自我升华的过程。

3. 培养学生的创新精神

数学源于生活，生活中的数学是最具有鲜活力的，一切脱离生活实际的教和学都显得苍白无力。从结绳记数、刻痕记数，到算盘的使用、计算器的使用，到大型计算机问世，再到今天互联网的广泛使用，这些无不说明了创新的价值。所以，只有具有创新精神的人，才能不断创造出更加精彩的世界。因此，能培养学生创新精神的数学就是有价值的数学。这主要体现在解题策略的多样化上，对一个问题能多角度、多层次地进行思考，对一个事物能做多方面的解释，对一个对象能用多种方式去表达，对一个问题能想出多种不同的解法，这样不但可以发展自己的思维能力，还会对问题认识得更全面、更深刻。在我们的生活中，到处都充满着数学，教师在教学中要善于从学生的生活中抽象出数学问题，让学生熟知的生活中的数学走进学生的视野，进入课堂，使学生产生亲近感，让数学变得具体、生动，诱发学生的内在知识潜能，使学生主动地动手、动口、动脑，想办法来探索知识的形成过程，以达到心理上的满足，获得成功的喜悦感。同时也要增强其学习数学的主动性，发展求异思维，培养实事求是的科学态度和勇于探索、创新的精神。就像潘老师在教授"一元二次方程"一课时所设计的，应引导学生利用现有的知识经验和他们所熟悉的事物组织教学，使学生较好地感知和理解所学的内容。

4. 提高教师自身的综合素养

"要给学生一碗水，我们就要有一桶水。"这也是对教师的基本要求。作为一名中学数学教师。首先，教师要深钻教材、根据数学学科的特点，学习和了解相关的科学知识，不断学习新的科学知识，并将其应用于教学中，在亲身体验中，掌握科学知识。正如潘老师所说的：教材只是提供了一定的参考，教师应该根据实际情况合理地设计教学。其次，教师应多参加各种相关的科学专题研究，参加教师培训机构举办的专题培训、专题讲座、学术交流会，在不断学习中掌握现代科学知识。听取潘老师的讲座，感到了潘老师对教育的深层次思考。尤其是在谈到数学的育人功能时，更让我陷入了深深的思考中：在高考棒的指挥下，很多学校一味地追求高分，大多数的课堂都是满堂灌，以数学课堂为例，同一知识点，通过不同的题型，让学生反复地操练，这谈何育人？教育本身就是育人的行业，如果课堂丧失了育人的功能，这就与教育的初衷背道而驰了。所以说，教师除了要提升自己的专业素养以外，还要多看一些其他书籍，努力提升自己的人文素养。我们只有不断加强学习，不墨守成规，注重教学积累和教学实践，不断提高个人的综合素养，才能满足教学发展的需要。

5. 苦练教学基本功

俗话说："台上一分钟，台下十年功。"对于教师而言，上好一节课，需要几年甚至几十年的修行。教学是一门艺术，备好课是搞好艺术的基本条件。讲每一堂课都要做到"有备而来"，讲每一堂课都要在课前做好充分的准备。要备起点，所谓起点，就是新知识在原有知识基础上的生长点；要备重点，重点往往是新知识的起点和主体部分，备课时要突出重点；要备难点，所谓难点，即教学中大多数学生不易理解和掌握的知识点；要备交点，即新旧知识的连接点；要备疑点，即学生易混、易错的知识点。

在教学中，应实行"低起点、多归纳、勤练习、快反馈"的课堂教学方法，帮助学习困难的学生树立起学习数学的信心，为他们学好数学准备条件，但单靠有信心还是学不好数学的，如果学生没有产生一种自己要学好数学的切身感受和兴趣，那么这种信心就不会持久，而且会造成更大的失败。因此在帮助学生树立起学习数学的自信心后，更重要的工作是创造条件使学习困难的学生真正地学习和掌握大纲、教材所要求的数学知识，使他们感到自己学好了数学。要做到这一点就要立足于课堂教学的改革，实行"低起点、多归纳、勤练习、快反馈"的课堂教学方法。

十年树木，百年树人。踏上三尺讲台，也就意味着踏上了艰巨而漫长的育人之旅。教师的工作是神圣的，也是艰苦的，教书育人需要感悟、时间、精力乃至全部心血的付出。这种付出是需要以强烈的使命感为基础的，是要以强烈的责任心做代价的。一个热爱教育事业的人，要甘于辛劳，甘于付出，无怨无悔。潘老师所提倡的自觉数学教育正在教我打开一扇"教育之窗"。

六、个人成果目录(部分)

序号	论著(文)	题目	刊物/出版社	日期	备注
1	论著	解读自觉数学课堂	江苏教育出版社	2012.6	
2	论著	聚焦现代教育技术背景下的自觉数学课堂	江苏教育出版社	2015.7	
3	论著	和天使们一起走过	广西师范大学出版社	2013.6	
4	论著	翻转教学形态的变革与创新研究	河海大学出版社	2019.6	
5	论文	我的"自觉数学"教学思想	人民教育	2014(14)	核心
6	论文	例说对例题潜能的挖掘	数学通报	2007(1)	核心
7	论文	动态生成，尽现风采	中学数学教学参考	2006(22)	核心
8	论文	由"同题赛课"透视教学"短腿"现象	中学数学教学参考	2008(8)	核心
9	论文	把握教材精髓　凸显数学本质——"二次根式"教学分析及施教建议	中学数学教学参考	2008(10)	核心
10	论文	也谈"为什么这种连法最短"	中学数学教学参考	2008.3	核心
11	论文	新颖激趣，平中见奇	中学数学教学参考	2008(8)	核心
12	论文	平中见奇　意向明确——对一道中考试题的点评	中学数学教学参考	2008(11)	核心
13	论文	怎样上好习题课	中学数学教学参考	2009(5)	核心
14	论文	立足课堂发展本位　释放学生本质力量——"相似三角形的应用(2)"课例与点评	中学数学教学参考	2010(7)	核心
15	论文	"探究过程"精妙　"问题拓展"欠妥	中学数学教学参考	2010(11)	核心
16	论文	"准备性学习案"的设计思考与实践	中学数学教学参考	2011(4)	核心
17	论文	构建"生本课堂"，提升"数学气韵"	中学数学教学参考	2011(5)	核心
18	论文	《一节"全等三角形复习课"的课例与说明》大家评——依靠"望、闻、问、切"调节"免疫功能"	中学数学教学参考	2011(6)	核心
19	论文	特殊三角形	中学数学教学参考	2012(1)	核心

续表

序号	论著(文)	题目	刊物/出版社	日期	备注
20	论文	因材循导　自觉体悟——"二次函数"的教学与感悟	中学数学月刊	2012(12)	
21	论文	自觉体悟，促进智慧生成	初中生世界	2014(3)	
22	论文	因材循导　自觉体悟　平等对话——我的"自觉数学"教育思想	初中教学研究	2014(3)	
23	论文	交还核心学习过程　增强组织学习能力——《等腰三角形的性质与判定》教学实践与感悟	初中生世界	2014(12)	
24	论文	教、学、做相统一，讲、探、练相结合——以苏科版初中数学九年级上册《§2.1圆(1)》教学实践为例	初中生世界	2017(24)	
25	论文	利用递进性学习活动激发"翻转课堂"活力——以"三角形的中位线"教学为例	江苏教育	2018(51)	中核
26	论文	前位类比 自觉体悟 自主建构——苏科版《数学》"一元二次方程(1)"教学实录	江苏教育	2019(3)	中核
27	论文	把握模型本质与联系的数学　建模教学——以"实际6：滚动的圆"教学为例	江苏教育	2020(67)	中核

特别说明：《中学数学教学参考》在2013年前为中学数学学科的核心期刊。

七、个人成长大事记(部分)

序号	年份	大事记	说明
1	1981	从镇江师范专科学校毕业分配到金坛县指前中学任教	公开课受好评
2	1982	参加常州市教研室杨裕前主任的"平几入门教学"课题组	负责班主任工作
3	1983	参加金坛县初中数学竞赛辅导工作	一等奖指导教师
4	1984	调入金坛县涑渎中学，任初三班主任，负责全国及省内的数学竞赛辅导	负责共青团工作

序号	年份	大事记	说明
5	1985	获中学二级教师职称	县职称办公室
6	1989	调入金坛市白龙荡中学，任初三班主任，负责竞赛辅导	任教研组长
7	1990	加入中国共产党	市优秀工作者
8	1992	主持金坛市课题"问题学生的有效转化策略研究"	获市二等奖
9	1992	获中学一级教师职称	市职称办公室
10	1995	调入江苏省华罗庚中学，任初二班主任，负责数学竞赛辅导	一等奖指导教师
11	1997	作为主教练辅导全国华罗庚金杯赛、希望杯和全国奥赛	获"金版教练"
12	1999	任金坛市华罗庚实验初中教导主任	城西片课改组长
13	2001	主持常州市课题"新课程理念下四基四能培养策略研究"	获常州市二等奖
14	2002	获常州市学科带头人	常州市教育局
15	2002	获中学高级教师职称	市职称办公室
16	2003	获"中国数学奥林匹克高级教练"称号	中国数学会
17	2003	任金坛市华罗庚实验学校副校长，分管德育工作	领衔德育工作室
18	2004	主持江苏省数学会课题"开辟第二课堂，培养拔尖人才"	金坛科技一等奖
19	2004	获常州市特级教师后备人才称号	常州市教育局
20	2005	主持江苏省规划办课题"先思后导变式拓宽教学策略研究"	常州市二等奖
21	2006	参加江苏省教育厅组织的送培到县（区）项目	江苏省师培中心
22	2007	被授予"全国模范教师"称号	教育部、人事部
23	2008	获江苏省（中学数学）特级教师	江苏省教育厅
24	2009	领衔常州市初中数学潘建明名师工作室	常州市教育局
25	2009	被任命为金坛市华罗庚实验学校党总支部书记	金坛市教育局
26	2009	获"常州市年度教育十大人物"称号	常州市教育局
27	2009	被确定为江苏省"人民教育家培养工程"首批培养对象	江苏省教育厅
28	2010	被评为江苏省教授级中学高级教师	江苏省教育厅
29	2013	领衔开发全国首个初中数学系统 MOOC 课程：青果在线学校	常州市教育局
30	2013	主持江苏省规划办课题"自觉数学课堂教学研究"	江苏省一等奖

续表

序号	年份	大事记	说明
31	2013	被确定为教育部"国培计划"首批专家库成员	国家教育部
32	2014	调入常州市田家炳初级中学	时任教科室主任
33	2015	参加中美合作项目"教育大数据分析研究"	中央电化教育馆
34	2015	领衔江苏省初中数学乡村骨干教师培育站	江苏省师培中心
35	2016	任全国名师工作室联盟常务副理事长	中教师培研究院
36	2016	主持教育部重点课题"翻转教学形态的变革与创新研究"	全国教科规划办
37	2016	获全国"全通在线"教育先进个人	清华大学
38	2017	领衔江苏省名师发展共同体	江苏报刊社
39	2019	获正高三级岗位	常州市人社局
40	2019	获首届龙城"十大名师"称号	常州市教育局